日本経済衰退の構図

石見徹

東京大学出版会

The Japanese Economy in Decline
Toru IWAMI
University of Tokyo Press, 2021
ISBN978-4-13-043043-2

はしがき

バブル崩壊後の日本経済について、１９８０年代に中南米諸国を襲った経済危機になぞらえて「失われた10年」といわれたことがある。ところが、今世紀に入って20年が経過した現在においても、低い経済成長率やデフレ基調は止む気配がない。「失われた10年」がやがて「失われた30年」にもなりかねない状態は、かつて「イギリス病」という言葉がはやったように、「日本病」と呼ばれることもある。

しかし同時に、「日本病」は「イギリス病」と大きな違いがあることも見逃せない。というのは、イギリスは第２次大戦後、１９７０年代末までほぼ一貫して、他の先進諸国に比べて低い経済成長率に悩んでいた。その一方で日本はというと、戦後から高度成長期まで異例の高い成長率を誇り、二度にわたる石油危機も何とか無事に乗り越えられた。１９８０年代初めには「ジャパン・アズ・ナンバーワン」といささか過大評価され、一時はアメリカやヨーロッパ諸国から脅威とみなされていた。そのような日本経済が、１９９０年代に入ると一転して、先進諸国の中で最低に近い経済的成果しか上げられず、いまだに停滞基調から抜け出せないのである。

このように極端な日本経済の不振はいったいどこに原因があるのだろうか。最終的に処方箋を出すところまで目指すにしても、まずとりあえずはこの病気の原因を突き止めねばならない。

日本経済の不振の原因について、これまでさまざまな議論がなされてきた。それらの論点はたがいに対立することもあるが、ある時期に支配的であった見方がやがて時間がたつにつれて説得力を失ってしまうこともあった。何しろ30年も続く症状である。それでは何をどのように考えればよいのだろうか。

最大の疑問点は、いうまでもなく日本経済がなぜこんなにも急速に衰退してしまったのかということである。その点に関連して、変化の要因は日本経済の内部にあったのか、それとも外部環境にあったのかという区分がさしあたり手掛かりになる。外部環境の変化については、以下の各所であらためてとり上げるが、状況が変わったとしても、そのような変化に企業や政府がうまく適合できなかったことも事実である。この後者の側面を重視すれば、問題の根元は日本経済の内部にあったということになるだろう。

むろん大きな背景として、先進諸国に共通した要素もあるが、その中でとりわけ日本を凋落させた要因が何であったのか、こうした疑問を解き明かしてみたいと、いつのころからか思うようになった。

それは、かつてもてはやされた「日本的経営」がなぜダメになったのかという疑問にも通じる。実際、企業の国際競争力の低下がさまざまな場で指摘され、経営の不祥事すら相次いできたことは記憶に新しい。近年では投資にも向かわず、かといって株主や従業員にも配分せずに利益を貯めこむ傾向が目立っている。コロナ禍の下では、潤沢な手元現金・預金が経営の安全弁になったと評価されることもあるが、これはいわばケガの功名というべきだろう。

あらかじめ直観的ではあるが、基本的な考え方をここで述べておくと、日本経済の病状はおそらく単一の原因によるというより、複数の要因が絡みあって合併症を起こしている可能性が高い。しかも時期が下るにつれて、症状の現れ方が変わってきたようにみえる。その詳しい説明は本論に譲るが、何よりも重要なのは、そうした時系列的な変化の底にある基本的な要因である。それはおそらく、経済にかぎらず、社会や政治の内部にも広く浸透している。

ちなみに、日本の経済的低迷、あるいは衰退をもたらした原因について、インターネットで検索をかけてみると、次のようなことが出ていた。

第1に「グローバル化」や「情報通信技術（ＩＣＴ）」の革新、あるいは「デジタル化」などである。これは全世界に共通した要因であり、資本主義世界が低成長期に入ったころから目立つ変化であった。それがとりわけ日本の経済的困難に関わってくるのは、東アジア諸国の製造業が急速に力をつけ、日本のお家芸であった「モノづくり」が脅かされてきたことである。「後発の利益」がもはや日本ではなく、韓国、台湾や中国などに現れるようになったとみることができる。

しかしその一方で、日本企業、とりわけ電機や半導体の部門がなぜ東アジア企業の挑戦になす術もなく負けてきたのか、という疑問がやはり残る。一時は盛んにもてはやされた「日本企業モデル」や、日本の強みとされた「集団主義」などは、なぜ対抗の手段にはなれなかったのだろうか。こうした点についてさらに検討しなければならない。

第2にあげられるのは、バブル破裂による後遺症である。その典型的な例は膨大な不良債権であったが、後に詳しくみるように、不良債権は2000年代の初めにはあらかた処理が終わっていた。それにもかかわらず、現在に至るまで長期低迷が続くのはなぜか、この点を解明しなければならない。

その理由の中には、不良債権以外の、バブルの後遺症に含められる要因がいくつか浮かび上がってくる。その重要な一つとして、政府、あるいは政財官の「鉄の三角形」に対する信頼が大きく低下したことがある。この点についても、あらためてとり上げることにしよう。

第3の要因は人口動向である。日本が停滞期に入るころから世間の注目を集めた社会現象の中で、とりわけ大きいのは少子高齢化であった。この現象が何らかの形で経済の低迷に影響しているとみるのが自然だろう。どのような関係があるかというと、それはそれで議論の余地があり、以下の本論であらためて論じよう。さしあたりここで指摘しておきたいのは、少子高齢化はたんに労働人口や社会保障費用の問題にとどまらず、社会全体の心理（「空気」）や将来への期待（予測）にも深く関わってくることである。保守的、退嬰的な風潮や政府への不信、将来不安などが合わさって、消費や投資を低迷させるのである。少子高齢化は日本経済の基礎を中長期的に蝕んでいるが、実は少子化にもバブルの崩壊が深く関係していた。

経済の低迷を顕在化させる上で、もう一つ重要な背景があることも指摘しておこう。それは高度成長期の政治、経済、社会の枠組み（レジーム）が崩れ、これに代わるレジームがまだ生まれていないことである。「枠組み」を「レジーム」としたのは、後にみるように、エスピン=アンデルセンの「福祉レジーム」という概念から借用したものである。

それはともかく、高度成長期のレジームは徐々に崩壊の過程をたどっていたが、最終的な打撃となったのがバブル破裂であった。しかし新しいレジームが形成されてこないのは、従来の制度、慣行や社会心理が阻害しているからである。

このように経済危機の原因は、かなり複雑に入り組み、根深いところにある。だからこそ、一朝一夕に除去することはできない。対症療法ではなく、経済全体をより健全な体質にもっていくためには、長期のとり組みが必要になってくる。体質改善ができるとすれば、どのような方向が好ましいか、それを検討するのが第5章以下の課題である。

結論を先取りして述べると、「構造改革」はたしかに必要であったし、その点は現在も変わっていない。ただし、これまで「改革」を進める過程で、社会的信頼関係が損なわれてきたことが大きなマイナスであった。望ましい方向で改革を進めるためにも、新たな安全網（セーフティネット）、すなわち福祉制度の整備が必要条件になる。要するに、目指すべきは「柔軟で活力ある福祉国家」である。というと、どこかの政党か政府のスローガンのように聞こえるかもしれないが、この真意については、あらためて第7章でふれることにしよう。

日本経済が長く不振に陥っていることは、今や共通認識になっているが、やや意見が分かれるのは、この日本にあらためて経済成長が必要であるかどうかという点だろう。政治や経済の最終的な目標は、人々が安心して、豊かに暮らせることにある。そのために、経済は成長しない方がよいかというと、それはやはり違うだろう。現在の日本が抱えている多くの社会問題は、経済が衰退していることに深く関係している。さらに踏みこんでいうと、人々に豊かな暮らしを保障できていないことが、逆に経済の低迷をもたらすという因果関係も成立しそうなのである。

以上のように本書の狙いを要約すると、これまでさまざまな場で議論されてきた内容とさほど代わり映えしないという印象があるかもしれない。そのような見方に対して、あえて主張したいのは、日本が直面する現在の問題を、高度成長期から連続した流れの中で捉え返すことである。そうした観点がないと、なぜ日本経済が急速に衰退に向かったのかを理解するのは難しい。またこの視角は、他の先進諸国と比較することでいっそう生きてくるはずである。以上のような試みが実際に成功しているかどうか、その判定は読者に委ねるしかないのではあるが……。

日本経済　衰退の構図——目次

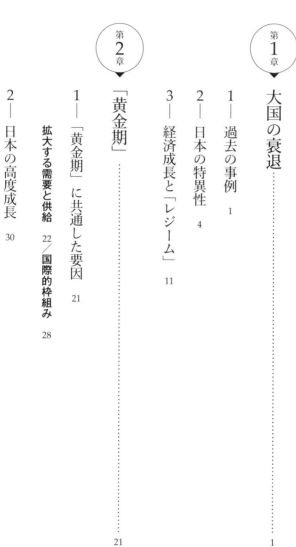

第4章

「失われた30年」　95

第5章 「構造改革」の再検討

第6章

「構造改革」はなぜ失敗したのか

第7章

第1章 大国の衰退

1――過去の事例

一時は繁栄を極めた大国が衰退していく話は、歴史好きの読者には人気のテーマである。ましてそれが覇権国とか大帝国に関するものであればいっそう興味がわいてくる。遠くローマ帝国にまで遡らなくても、近世のポルトガル、スペインからフランス、さらにオランダやイギリスの盛衰については、いくつかの重厚な先行研究がある。それぞれから重要な洞察を読みとることはできるが、残念ながら、近年の日本にはあまり当てはまらない。

その一例として、ポール・ケネディ『大国の興亡』（1993）を参照してみよう。過去の大国は経済力（高い経済成長）によってその地位を確立したが、やがて「非生産的」な軍備に支出を拡大して、経済力を危うくしてしまう。あるいは、自国の力を過信した「過度な拡張」欲が戦争を起こしてしまうこともある、と述べている。[1] 軍備拡大が経済の衰退を招くという説は、20世紀後半のソ連や、あるいは見方によっては、同じ時期のアメリカには妥当するかもしれないが、戦後の日本には関連しない議論である。

いうまでもなく日本は、憲法上の制約によって防衛費の比重が小さく、対外的な軍事力の行使も禁止されていたからである。最近になって、日本でも防衛費をいっそう膨張させ、海外派兵に道を拓く可能性が強まっているとはいえ、戦後の半世紀以上の時間軸でみれば、日本にとってアメリカとの軍事同盟が安上がりであったことは疑いない。その反面で、対米従属に不感症となり、自立意識が育たないという弊害はたしかにあった。

その一方で、一国の社会や経済の盛衰を人間の一生に喩える「ライフサイクル」説というものがある。国際経済、金融史の泰斗であるチャールズ・キンドルバーガーは、『経済大国興亡史 1500-1990』(2002)の第2章で「ライフサイクル」説をとり上げ、資源、貿易、産業、戦争などさまざまな側面から論じている。その大筋を要約すると、経済発展を経験した国がやがてその内部に成長を阻害する要因を醸成するということである。その移行過程が成熟から老化へと転じる人間の一生に重ねられている。これはこれで直観に訴えるところがあり、少子高齢化に悩む日本にも示唆に富むといえるが、議論の運びがややイメージの連想に傾きがちなところに不満が残る。

ただし「ライフサイクル」説にも例外はあり、第2次大戦後の西ドイツや日本のように、敗戦を経験したことで既得権益が打破され、新規参入者が活力を与えるといわれる。それに加えて、戦争中に固定設備の修理や補修が遅れたり、戦災によって破壊されたりするので、その更新投資が内需を刺激する。また最新の技術導入を促進する効果もあった。こうした要素をキンドルバーガーは敗戦後の「不死鳥効果」と呼んでいる。[2] この「不死鳥効果」は後述の「戦後性」にも通じる。

しかし、キンドルバーガーは戦後50年も経つと「硬化症」(sclerosis) が現れることもあわせて指摘している。それは具体的には、税や社会的負担への抵抗、創造性の低下、変化を嫌う保守主義などである。近年の日本では一時、「構造改革」への期待が高まっていたが、今や当時の熱気は後退しているようにみえる。「ライフサイクル」説の一つの長所は、経済の停滞や衰退を連続的な変化の中で捉えることである。かつて世界の注目を集めた日本経済の凋落はたしかに急激であった。経済はなるほど成長してはいる(最近は年に実質1%前後)が、アジアの周辺諸国に比べると、明らかに地盤沈下している。このような変化が突然に訪れたようにみえても、そこには必ず過去から引き継いだ要素があるはずである。

キンドルバーガーによる「硬化症」という指摘は、欧米諸国の停滞について考察したOlson (1982)(原題は『諸国の興隆と衰退』)の所説に多く依拠している。オルソンによると、社会が安定すればするほど、経営者団体や労働組合など「既得権益」が勢力を拡大し、それぞれに利益分配を求めて衝突する。その膠着状態が経済の柔軟性を阻害し、成長率を低下させる。そしてスタグフレーション(経済停滞とインフレ

---

1 ケネディ(1993)〈上〉「はしがき」、〈下〉「エピローグ」など。またキンドルバーガー(2002)、pp. 11-12も参照。
2 キンドルバーガー(2002)、〈上〉p. 51、〈下〉、p. 153。

の共存）を招くというのが議論の要点である。この説は、石油危機後の欧米諸国の状況をよく説明しているとして、やや大げさにいうと、一世を風靡する感があった[3]。

現在の日本で深刻な問題は、スタグフレーションではなくデフレであり、しかもオルソンの議論では日本は成功例とされているので、現下の症状とは逆の診断になる。しかし、「既得権益」の抵抗を強調する点は、小泉改革の時期に流行した議論を思い起こさせる。実際のところ、オルソンは構造改革論の源流であったとみるべきかもしれない。最近の日本経済の低迷ぶりをみると、かつて欧米諸国でみられた問題が、おおよそ20年ほど遅れて日本にも現れたといえるのかもしれない。この点は後にあらためてたち返ることにしよう。

2――日本の特異性

それにしても、日本の経済的衰退は過去の大国の事例から大きく外れている。何といっても、その凋落があまりにも早く訪れ、しかも急激であった。これほどに早い日本の没落は、先行研究の著者たちにとっても想定外のことであった。ケネディにしても、キンドルバーガーにしても、20世紀末のアメリカに代わる候補として、日本やドイツをあげていたのである。

過去に遡っても日本の経済成長率はたしかに高かった。明治初期から第2次大戦直後までの成長率は、アメリカほどではないとしても、西ヨーロッパや世界全体に比較して相対的に高い方であった。第2次大戦後については、高度成長期が高いのは当然としても、それ以降も1980年代までは先進国の中で群を抜い

表 1-1　世界の経済成長率（年平均）

（単位%）

期間	1870-1913	1913-1950	1950-1973	1973-1990	1990-1998	2000-09	2010-17
西欧	2.1	1.1	4.5	2.9	1.9	1.4*	1.3*
米国	3.9	2.8	3.9	2.9	3.0	1.9	2.2
日本	2.4	2.2	8.9	3.7	1.3	0.5	1.5
世界	2.1	1.8	4.8	3.1	2.7	3.9	3.9

資料：Maddison（2001），TableB-18，その他から算出．2000 年以降は，IMF，*World Economic Outlook* による．

註：*ユーロ圏諸国．ここで西ヨーロッパというのは，スペイン，ポルトガルなどの南欧諸国を含んでいる．

ていた（表1-1）。しかるに90年代以降は急減速し、とりわけ今世紀の初頭には長期の低迷状態に陥ったのである。

このようにある時期まで日本の成長率が高く、1980年代まで先進国の中で突出していたのは、日本が欧米諸国に対して「後発国」であったことが深く関係している。後発国は先発国の経験に学び、設備や技術などを輸入することで、経済的に「離陸」する時間を短縮することができる。こうした効果をガーシェンクロンは「後発の利益」と名付けた。[4] むろん「後発性」だけで日本の成功が説明できるわけではないが、それ以外の要因については後にあらためてふれる。

日本が「後発国」、ないし後進国であったことは、たとえば平均所得の代理変数として一人当たりGDPの実質値（物価水準の違いを考慮したドル表示）でみてもよくわかる。明治が始まったばかりの1870年に、日本はアメリカの30%、西ヨーロッパの37%という水準であったが、第1次大戦がはじまる直前、1913年にはアメリカの26%、西ヨーロッパの40%であった。この40年余りで西ヨーロッパとの差が少し縮まったといえる程度であり、アメリカとの差は逆に広がった。

第2次大戦後の混乱が一段落した1950年に、日本はアメリカの20%、西ヨーロッパの42%であり、欧米諸国との差は第1次大戦の直前とほとんど変わっていない。かなり低い水準である。ところが、高度成長が終わった1973年には、アメリカの69%、西ヨーロッパ諸国の99%にまでのし上がったのである[5]。

この時点でアメリカに比べるとまだ差は目立つとしても、西ヨーロッパに対して、ほぼ変わらない水準まで来ていた。これは、高度成長の成果がいかに目覚ましかったかを示している。ちなみに、1998年の同じ数値を紹介しておくと、アメリカに対して75%とさらに差が縮まり、西ヨーロッパに対しては114%、すなわち1割強も上回るようになっていた。

まさに2000年の前後は、日本の所得水準が世界の中で相対的に最も高かった時期にあたる。この時期の日本はまだバブルの後遺症に悩んでいたので、いささか意外の感があるかもしれない。これには円の為替相場がかなり高かった（日本の数値を米ドルで表示すると大きくなる）ことが影響している[6]。

別の指標として、一人当たりGDPの名目値（物価水準の違いを考慮しないドル表示）でみると、日本は2000年に世界第2位となり、実質値では1996年の世界第17位が最高であった。ところが、2016年には名目値で世界22位、実質値で第30位にまで下がっている。ここにも近年の日本の経済的凋落がよく表れている。

日本人は自国がアジアの中で最も豊かな国であるとの固定観念に長くとらわれていたが、一人当たりGDPの実質値でみると、すでに1990年にシンガポールに追い抜かれ、2002年には香港、09年には台湾よりも低くなった。そして今や韓国が日本を凌ぐ勢いをみせている。[7] このような東アジア諸国の急速な台頭にも、かつて日本が享受した「後発の利益」が示唆されている。

世界第何位とか、他国に追い抜かれたなどと騒ぐのは、ランキング思考のようで品がないとか、中味のない空論であるとか、異論があるかもしれない。また所得の高さだけが人々を幸せにするとはかぎらないという意見には、まったく同感である。しかし、多くの日本人は将来に漠然とした不安を感じている。それはたとえば、老後の生活や医療費、年金といった社会保障の方面に現れてくるが、こうした要因はすべて一国の経済水準に大きく依存している。年金や医療保険の掛金は現役世代が多く負担するので、彼ら彼女たちの所得が増えないと持続は不可能になる。また巨額の政府債務を縮小していくには、経済が成長して税収を増やすことが不可欠なことは明らかである。さらに、近隣諸国との軋轢にも経済の状態が関係してくるので、実にやっかいである。

---

3 オルソンの説が経済学や政治学など多方面に影響を与えたことは、Heckelman（２００７）を参照。

4 ガーシェンクロン（２００５）。

5 データはMaddison（２００１）、Table B-21による。表１-１の成長率は次の式で計算した。$g=\{\ln(Y_t)-\ln(Y_0)\}/t$、ここで$g$：平均成長率、ln：自然対数、$Y_t$：t期のGDP、$Y_0$：０期のGDP。

6 後掲の図３-４を参照せよ。バブル末期の１９９０年には１ドル＝約１５０円であったが、２０００年には１ドル＝１００円近くになっていた。

7 以上の一人当たりGDPの値はIMFデータによる。http://www.globalnote.jp/post-1339.html。

日本の特異性は、経済的停滞が突然に訪れたばかりではない。かつてのイギリスや過去の経済大国と比べて大きな違いが、軍事的に、また外交的にさえも、自立していないことにあるのはすでにふれた。後者の点が日本の経済的停滞と関係しているかどうかは、あらためて検討しなければならないが、少なくとも、安保体制の下で「軽武装」を貫いたことが高度成長に有利に働いたことは否定できない。軍事費が少ないと、それだけ租税負担が軽くなる。財政収支にも余裕が生じるので、民間貯蓄は投資に向かいやすくなるからである。[8]

日本経済が輝いていた1980年代においても、貿易・経済摩擦でアメリカ側に大幅に譲歩し、85年のプラザ合意を経て内需拡大に走ることになった。そこにも、アメリカに対して「NO」といえない日本の立場がよく表れている。経済的に依存しているばかりではなく、軍事的にも、国際政治の面でも自立しきれないことの反映であった。

日本の対米依存は技術移転や輸出先の市場という点でも大きかった。かつての経済大国の代表例であるイギリスやアメリカは、技術の先進国であり、特定国への輸出依存ということもなかった。アメリカはすでに両大戦間期に最高の技術先進国であり、内需中心の経済発展を遂げるだけの実力を備えていた。第1次大戦前のイギリスは、19世紀の末ごろから当時の先端技術（電機や化学）の優位をドイツに譲っていたとはいえ、産業革命期以来の技術先進国であり、その輸出市場は全世界に広がっていた。[9]

ところで、日本が米国債の最大の保有国であった1997年6月に、橋本龍太郎総理（当時、以下同じ）がアメリカからの相次ぐ要求に反発して、「米国債を売る誘惑に駆られることがある」と発言したことがあった。この発言を受けて、ニューヨークの株式相場が大幅に下落し、内外で物議を醸した。仮に日本政府が米国債を大量に売ると、アメリカで金利が急騰し、株式相場が下がる。それだけではなく、アメリカの景気が落ち込むと日本に及ぶショックも大きいので、大量の売却はまず不可能なことであった。政治や軍事の側面を別にしても、経済的にアメリカの存在があまりに大きいので、日本の自立的な行動が無理なことを示す一つの例である。

ここで注意すべきは、高成長から低成長への移行は日本にかぎらず、他の先進諸国にも共通して現れていたことである。そうした中で日本に衰退がとりわけ顕著であったのはなぜか、このように問題をたてなければならない。日本の衰退が突然現れた現象だとしても、それは一つの歴史的変化なのであり、高度成長期から連続した流れの中で捉え返さなければならない。

そこで一つの鍵を握るのは、すでに指摘した「戦後性」と「後発性」(「後進性」)という要因である。[10] 高度成長期には「後発性」、「戦後性」が躍進のバネになり、そしてこの発展には「アメリカの影」が色濃くつき

---

8 高度成長期(1955-70年)は、戦前(1926-40年)に比べて政府所得(税収から公債利子、家計への移転支出を除いた値、対GDP比)が小さかったにもかかわらず、財政収支は黒字であった。それは軍事支出が圧倒的に小さくなったことによる。深尾(2020)、p. 201。

9 詳しくは、ケネディ(1993、上)、pp. 304-305、石見(1999)などを参照されたい。

10 「戦後性」、「後進性」が日本の高成長につながったという指摘は、大内(1962)、p. 298にもあるが、この点は第2章で再論しよう。

まとっていた。このように概括できるが、その中で「戦後性」は、後に第2章で詳しくみるように、高度成長期が経過するにつれて消滅しかけていた。もう一つの「後発性」についても、もはや近年では妥当しないという議論がある。しかし、後にあらためてみるように、現在においても情報通信技術の産業化（デジタル化）ではかなり大きな立ち遅れがみられる。このギャップを「後発の利益」に生かせないところに、実は深刻な問題があるといってよいだろう。

第2、3章では、高度成長期に確立した官と民の協調体制（高度成長レジーム）が石油危機後の1980年代まで続き、石油危機後のいわゆる安定成長期の基礎になったことを明らかにする。その一方で、高度成長期の国際環境は、アメリカの政治経済的な優位の後退によって大きく変容を遂げた。このような変化が、安定成長期に経済摩擦を引き起こし、さらにはバブルを導く要因ともなったのである。

「安定成長」を揺るがしたのは、バブルの膨張と破裂に他ならないが、そのショックがあまりに大きく、高度成長レジームを動揺させることになった。1990年代には高度成長レジームの限界がもはや明らかになり、さまざまな改革が試みられてきた。中には不良債権の処理のように、それなりに成果を収めたものもあったが、バブル崩壊後の低迷はいまだに解消されていない。このような過程をやや詳しく追ったのが第4章であり、第5、6章では「構造改革」に焦点を絞って再検証することにした。

3——経済成長と「レジーム」

日本の急速な衰退はいうまでもなく経済成長率が低下したことに表れている。そこで、経済を成長させる要因とは何か、この点をあらかじめ明らかにしておこう。といっても、格別目新しいことを考えているわけではなく、次のようにごく常識的な理解に基づいている。

経済成長とは付加価値で表される経済の規模（GDP）が大きくなることである。付加価値というのは、生産されたモノやサービスの価値総額から原材料の仕入れ費用や光熱費などを差し引いた残りの部分である。なお人件費は、費用として大きな比重を占めるが、ここまでの計算には登場しない。賃金や報酬は付加価値の中から分配されるとみるのである。

経済が成長するのに何が条件になるかを研究するのが経済成長論のテーマであるが、本書では単純な成長モデルを想定している。それは資本や労働といった生産要素の投入（充用）が増大すること、それに加えて技術進歩が経済を成長させるという考え方である。経済成長をこのように3つの要因に分けて捉える考え方は、新古典派経済学の成長論に通じるが、成長会計式という形で、経済成長にどの要因がどのていど貢献したかを計算する手法にも生かされている。[11]

それぞれの要因は互いに独立している側面と、相互に関係している側面とがある。労働の投入量を例にすると、まず人口、なかでも労働可能な生産年齢人口によって大枠が決められているが、同じ労働可能な人口でも働く時間によって、また実際に仕事に就く人数の割合（労働参加率）によっても変わってくる。労働可能な人口は、さしあたり経済とは独立に外的に決まっているといってもよいが、その増減は意外に経済の状況に左右されるところが大きい。この点は、少子高齢化との関連で後にあらためてふれることにしよう。また労働参加率や労働時間も家計の状況や景気の好不調によって影響される。

次に資本とは蓄積されたストックの値であり、工場や機械といった有形固定資産のみならず、特許やソフトウエアのような無形資産も構成要因である。後者の無形資産には、人的資本を形成する知識や熟練などを含めることもある。ただそうなると、後述する技術進歩や全要素生産性との区別が不明瞭になってくる。資本ストックの増加は新投資によるが、投資は何によって決まるかというと、その大枠は貯蓄によって規定されている。経済成長率が高いほど貯蓄も増えやすいので、投資も増加しやすくなる。

ただし貯蓄の中でどれだけの部分が実際に新規投資に向かうかというと、それは将来の経済見通しが明るいか、暗いかという予測（期待）に依存する。景気や政治・社会の状況によって決まってくるといってもよいだろう。将来への見通しが暗く、投資が伸び悩むと、余った貯蓄はより有利な投資先を求めて外国へ流出する。

逆に投資が貯蓄を超えると、その差額は資本輸入によって賄われるが、その国の予想成長率が高いほど、資本流入が促進される。予想成長率が低いと、資本流入は減退し成長率も低下する。このような意味で、投資は経済成長（あるいはその予想）によって内生的に決まってくるといってもよい。以上は国際資本移動を前提にした議論であるが、資本移動が制限されている場合には、投資は国内の貯蓄に大きく依存する。

最後に技術進歩には、さまざまな次元のものがある。古くはジェームズ・ワットの蒸気機関やマイケル・ファラデーの電磁誘導のように画期的な発明・発見がある。これらは経済状況に直接の関係なく、個人の創意・工夫によって独自に生まれるといってよい。しかし科学技術が産業の中に深く取り込まれている現代では、研究開発への投資が新しい技術の誕生に大きな決め手となる。また新技術を事業の中で活用するには、投資行動が必要になる。その意味で技術進歩が実現する条件は、上記の投資一般について述べた内容と重なってくることが多い。

技術進歩といっても、工学的な機械や設備にかぎらない。生産ラインの編成、新製品やサービスの開発、マーケティングや制度・企業組織の改編、教育訓練など、実に多種多様な側面にまで広げることができる。そうだとすると、技術進歩には、社会や政治（行政）を含んだ考察が必要になってくる。ここでいう「技術進歩」は、後にとり上げる全要素生産性（total factor productivity : TFP）と同じ概念であるが、ＴＦＰについては後に第６章でふれることにしよう。

以上のようにみてくると、供給側の条件ばかり議論しているので一面的ではないか、需要はどうなるのか

11　成長会計式では、経済成長率を資本や労働それぞれの増加率に一定の比率をかけた値に分解し、残った部分を技術進歩の効果によるとみなす。ここで一定の比率というのは、通常は、資本にはＧＤＰから資本側に分配される部分（資本分配率）、労働には同じく労働分配率が使われる。資本分配率や労働分配率が採用されるのは、完全競争を前提としていることに、十分な配慮が必要である。

という疑問が出てくるかもしれない。むろん「供給はみずから需要を作り出す」(「セーの法則」)というわけではなく、売れる見込みがなければ生産(供給)しても、滞貨が残るだけで、いずれ生産の縮小に追い込まれる。その意味で、需要の側面はきわめて重要であるが、以上みてきた供給側の条件は、生産可能な上限を表している。

投資行動に将来への見通しが強く影響することはすでにふれたが、人々が所得の中からどれだけ消費し、どれだけを貯蓄に回すかにしても、「懐具合」とか老後の不安とかいった心理的要素が関係してくる。こうした点を含めて、供給側の要因が実際に生産に結びつくには、需要が安定し、伸びる環境が用意されねばならない。そうした条件は、政治や社会の状況に大きく左右されるのである。

一般に経済現象が政治や社会に規定されることは広く知られているが、逆に社会や政治の状況にしても、経済のあり方、もっと端的にいえば、経済の好不調に影響を受ける。図1-1で逆三角形の下部に「経済」を置いたのは、主として後者の関係を捉えているが、その一方で、政治や社会が不安定になると、投資や技術進歩が低迷し、経済も停滞する。このような側面は、単純な唯物史観(タダモノ史観)とは異なり、いわば常識的な見方であるといってもよいかもしれない。

いまさらいうまでもなく、日本経済の低迷を考える上でも、経済の背後に政治や社会が深く関係している。「政治」には、政党や選挙だけではなく、政府(行政府)の役割も含んでいる。また「社会」というと曖昧な印象を与えるかもしれないが、たとえば「少子高齢化」などはわかりやすい社会現象の一つである。本書では、「少子高齢化」が人々の意識や生活・行動様式などに及ぼす影響を重視している。経済成長の一要

図 1-1　経済と社会，政治の相互作用

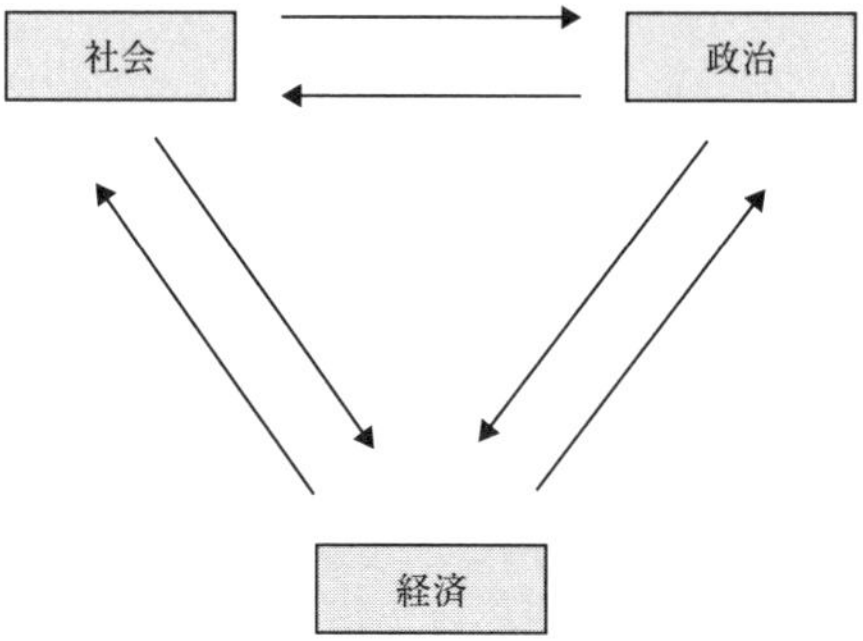

素である労働参加率にしても、家族のあり方（核家族かそうでないか）や年齢構成（乳幼児や高齢者の割合）といった社会的要因が関係してくる。

　明治末期を「不機嫌の時代」と名付けた文明批評家にならえば[12]、人々の心理状態にも注目すべきである。それは社会思想とかいう高尚な次元とはやや違った性格のものである。「民意」とか世論にやや近いといってもよいが、その背後にある感情（「気分」）である。それは経済成長を推し進める力となったり、逆に成長にブレーキをかけたりする。

　現在に即していえば、この「空気」は将来への不安とか、閉塞感とかいう性格のものである。経済産業省の若手官僚たちは、「不安な個人　立ちすくむ国家」という卓抜な表現で現下の問題点を捉えていた[13]。「時代閉塞の現状」（石川啄木）という言葉が現れたのは明治も終わりに近いころであるが、その語感は何となく現在にも通じるような気がする。

　ところが、これとは矛盾するようなアンケート調査の結果もある。日本人の多くは現在の生活に満足していて、「過熱」でもなく「冷却」でもない、「常温社会」という見立てがなされたりする。[14] 現在に満たされている点では、若者も変わらないどころか、年輩の世代よりもむしろ満足度が高いようにみえる。しかしより内面に立ち入ってみると、「自信のなさ」や「消極性」、将来への期待が低いといった特徴が浮かび上がってくる。[15]

この落差をどのように理解すべきだろうか。一筋縄で解釈するのは難しいが、さしあたり衣食足りた末の成熟社会というのが妥当かもしれない。成熟というのは、これまでの経済成長のおかげで一定の資産と所得を備えているからである。高齢化もそこに関係してくる。成熟しているからこそ今後は大きな発展が望めない。将来にあまり期待できないので、現在を楽しもうと一方では割り切りながら、他方ではやはり不安が残るのではないだろうか。このような解釈が当たっているとすると、やはり没落の兆しを感じてしまうのである。

ところで図1-1に戻ると、「政治」、「経済」、「社会」の3つの要素をまとめると、「レジーム」という概念になる。いきなり「レジーム」という言葉を出すのは唐突かもしれないが、このような概念をなぜ思いついたか説明しておこう。「レジーム」は「1940年体制」(野口1995)で使われる「体制」と共通する面も少なくはないが、「体制」という言葉はどちらかというと、国の制度や政府と企業との関係を指すようなイメージが強い。「現代日本経済システム」(岡崎・奥野1993)のように「システム」という言葉もあるが、本書では経営者や一般人の意識、心理を含めて「レジーム」とした。

「レジーム」をキーワードにするのは、たんなる言葉使いの問題ではなく、やや大げさにいうと、歴史理解の違いを際立たせたいという目論見からである。詳しくは第2章以下であらためてふれるが、日本の「成功」（経済に絞っていえば「成長」）や「失敗」の理由を「システム」や「体制」にもとめると、どうしても論理的に曖昧なところが残ってしまう。

まず「成長」期のシステムが「成長」の原因であるとすると、いささか「同義反復」（トートロジー）のような印象が拭えない。あるいは、同じ体制が時によって成功を導き、また別の時には失敗を招くというように、全く逆の評価を受けることもある。この点をどのように解釈すべきだろうか。さらには、なぜ当のシステムが失われ、経済の衰退を招いてしまったのか、それはシステム内部の要因によるのか、それとも外部に原因があるのか。このようにいくつかの疑問が次々とわいてくるのである。

評価が逆になるというのは、高度成長期には日本企業の特質、とりわけ「日本的経営」とか「日本的雇用慣行」といわれる内容が「後進性」の表れであり、克服すべきものとみられていたことがある。[16]ところが、

12 山崎（1976）は、日露戦争後の文学作品に「不機嫌」が読みとれるとした。エピグラフに引いた漱石の『三四郎』も同じころに著された。司馬遼太郎によると、日本が「坂の上の雲」を目指して希望に満ちていた時代は、明治維新から日露戦争までなので、この少し前に当たる。しかし日清、日露の両戦争に勝利した「成功体験」は、やがて日本を破滅の淵に追い込んだことは周知の事実である。

13 経済産業省（2017）。

14 博報堂生活総合研究所（2019）。

15 石見（2017）、pp. 26–27。内閣府「我が国と諸外国の若者の意識に関する調査」平成30年度版。この調査については、第6章で再論する。

石油危機後、日本経済が先進諸国の中で相対的に好調を誇っていた時期には、逆に日本企業モデルが成功の鍵を握っているとみられるようになった。またさらに、バブルが破裂して経済が長期停滞期に入ると一転して、日本企業に特有な年功序列制やいわゆる終身雇用が再び非難の的になった。「改革」によって打破すべきものとみなされたのである。このように同じ要素でも時期によって評価が二転、三転するのは、まことに歴史の皮肉であるが、なぜこのようなことが起こるのか、この点を究明しなければならない。

バブル崩壊後に評価が逆転した最大の理由は、いうまでもなくマクロ経済状況の相違である。高度成長期はマクロ経済状況が優れていたにもかかわらず、否定的な評価が強かったのは、欧米諸国に対する「後進性」意識の表れであった。それは時代の「空気」をよく反映しているが、それだけに後に高評価に転じた時の反動も大きく、ともすれば手放しの礼賛に近いものがあった。

このようにふり返ってみると、経済を成長させる要因はすでにふれたように別にあり、「レジーム」はむしろんそれと関係するにしても、成長の条件を促進するものと理解すべきだろう。「レジーム」は最初から完成された形で現れるものではなく、他の要因によって成功の条件が生み出されると、ますます強化され安定するようになる。一度、形成されると、「履歴」効果によって持続することもあるが、経済的成功が失敗に転じると、批判の集中砲火を浴びることになる。最近の日本でその転換点になったのがバブルの破裂であった。

高度成長は、その時期に特有な「レジーム」が形成されたことで促進され、また「レジーム」それ自体も安定した。バブル崩壊後の低迷は、高度成長期に代わる新しい「レジーム」がまだ確立していないことで、出口がみえなくなっている。このように理解すると、時代の違いがよりわかりやすくなる。「成長」か「衰退」かの違いが生じる原因を「レジーム」そのものに帰着させると、以上の点が曖昧になると思われるのである。

なお「レジーム」という捉え方は、資本主義にはさまざまなタイプがあるという議論とも深く関係している。たとえばミシェル・アルベール（1992）は、英米（アングロサクソン）型に対してドイツ、フランスなど大陸ヨーロッパのライン型、もしくはアルペン型を対比している。その違いは、アングロサクソン型が市場の働きによって経済の活性化を図るのに対し、ライン型は政府の指導、計画や経済団体、労働組合などがより大きな影響力を持つことに表れる。そして日本はライン型に近いとみなされている。

もう一つの例は、福祉レジームの型（モデル）を区別したエスピン＝アンデルセン（2001）である。福祉の議論は、政府ばかりではなく、政府と民間、あるいは民間相互の関係にも及ぶので、「国家」ではなく「レジーム」という用語にした。彼によると、日本はアングロサクソン型とヨーロッパ大陸の社会民主主義型や保守主義型のすべての特徴を兼ね備えているとされる。アルベールの議論も、レジームの型（タイプ）の違いとつながっている。

現時点でふり返ってみると、ライン型はアングロサクソン型に近づきつつあるようにみえる。[17] その理由は、1990年代から「グローバル化」の大きな作用で、アングロサクソン型が優勢になったことによる。このような変化は日本の進む方向を考える上でもヒントになる。

---

[16] 武田（2008）、pp. 150–151。

とはいえ、現在において資本主義の「型」の違いを論じるとすれば、市場優先型の西側資本主義に対して中国の国家資本主義[18]をとり上げるべきだろう。しかも、成長性という点では中国型の方が優位にあり、発展途上国に対する影響力においても、西側を出し抜いている。しかしいうまでもなく、日本が目指すべきモデルは中国型の強権的指令経済ではない。

バブル破裂後の日本には、新しい「レジーム」がまだ現れていないと述べた。新しい「レジーム」といっても漠然としているが、目指すべき方向を企業経営の観点からみると、低賃金、低利益を武器にした戦略（薄利多売）から、高賃金、高付加価値型に移行することである。それには労働市場の流動化と安全網（セーフティネット）の整備が必要になるが、そこでは政府の規模も役割も変化せざるをえない。こうした点についてもう少し詳しい説明は第7章に譲ることにしたい。

17　著名な社会学者であるロナルド・ドーアたちは、資本主義のアングロサクソン型とドイツ・日本型を対比して、後者が前者に収斂していく傾向を指摘している、Dore *et al.*（1999）。しかし彼らは執筆時点で、後述する2000-01年のITバブルの破裂や2007-08年のリーマンショックをまだ経験していなかった。

18　マルクス経済学の伝統的な用語を援用すれば、「国家独占資本主義」という方がふさわしいのかもしれない。

第2章 「黄金期」

1――「黄金期」に共通した要因

日本の衰退がなぜ生じたかについて考える上で、国際比較が重要な手掛かりになることはすでに第1章から明らかだろう。本章と次の章では、高度成長から低成長への移行を他の先進諸国と比べながらふり返ってみることにしよう。

そこで話は戦後の高度成長期にまで戻らざるをえないが、日本にかぎらず先進諸国は第2次大戦後にほぼ軒並みに「黄金期」を経験していた。「黄金期」というのは、戦後の混乱が一段落した1950年ごろから第1次石油危機が勃発した73年までの20年余りに当たる。主要資本主義諸国が高い経済成長率と比較的低いインフレ率を享受したことから、このように名付けられた。

資本主義の長い歴史の中で、先進諸国と呼ばれる一群の諸国がこれほどに「安定」した時期はかつてなかった。「安定」とカッコつきで記すのは、その背後には東西の冷戦があり、その余波が先進諸国の内部にも政治的対立としてくすぶっていたからである。冷戦だけではなく、「黄金期」の当初には朝鮮半島で、また末期にはヴェトナムで熱い戦争もあったが、「安定」を揺るがすほどではなかった。

以下では、高度成長や、その後の成長の低迷を考える準備段階として、「黄金期」を可能にした要因をふり返っておこう。結論的にいうと、それはさまざまな要因が重なり、幸いした結果であり、「黄金期」はむしろ例外的な時期であったということもできる。[1] その只中にいると必ずしも意識されることはないが、後からふり返ってはじめて気付く、幸福のようなものであったといえるかもしれない。何がこのような経済の安定と成長をもたらしたのか、いくつかの要因をあげてみよう。[2]

拡大する需要と供給

まず注目すべきは、政府や政策のはたした役割である。いうまでもなく資本主義社会では、経済を成長させる主体は民間企業である。そこに家計や個々人の消費や貯蓄を付け加えてもよいが、企業が生産や投資を行うには、経済が順調に進行するという安心感、ないし信頼がなければならない。

経済が奈落に沈むかもしれないと思われた大恐慌期や、世界規模の戦争が終結しても、人心が動揺していた混乱期には、中長期の経営方針を立てることは難しい。そのような不確実性を取り除く上で、政府のはたした役割はきわめて大きかった。

第1に国内的には、1930年代の「大恐慌」の反省から、各国の政府はマクロ経済の安定を重視するようになった。総需要管理政策（いわゆるケインズ政策）となると、アメリカや西ヨーロッパ諸国でどこまで意識的にとり組まれていたかについては、国と時期によって、また論者によって、見方は分かれてくる。とはいえ、マクロ経済の安定が政権の運命を左右することは、どの国でも強く認識されていた。その代表的な例は、第2次大戦の終結直後に、アメリカの連邦政府が雇用法（1946年）で雇用の安定を明言したことであった。

第2の要素は、福祉国家、あるいは所得再分配政策が定着したことであり、これも総需要の安定に寄与した。現在にまで続くこの体制は、もともと資本主義の危機的な状況に起源があり、アメリカではニューディール期、ヨーロッパでは戦時体制が大きな転機になったといえる。[3] さらに1960年代には資本主義の高度成長によって、制度的にも、資金規模でも福祉が拡充された。日本は1960年代から社会福祉の制度が整い始めていたが、70年代の初めに「福祉元年」というスローガンの下に増強された。日本はこの面でも後進国、ないし後発国であったといえるだろう。

とはいえ、自民党政権はそれ以前から都会や工業化した地域から農村部へ、あるいは中小企業や建設業へ

1 レヴィンソン（2017）。
2 より詳しくは、石見（1999）、第4章などを参照されたい。
3 東京大学社会科学研究所（1984）、pp. 3, 15–16、Obinger and Petersen（2015）。

と財政資金を配分していた。これを「福祉政治」と呼ぶ人もいる。[4] 日本的な福祉国家の特異性については後にあらためて論じることにしよう。

この「黄金期」は、先進諸国でほぼひとしく経済格差の縮小がみられたことでも「例外的」な時期であった。トマ・ピケティの『21世紀の資本』は、第2次大戦期から1970年代まで資本主義の歴史には珍しく格差が小さくなったことを指摘している。[5] そこには、狭義の社会福祉政策だけではなく、高い相続税、累進所得税など税制による貢献もあった。もう一つの要因は、労働組合の交渉力が強くなり、企業の付加価値の中で労働側の取り分（労働分配率）が上昇したことである。それは賃金（名目のみならず実質の値でも）の上昇となって表れた。[6]

社会福祉の拡充や所得の再分配は経済成長があったからこそ実現できたという側面があった。その一方で、生活必需品への需要が大きい（消費性向の高い）低所得層の所得が下支えされると、一国全体として消費が伸びる効果もある。成長と再分配はたがいに因となり果となり、好循環を描いていったのである。

第3に、戦後の先進諸国は大衆消費社会の出現という点でも特色づけられる。富裕層ばかりでなく中間層まで競って耐久消費財、住宅の購入やサービス、余暇の消費に向かった。それは所得の伸びによって可能となったが、その裏側には大量生産があった。製品差別化やモデルチェンジによって需要を刺激するなど、マーケティングや広告宣伝の及ぼす効果も増大した。人々に消費を楽しむ心理をかきたて、企業側には持続的な売り上げの増加を期待させた。賃金の上昇はたしかに労働コストを増大させる要因であるが、その負担は多かれ少なかれ技術革新や労働生産性の向上によって軽減することができた。

このように「黄金期」の先進諸国は内需の堅実な伸びを経験したが、日本に関しては、外需よりも内需の拡大による経済成長という特徴がとりわけ強く現れていた。先進諸国一般の外需依存度（輸出の対ＧＮＰ比）は、高度成長期に第１次大戦前の１９１３年や、世界大恐慌が始まる直前の１９２９年に比べてさほど変わらない数値であった。ところが日本は、外需への依存度が１９６０年に9・2％、７０年に9・8％、すなわち10％未満であり、１９１３年の13・8％、１９２９年の16％よりもかなり小さくなっていた。[7] この点は、日本の高度成長を理解する上できわめて重要な点である。

次に供給側、すなわち経済の生産要素に議論を進めると、まず豊富な労働力が存在したことに注目すべきである。ヨーロッパで最大の供給源は域内の移住人口（当初は東ヨーロッパ、次いで南ヨーロッパから）や、失業者、農業など第１次産業であった。アメリカやイギリスでは、農業からの流入が１９５０年代でほぼ終わっていたが、フランス、イタリア、日本などでは６０年代まで続いていた。後になると女性や戦後の「ベビーブーマー世代」、さらに西ヨーロッパでは北アフリカやトルコから、アメリカではメキシコを筆頭に中米諸国からの移民が追加された。

4　宮本（２００８）。
5　ピケティ（２０１４）、pp. 328, 330。
6　詳しくは、アンソニー・アトキンソン（２０１５）などを参照。
7　石見（１９９９）、p. 77、表2–12。

たとえばアメリカでは1950年代に人口増加の10%強、70年代には20%を移民が占めるほどであった。[8] アメリカで移民が急増したのは、1965年の移民国籍法の改正が転機になったといわれる。それまで出身国別に定めていた移民受け入れ数の枠を廃止し、単身者の家族呼び寄せも認めるようにした。その結果、ラテンアメリカ、アジアからの移民が急増したのである。

もう一つの生産要素である資本については、以下で述べるブレトンウッズ体制の下で国際資本移動が制限されていたので、国内の貯蓄による投資が主流であった。経済の高成長が貯蓄を増加させ、投資を伸ばすという形で、ここでも成長の好循環が働いていたのである。戦後の初期には、西ヨーロッパや日本の貯蓄が不足していたので、アメリカの公的資金が復興を助けることもあったが、そこには冷戦体制が大きな影を落としていた。

投資は新しい技術をとり込む上で不可欠であり、その適切な時期や形態を決める上で企業家の資質がものをいう。投資の比率（対ＧＤＰ）や伸び率は、アメリカよりも西ヨーロッパや日本の方が大きかった。それは戦争による固定設備の破壊や更新の遅れ、より一般的には後発国の「追いつき」効果を反映している。

第4に、「黄金期」の技術的基礎は、電機にしても化学にしても、19世末から20世紀の初頭にすでに現れていたといわれる。[9] こうした技術が産業に応用され、大量生産と結合したのがこの時期であった。それには研究開発への支出や技術者の急増をともなっていたが、後に情報通信の分野で画期的な革新をもたらすコンピューターやインターネットなどは軍事からの転用であった。工学的な技術にかぎらず、事業部制や専門経営者の台頭など経営管理の手法が革新されたことも大きかった。[10]

アメリカの優位は、20世紀の半ばに生産性が急上昇したことに端的に表れていたが、Gordon（2016）によると、それには「ニューディール」と戦時経済の影響が少なくなかった。「ニューディール」については、1933年の全国産業復興法（NIRA）や1935年の全国労働関係法（ワグナー法）によって賃金が上昇し、労働時間の短縮も実現された。それによる労働コストの増加に対処するために、経営者は生産性の向上を図るしかなかった。さらに戦時下の軍需急増と設備の増強が生産効率の改善を導き、その「学習効果」が戦後にも引き継がれたというのである。いうまでもなくこうした要因の背後には、技術的な条件も準備されていたことが重要である。「第2次産業革命」の電気エネルギー、自動車産業で開発された組み立て流れ作業、石油化学工業の発展などである。[11]

戦後のアメリカ経済が社会各層に恩恵をもたらした様相は、Gordon（2016）によって次のように印象的に描写されている。[12]

アメリカは第2次大戦を経てかつてない政治的、経済的優位に立つようになった。1948年から7

8 van der Wee（1987）、Ch. IV、西ヨーロッパの事情については、Boltho（1982）、Ch. 1, 6をあわせて参照。
9 Gordon（2012）、Landes（1969）、p. 520など。
10 van der Wee（1987）、Ch. V。
11 Gordon（2016）、Ch. 16。
12 Gordon（2016）、p. 642。

3年まで所得格差の「大幅な圧縮」が生じ、最上層から最底辺に至るまで実質賃金が急上昇し、世界で最初の大衆消費社会が出現した。普通の市民がついに自動車、テレビ、家電製品、郊外の家を持てるようになり、産業界はこうした耐久財を供給するだけの能力を備えていた。物分かりのよい政府は無料の大学教育や低利の住宅融資を退役軍人に与えた。怒濤のように1964年の公民権法、65年の選挙権法を成立させ[13]、さらに高齢者にはメディケア、貧困者にはメディケイドの医療保険制度を導入した。女性は労働市場と高等教育に進出し、仕事で成功を収める人も現れた。2010年には学士号を持つ卒業生の58%を女性が占めるまでになった。

国際的枠組み

次に国際的な次元に目を転じると、西側世界においてアメリカが決定的な役割をはたしたことを軽視すべきではない。

第1に、アメリカの主導の下でブレトンウッズ-GATT体制が形成された。いうまでもなく、前者は国際通貨・金融の面で、後者は貿易の分野で、1930年代のような世界経済の分断を回避し、経済の順調な発展を促すことになった。

ただし、アメリカとGATTとの関係は複雑で微妙なところがある。当初、アメリカや主要国は自由貿易を実現する機構としてITO（国際貿易機関）を構想していた。ところが、あまりに野心的な内容であったので、アメリカの議会で承認されなかった。やむなく、それを代行する国際機関としてGATTが発足したのである。しかし国際条約としてのGATT（関税と貿易に関する一般協定）の成立に主導権をとったのもアメリカであった。[14]

新自由主義が支配的な現在からふり返ると、ブレトンウッズ体制は資本移動の自由を制限していた点で「管理」された自由化であり、GATTはサービス取引にまで踏み込んでいない点で不十分とみえるかもしれない。しかしこのアメリカ主導の国際経済システムが世界経済の安定と繁栄をもたらす上で、重要な貢献をはたしたことは明らかである。

第2に、すでにふれたように、アメリカの西側諸国に対する公的援助が戦後復興を支える資金源となった。その後の1960年代には、アメリカの援助は軍事関連の支出も含めて、発展途上地域に移行していったが、こうしたドル資金の散布が、結果的に西ヨーロッパや日本から発展途上地域への輸出を伸ばす触媒となり、間接的ではあるが無視できない効果をもった。

第3に、先進技術の波及についてもアメリカが最前線の起点となった。アメリカ自体が20世紀初頭から開発された技術（たとえば電力や内燃機関）によって、成長を促されたという面もあるが、西ヨーロッパや日本はそのアメリカから産業技術を導入しながら、後追い（キャッチアップ）型の経済発展を実現した。西ヨーロッパでは、アメリカ多国籍企業の進出が技術移転を促進したとみられている。逆にアメリカにして

13　1964年の公民権法は人種差別を禁止し、65年の選挙権法は黒人の選挙権を保護するものであった。
14　石見（1999）、pp. 148-149。

も、ヨーロッパから高度の知識を備えた人材が新たに流入することで利益をえることもあった。アメリカは電機、エレクトロニクスなどで優位を誇ったが、化学や金属ではヨーロッパ諸国がひけをとらなかったといわれる[15]。

先進的な技術を経済成長につなげるには、いうまでもなくそれ相応の受け入れ態勢が必要である。なかでも教育を受け、労働現場に習熟した人材が備わっていた（人的資本の蓄積があった）こと、また政府が行政能力を持ち、技術の重要性を理解していたことなどは、概して腐敗から距離を置いていたことも含めて、西ヨーロッパや日本がたんなる「後進国」ではなかったことを意味する。

2——日本の高度成長

「後進性」と「戦後性」

日本の高度成長にも、欧米先進諸国と共通した要素が働いていたことは当然であるが、それに加えて、欧米諸国に比べていっそう後発国（後進国）であることが有利に作用したことも重要である。

所得水準（一人当たり実質ＧＤＰ）でみると、日本は朝鮮戦争が始まった１９５０年に欧米諸国との格差が第１次大戦直前とほとんど変わらなかったこと、そのころから高度成長末期の７０年初めにかけて、欧米諸国を急速に「追い上げ」たことはすでにふれた。

その一方で日本の戦前１９４０年の所得水準を基準にしてみると、１９４７年は2分の1強、５０年でも約3分の2にすぎなかったが、高度成長が始まる１９５５年には、９割弱にまで回復していた。[16] そこから高成長を遂げた日本はこれまで経験したことのない豊かさを実現したことになる。

日本の立ち遅れは、就業構造にも表れていた。産業別の雇用シェアでみると、１９５０年の農業従事者は日本が49％に対して、アメリカ12％、フランス33％、イギリス５％（１９５１年）であった。ドイツは東西に分裂していたので戦後の統合した数値はえられないが、１９３３年の時点で29％であった。その一方で工業となると、日本は21％に対して、アメリカ35％、フランス34％、イギリス47％（１９５１年）、ドイツはすでに１９３３年において41％となっていた。[17]

つまり戦後の初期において、日本の就業構造は大きく農業に偏っていたが、これは復員兵士や外地からの引揚者が生活の資をまず農村や、農業に求めたことでいっそう助長された。日本の第１次産業（主として農業）の就業者は１９２０年代から40年ころまで１４００万人強できわめて安定していたが、終戦直後の１９４７年には１８００万人近くにまで増えていたのである。[18]

15　van der Wee（１９８７）、pp. 202–13, 172–73。ヨーロッパがアメリカとの技術格差を縮小させた背景について、Gordon（２００４）も参考になる。
16　中村（１９９３）、p. 501、第６–３表より算出した。
17　van der Wee（１９８７）、p. 168, Table 17。
18　野村（１９９８）、pp. 50–51。

『経済白書』（１９５６年版）の、あまりにも有名な「もはや『戦後』ではない」という表現は、復興を通じた成長の時代が終わったという意味であり、それ以降は「近代化」を通じた成長に挑戦しなければならないと警告していた。「近代化」を象徴する技術にしても、日本独自の開発はあまり目立つものがなく、先進国で生み出された技術を導入するしかなかった。独自性があるとすれば、導入技術の改良や国内化の面に発揮されたのである。

「戦後性」については、まず終戦後の「復興」需要が強力な成長要因であった。[19] 戦時中に先送りされた更新投資や補修、戦災による固定資本の破壊などが最新の設備を導入する上で有利に働いたこともあった。[20] さらに、旧来の政治家、高級官僚や経営者が追放されたことで人心が刷新され、より若い指導者たちが新しい発想と活力を生み出したといわれる。[21]

大内（１９６２）のように、アメリカ主導の世界市場の拡大や、農地改革、労働組合の結成による消費需要の伸び、低軍備による生産的投資の促進までも「戦後性」に含めると、その効果は高度成長期のかなり後まで作用していたことになる。

日本の「後発の利益」は鉄鋼、石油化学、機械、電機などの技術導入に顕著であったが、そこに日本独自の改良や工夫が加えられた例をあげると次のようになる。戦後の鉄鋼業の発展を担ったＬＤ転炉（純酸素上吹転炉）はオーストリアから導入されたが、これに改良が加えられ、後に１９８０年代には複合吹転炉を実用化するまでになった。薄板生産に威力を発揮したストリップ・ミル（連続圧延機）も輸入技術であったが、やがて国産製品がアメリカ製をしのぎ、その技術が輸出されるまでになった。

自動車産業では、１９５０年代初頭に日産がオースティン社から基本技術をとり入れた。トヨタはフォード社との技術提携をさぐったが、最終的に国産技術で進むことにした。両者ともに量産効果と省力化を進めて、７０年代には欧米に劣らない競争力を持つまでになった。工作機械でもフランス、アメリカ、後には西ドイツからの技術に依存していたが、７０年代にはＮＣ工作機械の輸出が顕著な伸びを示すようになった。

企業経営にしても、日本生産性本部を設立し、何度もアメリカに使節団を送って、積極的に近代的手法をとり入れようとした。品質管理にしても、アメリカの方法をただ移入するのではなく、全社、全部門でとり組む体制に改変した。それがＱＣサークルのように、製造現場から労働者の自発的な参加を生み出すまでになった。[22]

19 大内（１９６２）、p. 298では、「後進性」の要因として⑴輸入技術による技術革新、⑵低賃金労働力の豊富な存在を挙げている。「戦後性」については、本文で紹介した要因の他に、財閥解体による「過当競争」の展開も指摘している。「戦後性」といっても、このようにかなり広く捉えられている。

20 戦災があったにしても、資本ストックそれ自体はさほど不足していなかったという説もある。ただし、設備は老朽化していたので、更新投資は必要であった。香西（１９８９ａ）、pp. 285, 289。

21 香西（１９８１）、p. 27。

22 この時期の技術導入については、猪木（１９８９）、経営管理については、橋本（１９９５）、p. 145以下、p. 169以下を参照。

図2-1　進学率の推移

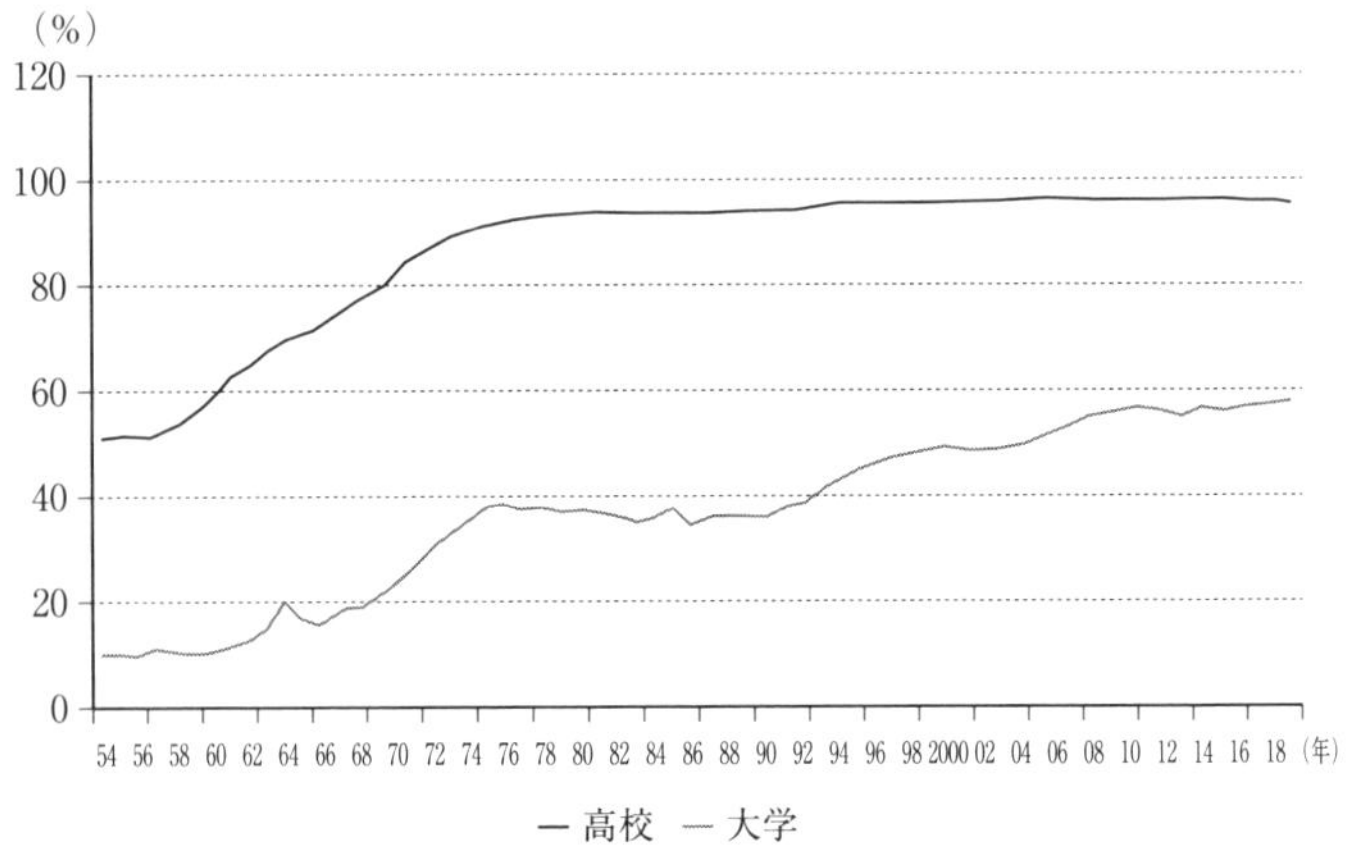

資料：文部科学省「学校基本調査」.

　このようにして技術進歩は実現したが、経済成長の他の二つの要因についてはどうであったか、次にこの点をふり返っておこう。

　まずは労働力。農業など第1次産業に大きな余剰労働力を抱えていたことはすでにふれたが、労働者の平均年齢も低かった。20-64歳の人口に対する65歳以上の人口の比率（高齢化率）は、1950年から70年ころまで10%、もしくはそれを少し超える程度であった。この比率は欧米諸国と比べてかなり低い水準であった（後掲図4-7を参照）。

　しかも高度成長期には、高校への進学が急増し、雇用の重点がしだいに中卒から高卒に移行していった。高校進学率（通信制を除く）は、1954年に50・9%であったが、65年には70・7%、75年91・9%にまで急上昇した。その後は微増、もしくはほとんど変わらず現在に至っている。大学（短大も含む）への進学も54年の10・1％から65年17・0％、75年38・4％まで伸び続けたことを付け加えておこう。さらに1962年には、高校と大学の中間に位置する5年制の工業高等専門学校（高専）が設置され、国立12校で発足した。このように労働力の量が満たされたばかりでなく、その「質」も向上したのである。なお大学進学率は、70年代の半ばから停滞、もしくは微減期に入り、再び急増期を迎えるのは、90年代以降のことである（図2-1）[23]。

農村から都会や工業地帯へ労働力が大量に移動したことで、開発経済学で有名な無制限の労働力供給（アーサー・ルイス）の余裕が急速に縮小した。余剰労働力が消失する「転換点」は1960年前後に当たるとみられ、そのころから賃金の上昇傾向が定着した。太平洋側に重化学工業コンビナートが相次いで建設され、都市への人口集中がますます進んでいった。都市では自営業、中小企業でも就業者が増えたが、この階層と大企業の正規雇用者の間には労働条件の面で格差が残っていた。この「二重構造」は高度成長期に解消に向かったといわれたが、形を変えながら後々まで残った。この点は後の章であらためてふれる。

賃金の上昇は同時に物価も押し上げたが、それでも実質賃金の上昇は止まらなかった。それは生活水準の向上を可能にする。まずは洗濯機、冷蔵庫など白物家電やテレビ、後には自家用車、クーラー（エアコン）、カラーテレビ（いわゆる3C）が普及し、日本にも大量消費社会が出現したのである。

23 ちなみに、1950年の高校進学率は42・5％であり、すでに1950年から54年の間に進学率はかなり上昇していた。データは図2-1の原資料による。

図 2-2　名目賃金・実質賃金の推移，1947-2017 年

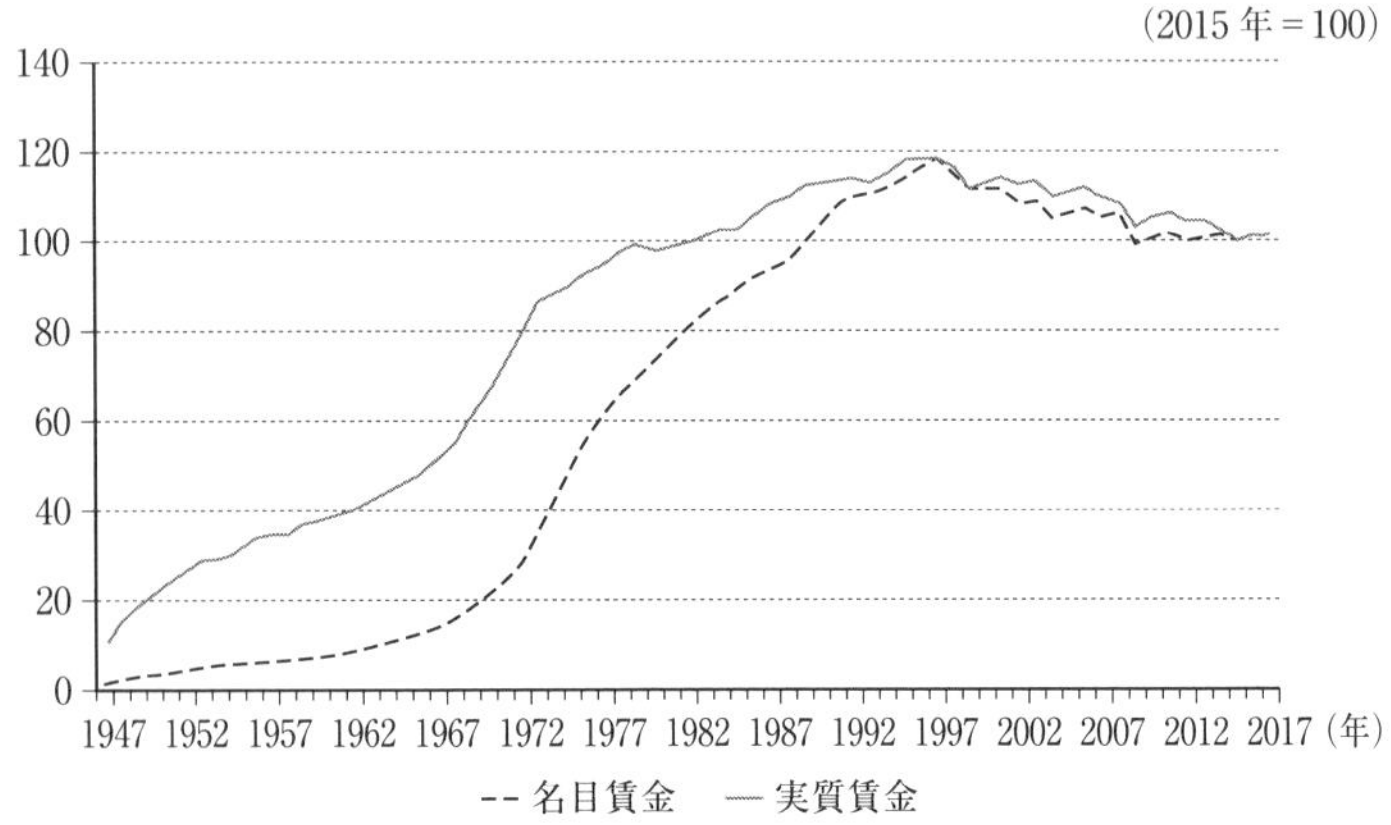

資料：労働政策研究・研修機構，原資料は厚生労働省「毎月勤労統計調査」，総務省「消費者物価指数」．

註：事業所規模 30 人以上，サービス業を含むが，1969 年までは含まない．消費者物価は帰属家賃を除く値である．

図２-２は、１９４７年から２０１７年までの賃金の推移を示しているが、名目賃金の上昇は１９６０年代の半ばまで比較的ゆるやかであり、その後に急激になった。それに比べると、実質賃金の方は早くも４０年代末もしくは５０年代の初めから上昇が始まっていた。このような相違は、１９６０年代半ばまで物価が低位に安定していたことによる。名目賃金、実質賃金の上昇は、高度成長期をはるかに超えて、実に１９９７年まで長期に持続したのである。[24]高度成長後の賃金動向については、後であらためてとり上げることにしよう。

次に資本について。資本移動が制限されたブレトンウッズ体制下では、日本の高い貯蓄率が高度の資本蓄積を可能にし

た。「投資が投資を呼ぶ」といわれた高蓄積は家計の貯蓄超過が原資になったが、企業と家計の間の資金の流れを銀行がつないだのである。企業は慢性的な資金不足であり、資本市場も未発達だったので、普通銀行（都市銀行、地方銀行）は短期の運転資金のみならず設備投資の金融も行っていた。さらに1952年の長期信用銀行法で長期資金を扱う民間銀行が誕生した。これを補う機関として、官製の日本開発銀行（開銀）も設立された。

戦後の金融システムは政府の金融行政によって大枠が定められていた。その第1の柱は、普通銀行と長期信用銀行のグループであるが、第2の柱は、郵便貯金や簡易保険、公的年金などを通じて集められた資金が、財政投融資計画（財投）の下で開銀をはじめ政府系金融機関に流れたことである。開銀は電力など産業基盤（インフラ）の整備や、鉄鋼業、海運など重点産業を金融面から支えた。財投資金は、その他に中小企業金融公庫や住宅金融公庫、日本輸出入銀行にも融資されたが、こちらは周辺的な産業の保護や貿易振興、さらには住宅取得を支援することになった。[25]

---

24 図2-2で1947年から高度成長期を通じて、実質賃金が名目賃金の上位にあるのは、一見して奇妙にみえるかもしれない。これは、指数の基準年を2015年にしたことによる。基準年をたとえば1947年にすれば、名目賃金の伸びは実質賃金のそれよりもはるかに急激になる。いうまでもなく、この間に物価の上昇が顕著であった。しかし、1947年を基準年にすると、高騰する名目賃金に比べて実質賃金の伸びがほとんど見えなくなるほど小さい。2015年を基準にした方が実質賃金の変化を示しやすいのである。

次に社会意識について補足しておこう。国民の一部には敗戦の雪辱という意識があったといわれることもあるが、それ以上に強かったのは「ハングリー精神」である。「飢餓」感というと終戦直後に限られるだろうが、衣食足りた後でも、物質的向上への意欲は衰えなかった。それが人々を仕事に駆りたてる原動力となった。戦後版の「坂の上の雲」といえるかもしれない。当時の実感として、暮らしぶりや生活環境がいつの間にか変わっていくので、ただ驚きの連続であった。アメリカ型の大衆消費社会が、やや形を変えて、遅れてやってきたのである。[26]

むろん急速な変化が社会に摩擦や動揺を引き起こさないわけではなかった。物価の上昇は人々の生活を脅かすと受けとめられ、池田勇人内閣の「所得倍増計画」にしても懐疑的な見方が多数派であった。国政選挙のたびに物価問題が優先課題としてとり上げられていたが、実際は実質賃金が上昇していったのである。労働争議も高度成長の初期まで頻発していたが、その頂点に位置したのが１９５９年から６０年１１月まで続いた三井三池争議であった。その背景にあるのは、石炭から石油へのエネルギーの転換であり、総資本と総労働の対決などといわれた。[27]炭鉱の閉山や人員整理で職を失った労働者がそれでも生活できるようになったのは、高度成長が新たな雇用先を作り出したからであった。

その反面で、都市の過密や自動車の普及による交通戦争、公害など、高度成長の「歪み」が社会問題として浮上したこともあわせて指摘しておかねばならない。

政府の安定化機能

一般に政府の役割として念頭に浮かぶのは、第1に経済成長を目指す開発主義の側面と、第2に産業間、および同一産業の企業間で利害を調整する機能、さらに第3として所得の再分配機能などである。日本で実際にどの側面が強かったかというと、時期によっても違っていたが、いずれの時期でも保守党政権と経済官僚のはたす役割が大きかった。

戦後の初期に遡るほど開発主義の側面が強く、その代表的な例は1946-48年の傾斜生産方式とされるが、民間企業に自立の条件が整うにつれて、利害調整の側面が前景に出てきた。高度成長の前期では鉄鋼、化学、電力など重点産業への支援、行政指導が目立っていたが、後期の代表産業であった自動車、家電、機械などは民間主導で十分な成長力があり、政府の介入は無用であったり、失敗であったりした。後期には高成長の陰の側面、すなわち公害や過密・過疎などが人々の関心を引くようになり、政府は新たな対応を迫られていた。[28]

25 小椋・吉野（1984）。
26 生活の激変ぶりについては、中村（1993）、橋本（1995）、吉川（1997）、武田（2008）などがいずれも感慨をこめて記している。
27 兵藤（1997）（上）、I、p. 218以下。

利益の誘導と分配は経済のみならず、政治、社会の安定につながる要因であった。高度成長期には福祉関連の支出規模はさほど大きくなく、地域振興や弱い産業の保護政策などが狭義の福祉を代行していたのである。「福祉元年」と呼ばれたのは、利権政治の象徴とされた田中角栄内閣の時であった。国民健康保険は1938年に発足していたが、61年にすべての国民に適用されるよう（「皆保険」）になった。国民年金は同じく1961年に運用が開始されたが、高度成長期に拡充され、70年代初頭に給付率が大幅に引き上げられたのである。[29]

地方ごとの財政収入格差を調整する地方交付税制度は1954年から始められた。その原型は戦前に遡るが、高度成長の下で伸びる税収が都会から農村地域への再分配を定着させたのである。1960年代には新産業都市の誘致などに自民党の派閥が激しい戦いを繰り広げた。1960年代に農村と都市の間で家計の所得水準が逆転し、農家の方が高くなった。また同じころに勤労家計の間でも所得格差が縮小した。[30]

農家の所得上昇は、品種改良や機械化などを通じた生産性の向上が一因であるが、米価政策のように財政による再分配効果も大きかった。勤労家計の間で格差が縮小したのは、労働力の需要が伸び、賃金上昇が部門や職場を超えて波及したことによる。その意味で政策よりも、市場の働きが大きかったといえる。ただし、「クロヨン」とか「トーゴーサン」とかいう言葉があったように[31]、税制面では一般に農業や中小企業、自営業への優遇措置があったと理解されている。

政府が企業に対して財政金融を通じた支援や行政指導を行い、産業の振興や保護に努めたことはまちがいない。その手段として補助金、租税特別措置、低利融資などがあり、その他に、外貨割当て、カルテル行為の容認なども用いられた。財政や財投の資金は復興期から高度成長の前期にかけて、電力網、鉄道、港湾、道路、工業用地などに投入されたが、後期になるほど中小企業や、農業、衰退産業など「弱い」部門に重点が置かれるようになった。地方の公共事業は農家の兼業所得を支える要因であった。

以上の点を確認するために図2-3で中央政府支出の費目別推移をみると、1970年代初めまでは国土保全・開発費が社会保障関係費を上回っていた。それに産業経済費を加えると、財政支出の主流がインフラ建設や産業対策にあったことがうかがわれる。これに対して社会保障関係が目立って増えるのは1970年代以降のことである。

もう一つ目を引くのは、地方財政費（主として地方交付税交付金）は規模が大きく、1990年まで伸び続けていることである。地方交付税交付金は、災害復旧など一部を除いて使途は特定されていない。ただし、公共サービスに対する需要の内容は地方でも国全体とさほど変わることはないので、その使途は中央政府の支出傾向と大きくかけ離れることはない、とみてよいだろう。

28 小宮ほか（1984）、とくに第1-3章が産業政策の変遷をとり上げている。
29 野口（1995）、pp. 61, 122。
30 中村（1993）、pp. 551–552。
31 「クロヨン」とは、給与所得者（サラリーマン）では所得の9割、自営業では6割、農業では4割がそれぞれ捕捉されている、とみられたことによる。「トーゴーサン」は、給与所得者で10割、自営業では5割、農業では3割が捕捉されるという意味である。

図 2-3　中央政府歳出の費目別推移（対 GDP 比，1955-97 年）

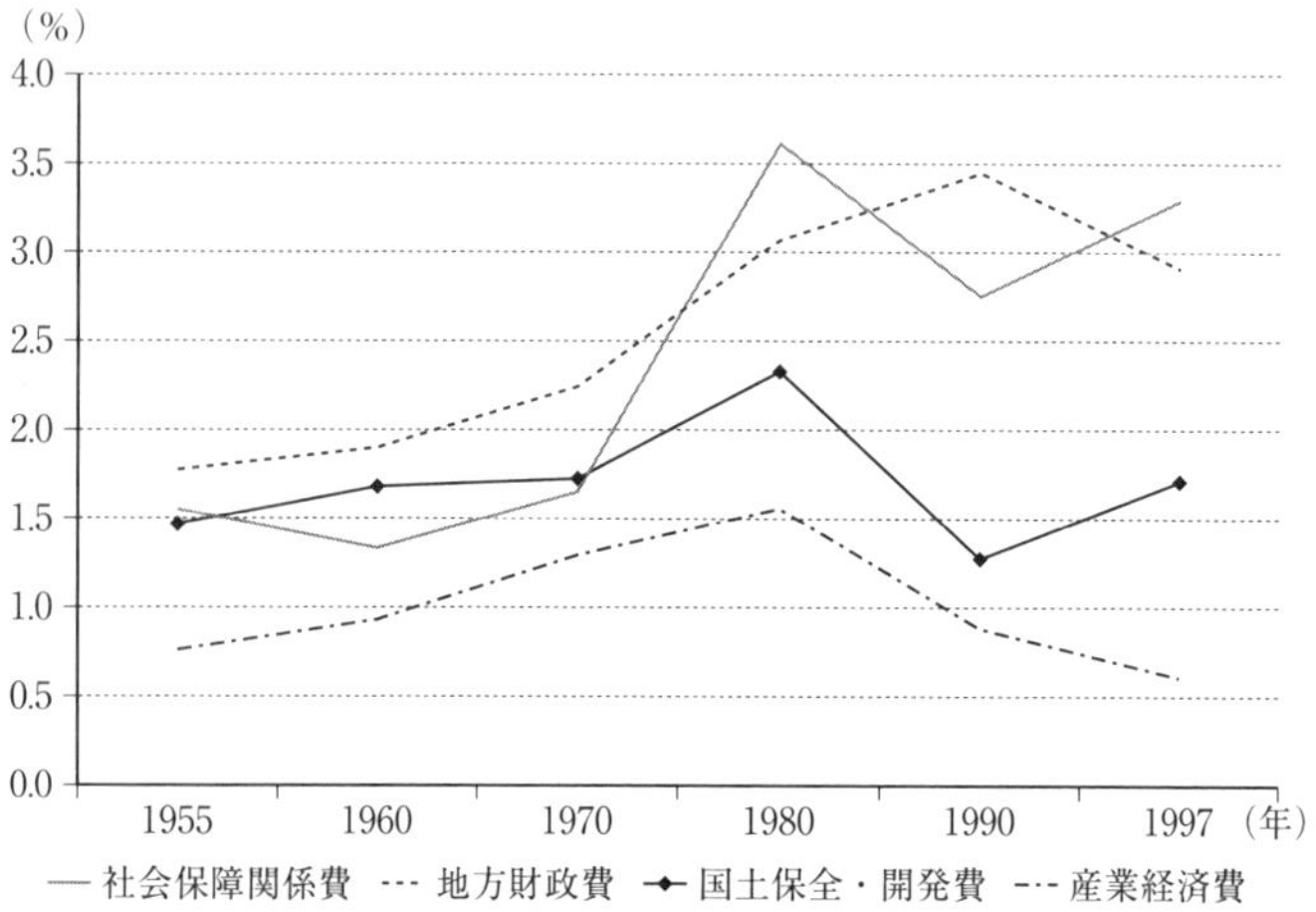

資料：林・今井・金澤（2001），平成 27 年度『経済財政白書』，長期経済統計より算出．

これら主要項目を合計しても、せいぜいＧＤＰの10%（１９８０年）であり、財政支出の貢献を過大評価すべきではないかもしれない。政府支出の対ＧＤＰ比を先進諸国の間で比べると、高度成長期の日本は低い方であったが、その後の伸びはかなり大きかった[32]。このような推移をふり返ると、財政支出は高度成長を直接的に促進するというよりも、成長が減速した時期に景気の底支えをしたこと、あるいは、成長の成果を「遅れた」産業や地域に行き渡らせることに意味があった、とみてよいだろう。いざとなれば政府が出動して地方や中小企業を救ってくれるという期待（「信頼」）があったからこそ、経済や社会が安定したのである。それは自民党政治の安定でもあった。

高度成長以後の時期について補足しておくと、1980年から90年にかけて地方財政費以外の費目が比重を下げたのは、少なからず名目GDPの伸びが大きかったことによる。実際に金額を下げたのは国土保全・開発費だけであり、社会保障関係費や産業経済費の実額はまだ増えていた。90年代に地方財政費の比重が落ちたのは、実額が減少したことによる。低成長期に入っても公共投資は景気を底支えすることを期待されたが、その効果はしだいに低下したとみられる。

「日本株式会社」と「1940年体制」

日本企業と政府との関係については、石油危機後、とりわけ1980年代に欧米諸国（とくにアメリカ）から「日本株式会社（Japan Inc.）」とか、通産省の行政指導（産業政策）などを強調する「日本異質論」が提出されていた。このような理解が「日本叩き（バッシング）」の伏線になったが、この見方に対して、日本側では全体として否定的な意見が多かった。[33]

しかし、政府の役割が大きかったことを指摘する点では、岡崎・奥野（1993）の「現代日本経済シス

---

32 1960-73年の平均で、日本が20%、アメリカが29%、EU15ヵ国36%、OECD諸国で31%であった。ところが1990-93年には、日本が33%、アメリカ38%、EU15ヵ国が51%、OECD諸国で44%となる。石見（1999）、表5-2。原資料はOECD、*Historical Statistics* 1960-1994。

33 たとえば小宮ほか（1984）、香西（1989b）など。

テム」や野口（１９９５）の「１９４０年体制論」も同じであった。両者に共通する要点は、戦後から高度成長期にまで続く政府と企業の関係や企業のあり方は、その起源が占領軍によって主導された戦後改革ではなく、戦時経済、あるいは国家総動員体制にあるということである。なかでも野口（１９９５）が戦時以来の体制を強調したのは、これが必要とされる構造改革を阻害している側面を批判したいからであった。ただし、高度成長期まではこの体制に意味があったことをみとめている。

この体制の核心は、「官」による「民」の誘導にあるが、「民」がこの秩序を受け入れたのは、「お上」に従順な国民性によるというよりも、いざとなれば「官」が保護してくれるという信頼（期待）があったからこそである。

行政指導が実際に経済成長に貢献したかという点になると、すでにふれたように、疑問を呈する意見が少なくない。政府の計画や介入が意味を持ったのは終戦直後の復興期や高度成長の初期であり、高度成長の後期には民間主導の成長という性格の方が強かったからである。

後期の失敗例としてよくとり上げられるのは、１９６０年代初めに通産省によって立案され、主要産業の再編をねらった特定産業振興臨時措置法（特振法）である。この特振法は産業界の激しい反対によって廃案になった。このように業界の賛同がえられない産業政策は機能しなかった、というわけである。

もう一つ指摘しておきたいのは、高度成長期にしても、日本企業をめぐる状況は決して順調な発展が約束されるものではなかったことである。たとえば最近の「グローバル化」との連想では、１９６０年代には貿易や資本（対内直接投資）の「自由化」が激しい論争を呼び起こした。企業のみならず日本経済にとっても死活問題になるとみられていたのである。

自由化の圧力に直面して、政府（通産省）は企業合併や統合によって競争力を強化することが必要との認識を持っていた。新産業体制論とか産業再編成論とか呼ばれる発想から、特振法のように設備投資の調整までも試みられたが、実を結ぶことがなかった。民間企業は政府の予想を超える規模で設備投資を行い、自動車産業のように、多数の企業が激しく競争しながら、市場を開拓していったのである。

「株式持ち合い」の慣行は1950年代に旧財閥系企業の間から始まったとされるが、60年代半ばから外資への対抗策として旧財閥系の企業以外にも広く普及した。いわゆる「企業集団」の形成、強化もこれにつながる動きであった。このように「日本的企業モデル」といわれる特徴が生まれ、定着したのも高度成長期であったが、この点については第3章であらためてふれることにしよう。

もう一つ注意すべき重要なことは、政府と業界との関係が産業一般と金融業とではかなり違っていたことである。金融界、とりわけ銀行業に対しては、政府・大蔵省が「箸の上げ下ろしにまで口を出す」といわれたほどに、介入が強かった。「護送船団方式」と形容されるように、弱い立場の銀行にも配慮しながら、金融システム全体としての円滑な機能と安定を図っていた。このような行政に対する信頼が銀行融資の円滑な流れを保証し、経済成長に貢献したことは否定できないだろう。銀行の側は、後にふれる「メインバンク」システムの下で企業を監視していたので、政府・大蔵省の管理誘導は銀行を介して一般の事業会社にまで及ぶこともあった。[34]

以上のように政府が政治、経済と社会を安定させる機能は、高度成長期が終わった後もしばらく続いていたが、バブルの発生とその後の不良債権処理の遅れ、さらには金融危機の勃発によって、大きく損なわれた。政府に対する信頼の低下は、不良債権処理にみられたように、長期低迷につながる要因であった。この点について詳しくは、第3、4章であらためてとり上げる。

国際関係

アメリカは戦後の自由貿易体制を主導し、技術移転にも寛大であったことで、日本や西ヨーロッパ諸国の経済成長を側面から支えた。

アメリカ自体が20世紀初頭から開発された技術（たとえば電力や内燃機関）によって成長を促されたという側面もあるが、西ヨーロッパや日本はアメリカから産業技術を導入することを通じて、後追い（キャッチアップ）型の経済発展を実現することができた。「後発性」に由来する効果は、見方によっては、高度成長期を超えて後の時期まで作用していたといえる。

もう一つ重視すべきは、ブレトンウッズ体制の下で円安の為替相場が長く維持されたことである。ブレトンウッズ体制は、必ずしもアメリカ一国だけで維持されたわけではないが、1971年のニクソン・ショックが示したように、アメリカが拒否すれば割安の為替相場を続けることはできなかった。

1949年に採用され71年まで維持された1ドル＝360円の固定為替相場制の下で、結果的に円が割安になっていった。日米間の輸出価格を比較すると、1950年代初頭から60年代半ばまで日本の価格が相対的に低下していた。これは、日本で生産性の向上が著しかったことや、輸出価格を意識的に低く抑える企業努力の反映であった。
しかし、日本の貿易黒字が大きくなった６０年代後半には、日米間の相対価格にほとんど変化がみられなかった。固定相場制の下で、アメリカのインフレが日本にも波及したこと（「輸入インフレ」）による。この時期の貿易黒字は、相対価格による効果よりも、ヴェトナム戦争などアメリカ内外の需要増（所得効果）の方が大きかったとみられる。とはいえ、仮に円が切り上げられたとすれば、アメリカ発の所得効果は日本以外の国に（おそらくアメリカ本国にも）流れ、日本の貿易黒字がさほど増えない可能性はあった。円が割安というのは、このような意味で理解されるべきである。[35]
さらに鋼材（１９６１年まで）、自動車（トラック、バスは１９６１年まで、乗用車は６４年まで）、コンピューター（ソフトウエアまで含めると76年まで）など、製造業の代表的な成長部門となる分野で保護貿易が実施されていたこと、[36]言葉を換えていうと、アメリカがこのような保護政策を容認していたことも、日本にとっては大きな意味があった。
その一方で、技術移転が進んだにもかかわらず、外国資本の進入は抑えられていた。すでにふれたように、１９６０年代の半ばにＯＥＣＤ（経済協力開発機構）に加盟したので、資本の自由化を迫られ、「第２

[34] 寺西（１９９３）。
[35] この点で、石見（１９９５）、pp. 82-84 の説明はやや不明瞭である。
[36] 小宮ほか（１９８４）、pp. 262, 285, 311。

の黒船」として恐れられていた。実際は、政府がさまざまに策をこらして、外資の進出に抵抗し、自国企業の保護育成を続けた。その有力な手段になったのが外資法（「外資に関する法律」）であった。[37] 西ヨーロッパ諸国でもアメリカ企業への警戒感は強かったが、自動車産業などでアメリカ系企業のＥＥＣ（ヨーロッパ経済共同体）域内への侵入を阻止できなかった。それに比べると、日本市場はいっそう「閉鎖的」であった。

[37] 武田（２００８）、pp. 133–134, 143–144。

第3章 成長の減速

1——先進諸国の低迷

国際的枠組み

高度成長期の終わりは、まず国際経済の枠組みが大きく変容したことに現れた。ブレトンウッズ体制が崩れ、第１次石油危機が起こった１９７３年には変動相場制が始まった。時系列的にみると、７３年の２月に日本が固定相場制を断念し、次いで翌3月にＥＣ（ヨーロッパ共同体）諸国がこれに続いた。ＯＰＥＣ（石油輸出国機構）諸国が、第４次中東戦争をきっかけに、原油価格の引き上げを決めたのは10月であった。変動相場制の下で１９８０年代から目立つ現象は経済の「グローバル化」であった。「グローバル化」とは世界的に「モノ」、「カネ」、「ヒト」の移動が活性化することを意味するが、そこに通信、交通の費用低下が大きく貢献したことはよく知られている。ただし、「モノ」よりも「カネ」の国際移動の方がより活発であり、それには外国為替や金融取引の自由化が決定的な役割をはたした。

国際資本移動に不可欠な外国為替取引の自由化は、固定相場制から変動相場制への移行が大きな転機になった。従来の固定相場制を維持するには、資本移動を規制することが必要条件であり、逆にいうと、固定相場制がなくなれば、資本移動を規制する必要性も大きく低下したのである。

資本移動に対する規制緩和を奇貨として、先進諸国、なかでも米英の金融機関が収益の機会を海外に求めて積極的に活動した。それは、世界の外国為替取引高が経常取引（主として貿易）の100倍以上の規模に達していることからも示唆されている。そして金融取引の国際化は、それまで金融市場の中核を担っていた商業銀行の地位を相対的に低下させ、代わって台頭した機関投資家は、企業に対して株主利益や資本効率を重視する経営を迫るようになった。

ただし「グローバル化」や「自由化」といっても、自由貿易の「普遍化」がたやすく実現したわけではなかった。1995年にGATTに代わる世界貿易機関（WTO）が設立され、モノだけではなくサービス貿易の自由化も目標に掲げるようになったが、EU（ヨーロッパ連合）の成立や北米自由貿易協定（NAFTA）のように、自由化を世界全体で進めるのではなく、地域的な単位で囲い込む動きが目立つようになった。

さらに、日米経済摩擦に端的に現れたように、相手国に一方的に規制緩和や輸出自主規制を迫るような動きが強められた。これは自由主義の流れにはそぐわない管理貿易であるが、対外経済政策にしても、大国（代表的にはアメリカ）の都合によって振り回される時代に入ったということである。それは、アメリカや西ヨーロッパ諸国で旧来の産業が競争力を低下させてきたことを反映していた。

何が変わったのか

「黄金期」が終わったことを象徴的に示す転機は、1973年と79年の二度にわたる石油危機であった。石油危機はエネルギー価格と賃金の高騰をもたらし、先進諸国は「スタグフレーション」に陥った。「黄金期」の舞台がここで暗転した。この現象は、マネタリストの説によれば、マクロ経済政策（ケインズ型の需要安定化政策）の失敗によるとされた。

たしかにインフレは厳しい引き締め政策（貨幣供給量の管理統制）によって収束した。その限りでは、マネタリストの主張は正しかった。しかし、それでただちに投資が回復したわけではなく、「スタグフレーション」の、もう一つの側面である停滞（スタグネーション）は解消しなかったのである。引き締め政策が効きすぎて、将来の事業見通しを暗くするというマイナスの影響があったことも指摘できる。

ケインズ政策ばかりではなく、さらに「福祉国家」に対しても批判的な見方が強まった。政府の介入ではなく、市場の自己調整力を賞揚する考え方（新古典派、あるいは新自由主義）が台頭したのである。イギリスのサッチャー政権（1979年5月）、アメリカのレーガン政権（1981年1月）の誕生が「大きな政府」から「小さな政府」への転換を象徴する出来事とみられてきた。欧米諸国でも高齢化が進んでいるので福祉関連の支出が必ずしも減少したわけではないが、福祉国家への批判が勢いを増したのは、国民としての一体感が後退したことを意味するだろう。欧米では移民の増加も社会的分断をさらに深化させる一因であった。格差の拡大や、とくに若年層の失業増大などが目立つようになり、「黄金期」に特有な社会の安定が揺らいできたのである。

福祉の拡充や格差の是正策が「黄金期」の高度成長を支える一要因であったとみれば、こうした要因が以前よりも後退すると、経済が停滞するのは当然の帰結となる。もともと福祉国家の見直しは、経済活力の回復を目的としていたが、福祉政策の「改革」が経済成長をいっそう促進するのか、あるいは逆に阻害するのか、これはこれで大きな論争点になる。ただ実際のところは、社会福祉をはじめとして歳出の抑制が期待したほどには実現しなかった。その一方で減税が行われたので、財政赤字は膨らむ傾向があった。

格差の拡大は、労働組合の組織率が低下し、賃上げ圧力が弱くなったこともう一つの要因であった。１９７０年代初頭の賃上げ圧力にショックを受けた政府、企業経営者からすると、「スタグフレーション」のインフレの側面を退治するには、賃上げを抑えることが最優先の課題であった。この目論見はたしかに成功しつつあったが、その一方で投資の回復が進んだわけではなかった。投資の停滞は生産性の低下を招いたが、低投資の背景には利益率の低下（利潤の圧縮）があるという説も現れた。[1] 投資の低迷は、日本でも１９９０年代に生じた。その意味で、欧米諸国と日本との間には10年以上のタイムラグがあったとみることもできるが、日本の詳細については第6章で立ち返ることにしよう。

次に、「黄金期」が終わったことを象徴する経済成長率の低下に関連して、労働力、資本と技術進歩がそ

図 3-1　先進諸国の生産年齢人口（1950 年＝100）

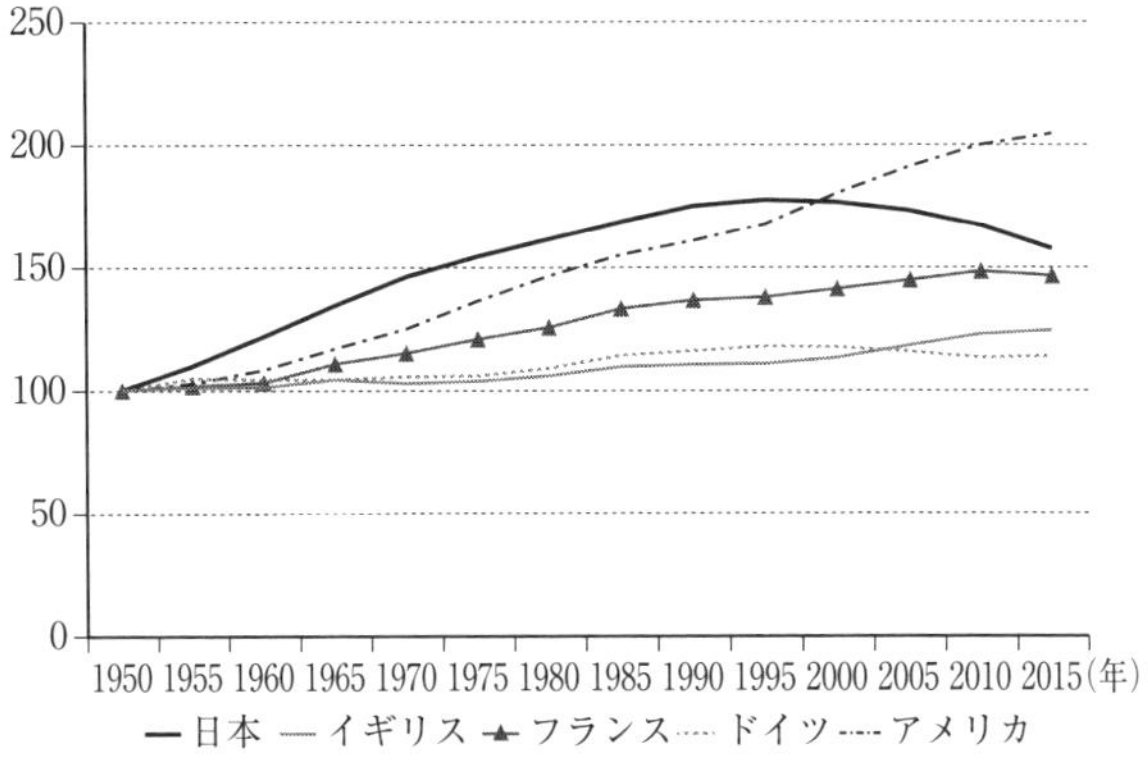

資料：United Nations, *World Population Prospects 2017.*

れぞれどのように推移したかをみることにしよう。

先進諸国の労働力については、生産年齢（15-64歳）人口の動向にまず注目しなければならない。日本やアメリカ、それに続いてフランスで増え続けたのに対して、ドイツやイギリスでは1970年代、80年代に停滞局面に入っていた（図3-1）。しかも西ヨーロッパ諸国では労働時間の短縮が進んでいたので、これも労働の供給を減らす要因であった。このような傾向に対して、一つは女性の労働参加率を高めること、もう一つは外国からの移民の受け入れで対応が図られた。労働生産性の向上はより積極的な解決策であるが、これは資本の増加（投資）や技術進歩にも依存する。

1　レヴィンソン（2017）、p. 298 以下。Aldcroft and Morewood（2013）、pp. 274-275。マクロデータについては、石見（1999）、第5章の図表も参照のこと。

表3-1　粗固定資本形成（対GDP比，期間平均）

（単位％）

期間	1970-73	74-79	80-89	90-2000
アメリカ	18.7	19.3	19.1	18.0
イギリス	19.7	20.1	18.5	17.1
EU15ヵ国	24.6	23.2	21.3	20.4
日本	35.2	31.9	29.3	28.7

資料：OECD, *Historical Statistics 1970-2000.*

固定資本への投資はヨーロッパや日本で１９７０年代から緩やかに減速するようになったが、それでも日本の投資率は先進諸国の中で相対的に高い方であった（表３-１）。

投資はまずとりあえずは国内の貯蓄によるが、高齢化が進むと貯蓄の伸びはあまり期待できない。１９８０年代から国際資本移動は活発になったが、実際に資本が外国から流入するかどうかは、期待された収益率、ないし予測される経済成長率が相対的に高いかどうかによって決まってくる。このように投資と成長率は、たがいに好循環もしくは悪循環を描くという関係があり、期待（予測）された成長率はいわば自己実現する。そして、期待は基本的にファンダメンタルズ（基礎的条件）によって決まってくる。技術進歩については、情報（ＩＴ）、あるいは情報通信（ＩＣＴ）革命がおこるまで、もうしばらく時間を要した。実際にＩＴによる生産性効果が高かったかどうかについては後述する。

図３-２はＧＤＰ統計による労働生産性の変化率を示している。どの国も１９７３年以降の増加率は、明らかに１９６０-７３年の高成長期よりも低下していることが読み取れる。そうした中で注目すべき

図 3-2　労働生産性変化率の国際比較（年平均）

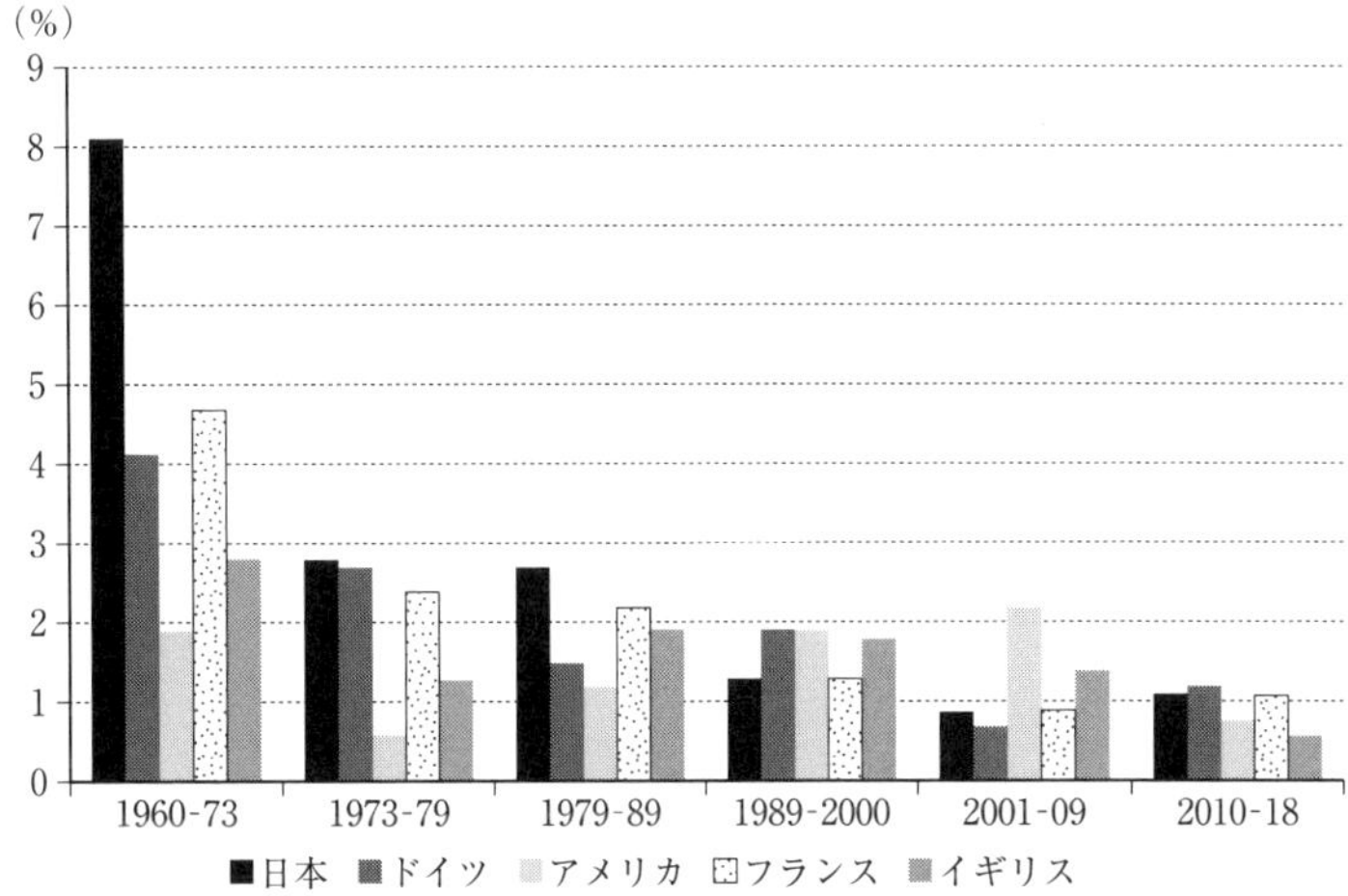

資料：OECD, *Historical Statistics,1960-1993, 1970-2000, Main Economic Indicators.*
註：就業人口一人当たり GDP．2001-09，2010-18 年は労働時間で調整済み．

は、日本の伸び率が１９８０年代末まで相対的に高いことである。しかしその後は一転して振るわなくなった。これとは対照的に、１９７０年代の後半に大きく落ち込んだアメリカの生産性が８０年代、９０年代と上昇し、２０００年代には抜群に高くなった。このように生産性が回復した例としては、アメリカの他に１９８０年代、９０年代のイギリスが目立っている。このような米英両国と他の諸国との違いについては、後であらためて論じることにしよう。

１９７０年代に発生した２つの石油危機（１９７３年と７９年）を経過して、先進諸国の多くは利益率の低下と投資、生産性の低迷という悪循環に陥った。それは明らかな事実であるが、利益率が低下した時に、競争相手を出し抜くために、新たな投資や事業分野に踏み出す企業家がなぜ出てこないのか、そのような疑問は残る。市場の自律性を想定する新古典派の立場からすると、企業家精神にあふれた経営者が出てきてもおかしくはない。それによって経済が活性化され、新たな成長軌道に乗るとみる方が自然だろう。なぜそうならないのか、これは現在の日本にも通じる難問であるが、そのヒントは、将来への見通し、あるいは期待（予測）である。期待は時代の「雰囲気」、あるいは社会の心理的傾向によるといってもよいが、そこで何が決定的な要因になるのか、それが問題である。

「スタグフレーション」に関連して、すでに第1章で紹介したように、１９８０年代にはオルソンの政治経済学的な議論が広く受け入れられた。労使の膠着状態を打開するのに、欧米諸国では賃金上昇を生産性向上の範囲内に抑え、あわせてインフレも抑制する「所得政策」が提唱されたが、あまり成功しなかった。日本では労使の協調路線が「所得政策」の代用になったが、この点については後述する。

成長率が低下した原因として、もう一つ技術進歩の停滞を指摘する説がある。先進諸国で生産性が伸びないと、それを解消する最終的な手段は技術革新しかない。ところが、この要因がもはや後退したというのである。[2] この論点はＩＴやＩＣＴをどのように評価するかという点に関係してくる。

しかし、「黄金期」から「空気」が一変したといっても、時期的には１９８０年代までと９０年代以降との間に、また国ごとにみると、米英のアングロサクソン諸国とそれ以外の先進諸国との間には、かなりの違いがみられた。

アメリカにしても１９９０年代の当初は、悲観的な見方が依然として残っていたが、しだいにＩＴの普及や「グローバル化」の恩恵によって、景気変動が克服され、終わりなき経済成長（「ニューエコノミー」）が訪れるとの見方が広がっていった。そこに冷戦の終結による「平和の配当」が加わり、アメリカ経済はついに復活したという楽観論が登場したのである。

こうした見方は、たしかに90年代以降の経済成長率（表1-1）や労働生産性の変化率（図3-2）をみても支持されるだろう。その一方で、アメリカの生産性上昇は1990年代の後半から2000年代の前半にかけて現れたにすぎず、08年のリーマンショックが起こる以前からすでに減退が始まっていた、という異論もある。[3] ICTはたしかに情報通信費を大幅に低下させたり、インターネット取引を増加させたりなどの経済効果をもたらしたが、この効果は電機や石油化学に代表される「第2次産業革命」に比べると、きわめて限られていたというのである。

自由化の一つの帰結である金融業の活況、いわゆる「金融化」は、一方で経済成長の牽引役であり、「ニューエコノミー」の象徴でもあったが、他方で債務の累積や金融危機をくり返すという重大な副作用があった。その意味で、経済発展にとって両義的（アンビヴァレント）な要素であった。アメリカのGDPを産業別にみると、1960年代の半ばから製造業の比重が後退する一方であり、1980年代の半ばには

2 代表的には、Gordon（2012）。コーエン（2011）にも同じような指摘がある。
3 Gordon（2016）、Ch. 17。しかも1970年代以降の成長減速は、格差の拡大と軌を一にして進行した点で「黄金期」と対照的であった。

金融保険業が製造業を上回るほどになった。これは「サービス経済化」の一つの表れではあるが、アメリカのみならず、世界全体としても、金融市場の動向が経済の帰趨を大きく左右することになった。

しかも注意すべきは、金融業の隆盛がＩＣＴと深く結びついていたことである。２０００年前後のアメリカの生産性回復が短命に終わったのは、２００７-０８年の金融危機の後遺症で長い景気低迷に陥ったことを反映している。ＩＣＴの経済効果が短期間に終わったのは、この技術が金融業で広く利用されたことに深く関連している。

西ヨーロッパに目を転じると、１９８６年に単一欧州議定書、また９２年にはこの議定書を発展させたマーストリヒト条約が締結されたように、経済統合のいっそうの深化によって苦境を打開しようと試みられていた。ところが、戦後の復興期から西ヨーロッパの経済発展を牽引してきたドイツが、東西統一（１９９０年）の後遺症に苦しめられていた。旧東ドイツ地域への経済支援を続けても、指令経済に慣れた企業は一向に立ち直りをみせず、財政赤字だけが拡大する始末であった。その他の大陸ヨーロッパ諸国にしても、経済成長の低迷、高失業率など「硬化症」と呼ばれる症状に陥っていた。

ヨーロッパの「硬化症」は、労使関係の硬直性に集中的に現れる。それは雇用調整に対する労働組合の抵抗であり、またアメリカとの比較では、労働時間の短縮や労働参加率の低さにも現れている。こうした要素は社会経済のシステムに深く埋め込まれているので、これを変えることは容易でない[4]。

イギリスはサッチャー政権の下で、７０年代よりもたしかに成長率は高くなったが、８０年代、９０年代を通じてみると大陸諸国とさほどの差はみられなかった（表3-2）。サッチャー政権による自由化の一つの

表 3-2　経済成長率（年平均）の推移

A. GDP　（単位：%）

期間	1950-60	1960-73	1973-79	1979-89	1989-99	2000-10
先進諸国			3.1	3.0	2.4	1.7
アメリカ	2.7	3.8	2.5	2.5	3.0	1.9
EU	4.8	4.4	2.5	2.3	1.9	1.4
ドイツ	7.5	4.0	2.4	2.0	1.7	0.9
フランス	4.5	5.3	2.8	2.3	1.7	1.3
イギリス	2.4	3.1	1.5	2.4	1.9	1.6
日本	8.5	9.2	3.6	4.0	1.6	1.0
発展途上国			4.7	3.8	3.3	6.1
中国	6.3	3.8	4.4	7.1	6.9	10.8
インド	3.9	3.2	2.6	5.6	5.5	7.9
世界	4.6	4.9	2.9	3.0	2.7	3.6

B. 一人当たり GDP　（単位：%）

期間	1950-60	1960-73	1973-79	1979-89	1989-99	2000-10
先進諸国			2.3	2.3	1.9	1.1
アメリカ	1.7	3.0	2.0	2.0	2.0	1.0
EU	4.2	3.5	2.1	2	1.6	0.8
ドイツ	6.9	3.4	2.5	1.9	1.3	0.9
フランス	3.6	4.3	2.3	1.8	1.3	0.7
イギリス	2.2	2.5	1.5	2.2	1.6	1.1
日本	7.3	8.1	2.4	3.1	1.4	0.9
発展途上国			2.6	1.7	1.7	4.7
中国	4.3	1.7	3.1	5.6	5.8	10.2
インド	2.0	1.0	0.7	3.5	3.6	6.2
世界	2.7	3	1.3	1.3	1.2	2.4

資料：Maddison（2001）；World Bank, *World Development Report*；OECD, *Historical Statistics, Main Economic Indicators*；IMF, *World Economic Outlook* などによる．

註：中国に香港は含まない．EU は 1950-73 の期間は西欧 12ヵ国，その後 15ヵ国，27ヵ国．

目玉は「金融ビッグバン」の標語の下に推進された金融改革であった。ロンドンは国際金融センターとしての地位をいっそう高めた。アメリカと比べて、イギリス金融業の目につく特徴は国際業務の比重がきわめて大きいことである。

アメリカの「ニューエコノミー」やイギリスの相対的好調は情報通信革命にうまく適合できたことによるといわれる。産業構造からみると、ICTを多く利用する金融業、不動産業や商業の比重が大きくなったが、ヨーロッパ大陸諸国や日本と比べて、ICTの導入に対して経営側も労働者も抵抗が少なかったといえるだろう。しかし金融業の膨張は格差を生み出す要因であり、金融危機を招いた点でもマイナスの評価になる。

2――なぜ日本だけが成功したか

以上、かなり先回りするところまで議論が進んでしまったが、次にここでは1980年代末までの日本に話をかぎることにしよう。1990年代以降の日本の状況については、あらためて第4章以下でとり上げることにする。

1980年代まで先進諸国は軒並みに低成長に陥ったが、その中で日本は比較的、良好な経済的成果をあげていた。だからこそ90年代以降の低迷がとりわけ目立つのである。この違いに着目して、1970年代初頭からバブル期までを「安定成長期」、これに対して、90年代から現在に至るまでを「長期停滞期」

として区分することがある。[5]

　１９７０年代には2度にわたり石油危機が襲来し、８０年代の後半にはバブルが膨張したので、「安定成長」という言葉にはやや抵抗感もあるが、高度成長が終わったとはいえ、日本が相対的に好調であった時期と、長く低迷をかこち、他の先進諸国や新興諸国に比べて見劣りする時期を区別するのは、たしかに有意義なことである。本書でもこの用語法にならうことにする。

　そこで次には、「安定成長期」に日本がなぜ先進諸国の中で好調を維持できたのかをふり返ってみることにしよう。まず経済成長の３つの要素からみると、日本にどのような特徴があっただろうか。

　生産要素の一つである労働力の供給は、他の先進諸国に比べてたしかに高水準を保っていた。他方で、高校や大学への進学率は、70年代の半ばからほぼ変わらなかった（図2-1）ので「質」の面でさほどの変化はみられなかった。投資の比率（対ＧＤＰ比）はたしかに低下したが、他の先進諸国よりもかなり高い水準にあった。技術進歩については、欧米諸国に対して工業製品輸出が急増したように、生産技術のフロンティアに近づいていたとみてよいだろう。しかし９０年代に入ると、後にみるように、新たにＩＣＴ技術の挑戦を受けたのである。

4　Rhode and Toniolo（２００６）、Ch. 1、Eichengreen（２００７）、Ch. 9 など。
5　たとえば深尾ほか（２０１８）、序章など。

労働生産性の伸びが１９７０年代後半、８０年代に相対的に高くなったことは、そこに広義の「技術」的要素が関係していたことを示唆している。それは具体的には、産業構造の転換や省エネ、省力化などを実現した「経営力」であり、協調体制を可能にした労使の危機意識であった。

「減量経営」

日本が比較的うまくいった理由として多くの人が挙げるのは、エネルギー価格や賃金の高騰に対して日本企業が「減量経営」で対処したことである。企業収益を確保するために、金利や賃金、エネルギーなどの費用を抑えることに目標が置かれた。鉄鋼やセメントのようにエネルギー多消費の部門でもエネルギー効率が引き上げられ、脱石油の試みとして一時は太陽熱など再生可能エネルギーの推進（「サンシャイン計画」）も議論に上ったが、結局、依存が増大したのは原子力であった。

時期はやや後のことになるが、１９９７年の国連気候変動枠組条約第3回締約国会議（ＣＯＰ３）で採択された京都議定書は、先進諸国に温暖化ガスの削減目標を課すことを定めた。ところが削減の基準年を１９９０年としたことに、日本の産業界から厳しい批判がよせられた。というのは、「乾いた雑巾をさらに絞りこむ」と表現されたように、日本で石油危機後の省エネ努力が極端にまで進められたのが、まさに１９７０年代、８０年代であった。欧米諸国が省エネにまだ改善の余地を残している９０年を基準とするのは、日本にとって不公平というわけである。[6]

エネルギー効率が高まったといっても、一方でアルミ精錬、鉄鋼（平電炉）、化学繊維などエネルギー多消費型産業が「構造不況業種」となり、他方で電機、精密機械、自動車などが売り上げを伸ばしたが、その多くは輸出向けであった。伸びた産業の技術的な基礎はME（マイクロ・エレクトロニクス）による自動制御やロボット化であり、FA（工場の自動化）、OA（事務所の自動化）などの言葉が流行した。新規に導入された機器を扱うには新たな技能（知的熟練）が必要とされる。現場の労働者が修理や「カイゼン」を担う能力まで備えていたことが高く評価された。[7]

日本製造業の躍進を象徴的に示すのは、1980年に日本の自動車生産台数がアメリカを上回り、世界第1位の生産国になったことである。[8] アメリカ市場では石油（ガソリン）価格の高騰で小型車が人気を呼ぶようになり、マスキー法（1970年）の厳格な排出ガス規制にも適応する技術を開発したことで、日本車が優位を占めるようになった。日本の工業製品輸出は、1970年代から機械の比重が増えていたが、80年代には先進国向けに電機製品、自動車の輸出が「洪水」や「集中豪雨」にも喩えられるほどに急増したのである。[9] なかでもアメリカ向けのシェアが大きく、1980年代に日米経済摩擦を誘発したが、この点につ

6　省エネの程度はエネルギー効率で表すことができる。エネルギー効率は、エネルギー消費量（石油換算値）単位当たりのGDP（購買力平価によるドル表示）で示される。IEA, *Energy Balances of OECD Countries* によると、日本のエネルギー効率は、たしかに1970年から90年にかけて欧米先進諸国よりも高い水準にあった。しかし2000年になると、フランスやイギリスの追い上げで両国と変わらなくなった。石見（2009）、図3-2による。

7　橋本（1995）、p. 203 以下、中村（1993）、pp. 635-638。

8　産業の競争力については、橋本・長谷川ほか（2011）などを参照した。

いては、後述する。

この時期の輸出がいかに大きな意味を持っていたかは、経済成長への輸出の貢献度が示している。経済成長率は1980-84年の年平均で3・66%、85-90年では4・97%であった。同じ期間の輸出の寄与は平均してそれぞれ1・1%ポイント、マイナス0・32%ポイントであった。1980年代前半に輸出は経済成長率を約30%（1・1／3・66）押し上げる要因であったが、後半には一転して6%（マイナス0・32／4・97）だけ押し下げていたことになる。[10] 後者の数値は、プラザ合意後の80年代後半には内需の膨張が成長のエンジンになっていたことを示唆している。

「減量経営」に話を戻すと、もう一つの重要な要素は労使関係である。賃金費用の上昇に対して、企業は労働生産性の向上によって対応したが、それに加えて「雇用調整」も行われた。当初はパートタイマーが解雇されたが、後には非正規労働者（主として女性）の採用が増加した。正規労働者には雇用を保障する代わりに、賃金を抑制する方針がとられた。正規労働者の賃上げが抑えられ、非正規労働者が増えることで、全体として労働費用は低下したのである。

しかし、業績が著しく悪化した産業では、雇用が保障されなかったことも事実である。その一例は造船業で、生産高が75年のピークから79年にはその4分の1にまで下落した時期には、大手7社で約1割、中堅8社では3割もの労働者が離職していた。[11]

この当時、労働市場には新たに「二重構造」が生じたといわれる。高度成長期に大企業と中小企業の間で賃金格差が縮小したことはすでにふれたが、安定成長期に入ると労働市場が「第1次」と「第2次」に分化したといわれる。「第1次」部門というのは、賃金が高く職業訓練にも恵まれた大企業労働者（主として男性）で労働者全体の35-40％を占めていた。逆に「第2次」部門は低賃金で職業訓練の機会も乏しい。中小企業や女性に多く、労働者の60-65％に相当する。[12]

経済界で労働問題を担当する日経連（日本経営者団体連盟）は、第1次石油危機に際して「生産性基準原理」といわれる指針を打ち出した。[13] これは、賃上げ幅を生産性の上昇と各産業、各企業の支払い能力を目安として決めるという考え方である。1970年代初頭の好況期には、実質賃金の上昇が労働生産性の伸びを上回っていたので、その反省から賃金上昇を抑えようとしたのである。ちなみに、高度成長期の1960-73年を通してみると、労働生産性の上昇が実質賃金の伸びを超えていた。70年代初頭は、逆に実質賃金の伸びが労働生産性を超えていたという意味で、たしかに「異常」な時期であった。後掲の図5-3によると、たしかに70年代の前半は労働分配率（GDPに対する雇用者報酬の割合）が急上昇していた。

9 たとえば、中村（1993）、p. 613 以下など。
10 数値は、『経済財政白書』令和元年版、長期経済統計による。後掲図4-2も参照。
11 野村（1994）、pp. 63-66。
12 野村（1998）、pp. 43-47。この議論の元になった推計によると、「第1次」部門の雇用者は1980年、90年ともに雇用者全体の28％であった。「第1次」に近い概念として、賃金が上がり続けるグループを取り出すと、2002年、17年で約3割であった。小熊（2019）、pp. 38-40。
13 兵藤（1997）（下）、p. 285 以下。

労働組合の側にも「賃上げ自粛」と受け取られる動きがあり、このような労使の変化は、労使協調の体制がこの時期にできあがったことを意味する。さらに付け加えると、1975年には最高裁が解雇権の「濫用」を制限する判決を出した。このような変化を裏書きするように、ストライキの件数や参加人数は1974年をピークにして、その後は下降傾向をたどっていった。第2次石油危機後の81年には一時的に急増したが、その規模は74年ほどではなく、大局的にみると、減少傾向は止まらなかったのである。[14]

それでは労使の協調体制は、結局のところ、労働者にとって有利に働いたのだろうか。たしかに失業率が増えなかったことは肯定的に評価できる。1980年代から90年代前半にかけてEU諸国の失業率は9%を超え、OECD諸国の平均にしても7%台であったが、日本はせいぜい2%台の半ばに留まっていた。[15]企業はそれなりに雇用を維持したばかりではなく、社宅や家族手当など福利厚生を供与することで、政府による社会福祉を代行、もしくは補完する存在であった。

それに加えて、企業が苦境を脱すると、やがてその成果が賃金の上昇となって滴り落ちる（「トリックルダウン」）のならば、労働組合の協調行動は正当化されるだろう。前掲図2-2で実質賃金の推移をみると、1970年代後半から90年代にかけては、このような期待はたしかに実現したといえる。ところが、2000年代に入るころから状況は一変することになる。この点は、次の第4章であらためてとり上げることにしよう。

企業にとって労働コストがきわめて重要な意味を持つことは明らかである。企業にとって重要なのは、賃金の伸びが労働生産性の伸びを下回り、単位労働費用（unit labor cost）の低下によって競争上の優位が維持できるかどうかという点である。別の言い方をすると、日経連が提唱したように賃金の「生産性基準原理」が守られていたかどうかである。

単位労働費用という概念は、少しわかりにくいかもしれないが、生産物（あるいはサービス）1単位当たりの労働費用を表す。[16]賃金が上がると労働費用も増えるが、その増加分以上に労働生産性が上がれば、単位当たりの労働費用は下がる。この単位労働費用の増加率は、賃金の増加率と労働生産性上昇率の差となって現れる。企業側の取り分（利益マージン）が変わらないとして、単位労働費用が増えると、それだけ価格競争力は低下する。逆に、単位費用が低下すれば、価格競争力は高くなる。

図3-3は、時期を区切って先進諸国の単位労働費用の伸び率を表示している。1973年の石油危機以後、日本の製造業は単位労働費用の上昇率が高度成長の末期（1968-73年）よりも大きく低下したことが読み取れる。ただし73-79年の上昇率は、日本よりもドイツの方が低くなっていた。このデータからみる限り、日本は他の先進諸国に対して価格競争で有利な立場にあったが、ドイツほどではなかったこと

14 奥野（2002）、とくに図1-1。
15 石見（1999）、表5-1。
16 賃金と単位労働費用との関係は次のようになる。単位労働費用＝雇用者報酬／実質生産量、労働生産性＝実質生産量／労働投入量と定義できる。さらに雇用者報酬＝賃金・労働投入量なので、単位労働費用＝（賃金・労働投入量）／実質生産量となる。分母と分子をそれぞれ労働投入量で割ると、単位労働費用＝賃金／労働生産性となる。したがって、単位労働費用の変化率＝賃金の変化率－労働生産性の変化率となる。

図 3-3　製造業の単位労働費用の変化率（年平均）

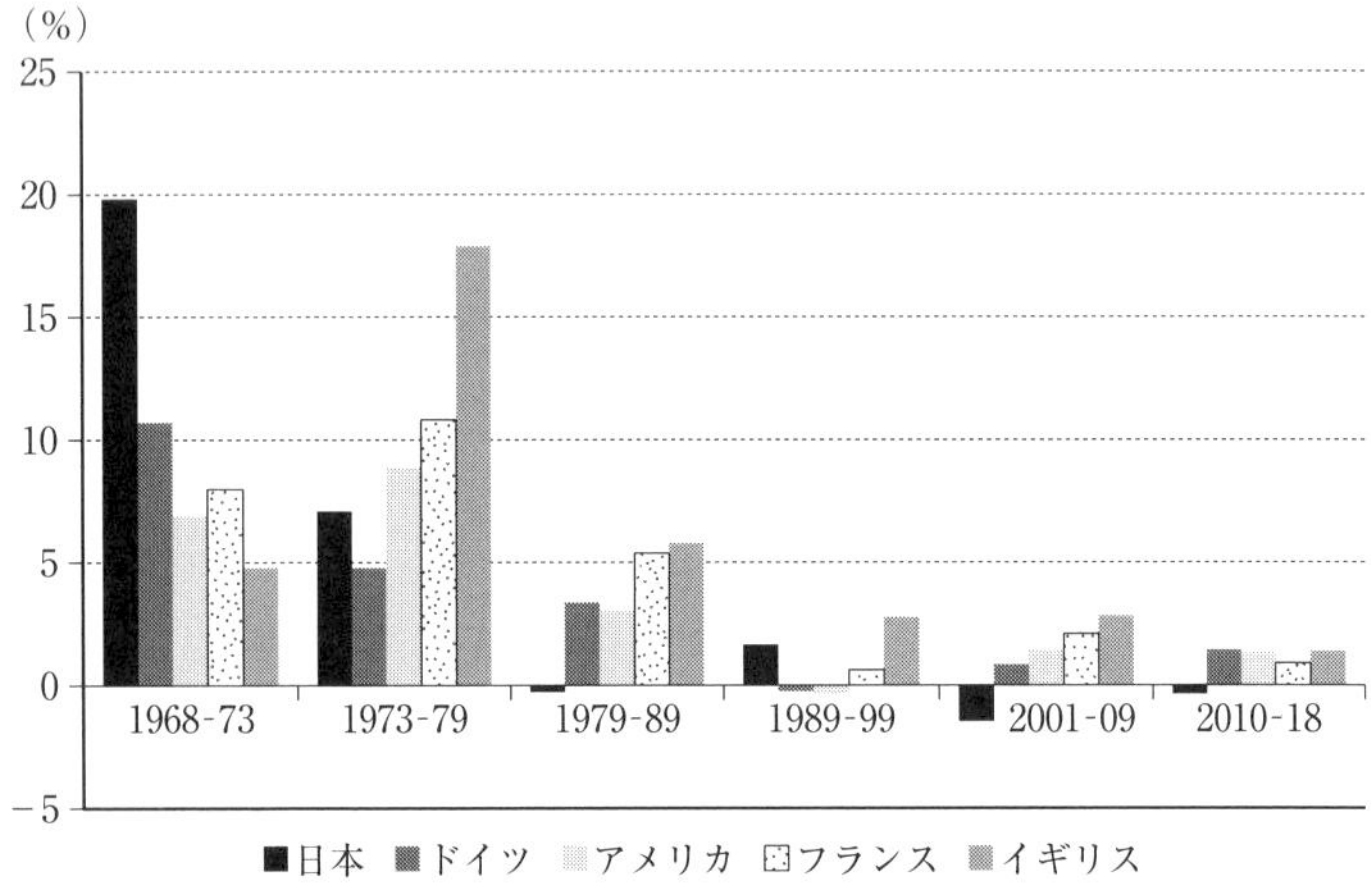

資料：OECD, *Historical Statistics 1960-88, 1960-93, 1970-99, Main Economic Indicators.*
註：2001-09, 2010-18 年は，製造業ではなく GDP 統計による．OECD のデータでは，単位労働費用を就業者時間当たりの報酬/時間当たりの付加価値額で表している．また時間当たりの付加価値額＝付加価値総額/総労働時間は労働生産性に相当する．

になる。ところが８０年代になると、日本の上昇幅は他の先進諸国に比べて著しく低くわずかにマイナスになった。とりわけこの時期に、労働費用の抑制が効果を表したといえるだろう。

　ちなみに、実質賃金の伸びでは、日本は他の先進諸国に比べてむしろ大きい方であった。１９７９‐８９年の実質賃金上昇率（製造業、年間平均）をみると、日本が１・５％、アメリカはマイナス０・９％、ＥＵ15ヵ国は１・４％であった[17]。この時期の日本は比較的高い実質賃金の上昇をより高い生産性の向上で抑え込んだことになる。これが「ジャパン・アズ・ナンバーワン」の秘密を解く一つの鍵であった。ところが続く９０年代になると、再び単位労働費用の上昇率がプラスになり、イギリス以外の先進国よりもかなり高くなっている。いうまでもなく、この時期は日本にとってバブル崩壊後の低迷期であった。

このように1980年代、90年代の単位労働費用の推移をみると、日本のマクロ経済状況によく対応していることがわかる。もっとも製品の輸出競争力は、単位労働費用など価格の面だけで決まるわけではなく、故障が少ないなどの「質」も、また為替相場も大きな影響を及ぼす。さらに付言すると、輸出だけが経済成長の決定要因ではないが、1980年代と90年代の間で、単位労働費用がこのように対照的な動きを示していることは十分、注目に値する。

「日本的経営」、あるいは「日本企業モデル」

「日本的経営」あるいは「日本企業モデル」と呼ばれる特徴は高度成長期に定着したとみられている。日本の経済的成功をもたらす基礎として理解されたが、このモデルが注目を集めたのは、実は高度成長期ではなく1980年代以降のことであった。先進諸国が低迷した中で、日本の存在が相対的に大きくなった時期にあたる。

「日本企業モデル」とは具体的には、「系列金融」、「株式持ち合い」を通じた企業集団や「メインバンク」、下請け関係、そして「日本的雇用慣行」などから構成されている。[18] こうした要素が組み合わさって、欧米企

[17] OECD, *Historical Statistics 1970-1999*, p. 86。

業のように株主利益を優先させるのではなく、労使など利害関係者（ステークホルダー）の「共同体利益」を最大化させるといわれた。「リスクシェアリング」のシステムといい換えられたこともある。

それでは、日本企業はどのような意味で優位性をもっていたのだろうか。この疑問を解くためには、「モデル」の内容を、もう少し詳しく検討してみなければならない。

まずは「メインバンク」制度。[19]「メインバンク」とは、もともと主要な取引銀行という意味にすぎないが、「日本企業モデル」の文脈で使われる場合には、特別なニュアンスをもっていた。資本市場に代わって経営の監視（モニタリング）や統治（ガヴァナンス）の機能を担い、必要な時に資金や情報を提供して、リスクを軽減する存在であったといわれる。[20]

メインバンクの機能は、金融行政当局による指導・監督と一体になっていた。この側面が重要であることはすでに第2章でふれた。「メインバンク」は、戦後の日本で資本市場の発展が遅れ、企業の資金調達が銀行借り入れに多く依存していたからこそ威力を発揮したのである。

しかし企業と銀行との関係は、石油危機後の「減量経営」で金利費用を縮小する動きや、大企業を中心に株式や社債などで資金調達する可能性が広がったことで大きく変容した。このような「銀行離れ」の傾向の下で、「メインバンク」制度もすでに「安定成長」期から変質し始めていたことに注意しなければならない。銀行借り入れに依存するのは、主として中小企業になったのである。

長期・短期借入の総資産に対する比率をみると、大企業・中堅企業では１９７０年代半ばがピークで約40%、それ以降は低下して２０００年代には26%にまで下がった。ところが中小企業ではこの比率が９０年代後半にピークを迎え50％を超えていた。その後はたしかに低下したが、それでも2000年代の平均で45％程度であった。[21]

日本企業のもう一つの特徴である「株式持ち合い」は、文字通り複数の企業が相互に株式を持ち合うことであり、銀行が取引先企業の株式を保有することも含まれる。[22] この「持ち合い」を通じて外部（とりわけ外国企業や外国人投資家）の関与を極小にすることができる。また、短期的な株主利益ではなく、中長期的な経営戦略を可能にするとして、一時は高く評価された。

ところが、やや先回りして述べると、バブル崩壊後の1990年代、とりわけ金融危機の発生以降に「株式持ち合い」が大きく後退した。金融機関や事業法人の持ち株比率が低下し、代わって外国人（機関投資家）の保有が傾向的に伸びたのである。日本企業は本来の事業が低迷し、やむなく株式の売却益で利益を補塡するという事情もあったが、「株式持ち合い」が利益率の向上にはマイナスに働くという認識が広がったことにもよる。後者は、資本市場を通じた「統治」（ガヴァナンス）を高く評価する見方の表れであった。[23]

18 このモデルについて、代表的な文献は青木ほか（1986）である。
19 青木・パトリック編著（1996）、第1章。
20 たとえば寺西（1993）。
21 『経済財政白書』平成20（2008）年度版、図2-4-1による。
22 ただし独禁法11条により、1953年から77年まで銀行は原則として一般事業会社の10％を超える議決権を持つことが禁止された。その後、77年の同法改正で限度は5％に引き下げられた。

「銀行離れ」の動きは「メインバンク」から資本市場、あるいは株主資本主義への傾斜と連動していたが、それで日本経済の活性化が必ずしも実現したわけではなかった。後知恵でふり返ると、株式の所有者構成、あるいは資本市場による「統治」が、直ちにマクロ経済や企業の業績に影響するとみたのはいささか短絡的であった。

逆に、バブル崩壊までさほど揺らいでいなかった「株式持ち合い」が日本企業に安定をもたらす要因であったかというと、この見方も適切ではないだろう。株式の「持ち合い」が銀行との間で行われていても、後にみるように、資産バブルとその崩壊は銀行のリスク回避機能が有効に作用しないこと、また「官」（規制当局）に対する信頼の根拠がきわめて薄弱であったことを暴露した。「持ち合い」が非金融企業間で行われていたとしても、バブルのようなリスク要因を回避できたわけではない。当時は、多数の企業が「財テク」（財務テクノロジーの略語）と称して本業以外の投資（投機）活動にのめり込んでいたからである。

「下請け」関係も高度成長期に発展したといわれる。それが長期継続的な取引となり、需要と供給を安定させると、設備投資を促し、技術を高める方向に働くといってもよいだろう。このような関係が、アメリカの企業や政府には排他的な系列取引として受けとられ、１９８０年代には日本批判の一因となった。

とはいえ別の見方をすると、「長期継続的」な関係は結果論ということもできる。競争の中で生き残った企業だからこそ長期の取引を維持できるのであり、発注側の企業（親元）が高度成長の波に乗り成長できたことによる。中には「下請け」から自立し、系列的な関係から離れる中小企業も出てくる。「減量経営」の下では「下請け」企業も新たな課題に直面していた。親元企業がコスト削減を進めるので、

「下請け」側は部品のみならず、完成品についても開発力や技術力の向上が求められた。その試練に耐え抜いた企業が日本的サプライヤー・システムの一員として持ち上げられたが、下請け企業の数そのものはすでに１９８０年代から減少に転じていたのである。[24] まさにこの時期に、長期的、排他的な取引関係が日米間で構造協議の対象になっていた。現在からふり返ってみると、かなり皮肉なことである。

次に、最近に至るまでしばしば議論の種になり、日本企業モデルの核心をなすといっても過言ではない労使関係について、重要な点を指摘しておこう。日本的労使関係は、⑴終身雇用、⑵年功序列制、あるいは年功賃金、⑶企業別組合によって構成される。[25] あるいは人によっては、企業別組合に代えて⑷「内部労働市場」や、「ＯＪＴ」（オン・ザ・ジョブ・トレーニング、仕事を通じて技能を習得する方式）といった要因を含めることもある。[26]

ただし注意すべきは、⑴から⑷の特徴は主として大企業の男性労働者に限られることである。女性は結婚退職が通例であったので、年功制のルートには乗れなかった。また近年でも就業者の約７割を占める中

---

23 株主構成の時系列変化は、橋本・長谷川ほか（２０１１）、図25・1を参照。原資料は、全国証券取引所「株主分布状況調査」である。

24 植田（２００４）、p. 57 以下。

25 こうした理解と現実との差異については、野村（１９９４）も参照した。

26 小峰（２０１７）、p. 113。

小企業では転職が多く、勤務年数に応じた賃金の上昇カーブも緩やかである。中小企業については後に（第6章）あらためて言及する。

「日本的雇用」の「強み」は、「ＯＪＴ」によって企業に特有な「熟練」が形成されること、「ブルーカラー」の「ホワイトカラー化」（小池和男）にあるとされたが、この要素は長期の雇用や年功序列制によって保障される。また企業や労働組合が賃上げよりも雇用の維持を優先してきたのは、企業別組合によって助長された面がある。[27]

「１９４０年体制」論では、企業別労働組合は戦時中の産業報国会を引き継いだものとみているが[28]、日本的労使関係の特徴が戦時期から連続していたわけではない。日本でも戦後は高度成長の初期まで、労働争議が頻発していたことはすでに指摘した。労使協調が実現したのは、企業が持続的に成長できる環境ができたことによる。

すでにくり返しふれたように、日本が１９７０年代後半から８０年代にかけて良好なマクロ経済状況を維持できたのは、労働組合が経営側に協調してきたことが大きかった[29]。念のために付け加えておくと、労働運動にとって重大な転換点となった連合（日本労働組合総連合会）の結成は８９年１１月であり、この組織が７０年代、８０年代の協調行動を指導したというわけではなかった。

総括的にいうと、定型化された「日本企業モデル」は、日本の経済的成功を説明する鍵であるかのように思われてきたが、いくつか重要な点で疑問を呈することができる。このモデルを構成する要因の中で、「メインバンク」制や「下請け」関係などはすでに「安定成長期」から変質する過程に入っていた。したがって、こうした要因が高度成長期には一定の役割をはたしたかもしれないが、石油危機以降、とりわけ1980年代に日本経済が相対的に好調を維持できた理由は、これら要因とは別のところにあるとみるのが自然である。

そこであらためて浮かび上がってくるのが労使関係である。経営者に対して協調的な労働組合や労働者が生産費用の抑制や生産性の向上に貢献したことが、日本経済の「成功」をもたらす最大の要因であったといえる。ところが、「安定成長期」が終わり、日本経済が衰退期に入った後でも、労働組合の路線は基本的に変わらなかった。この点が後の議論で焦点の一つになる。

もう一つ「日本企業モデル」に関して付け加えると、国際的側面、とくにアメリカとの関係が十分に視野に入っていないことがある。この点が、安定成長期以降の日本経済についての理解を制約しているように思われる。

---

27 ただ正確にいうと、小池は日本的雇用の特徴とされる要素が多少ともアメリカの企業にも見出せるとしている。青木ほか（1986）、第I部。そうだとすると、日本経済の強みがどこにあるのか、この疑問にあらためて答えを出さねばならない。

28 野口（1995）、pp. 27–28。

29 中村（1993）は、このような労組の対応を社会全体の「保守化志向」の一環としてみている。

高度成長レジームは変質したか

日本経済の好不調を論じる場合に、どうしても外せない論点は、日本の「強み」と「弱み」をどのようにみるかである。いうまでもなく、「強み」は日本経済が好調であった1980年代までに発揮され、「弱み」は1990年代以降に露呈した。「強み」に関連して特筆すべきは、日本にとって石油危機の衝撃がとりわけ深刻であったことである。エネルギー資源をほとんど国内に持たない日本にとって、石油価格の高騰と調達不安は文字通り「危機」を招来したのである。

高度成長レジームという概念を使えば、第1の構成要素である政府、第2の企業がそれぞれ日本経済の好調にどのように関係していたかを、ここで総括的にふり返っておくことにしよう。さらに第3の要素として日米関係もきわめて重要ではあるが、以下であらためてとり上げることにする。

順序は逆になるが、第2の企業については、「日本企業モデル」の基本構造は高度成長期に形成されていたが、安定成長期に一挙に評価が高くなったことはすでにふれた。しかし、1980年代からすでに「メインバンク」の機能が後退し、下請け関係も変質し始めていた。そうした中で相変わらず威力を発揮したのが、労使協調体制である。「日本的労使関係」は、スタグフレーションや大量失業を回避することに貢献した。

このような協調体制は、経営者や労働組合にかぎらず、日本人の全体に広がっていた「危機」感の反映ということもできる。「集団主義」の表れとみることもできるが、運命共同体としての企業（「会社」）という意識は高度成長期から日本人の心理に深く浸透していた。QCサークルのような労働者の活動が普及したのは、「追いつき意識」や「ハングリー精神」が安定成長期でもまだ生きていたからであった。

次に第1の政府の役割については、経済成長を促進する機能（開発主義）は、すでに高度成長の後期から後退していたが、安定成長期にはいっそう弱くなった。その一つの理由は、「減量経営」のように企業の自主的な努力が競争力を左右する度合いが強くなり、政府（通産省）は間接的な指導に重点を置くようになったことである。もう一つの理由は、後述する日米経済摩擦が政府による保護的な介入を難しくしたことであった。

その一方で、利益誘導や再分配型の機能は70年代から80年代にかけて引き継がれ、政治と社会を安定させる作用は相変わらず続いていた。所得再分配は、経済が高成長だからこそ機能するという面があり、低成長期にはその前提が崩れてきたのはたしかである。しかし、逆に経済が低迷するからこそ、安定化の必要性も大きくなっていた。

石油危機後にも地方で公共投資（インフラ建設）が進められ、雇用が創出された。日本は先進諸国の中で公共投資の比重（対GDP比）が格段に大きく、「土建国家」は日本的な福祉システムの一翼とみることができる。[30] これと並んで、中小企業への支援も継続された。とりわけ小売業の中小零細対策として、デパートやスーパーマーケットの進出を規制する大規模小売店舗法（大店法）が1974年に施行された。雇用の吸

---

[30] 宮本（2008）、図7、p. 77。

収源として中小企業の役割が大きくなったのもこの時期であり、その意味では、中小企業の保護には合理性があったことになる。

しかし他方で、大店法は農家の保護政策と並んで日米摩擦の一因でもあった。また中曽根康弘内閣（1982年11月から87年11月）が民活（民間活力を呼び起こす）路線を追求していたので、伝統的な保護政策の姿勢はやや後退せざるをえなかった。かなり後の時期になるが、小泉改革の下でも「土建国家」は利権政治の象徴として攻撃の的になったが、その萌芽はすでに1980年代から現れていたのである。

図2-3を参照すると、「土建国家」に対応する「国土保全・開発費」と産業保護の「産業経済費」の両者はともに1980年まで伸びていたが、その後は停滞が目立つようになった。その合計が中央政府の一般歳出に占める比重は、1960年に26.3%、70年に29%、80年に23%であった。すなわち、約4分の1から3割近くを占めていたが、その後80年代の前半から後退し、90年には14.4%にまで落ちていた。

その一方で1970年から伸びが目立つのは「社会保障関係費」であった。その歳出全体に占める比重は、1960年に13.3%、70年は15.9%とほとんど変わらなかったが、80年には21.3%にまで伸びた。90年はやや減って18.4%になったが、それでもこのシェアは土木関連支出や産業対策費の合計を超えていた[31]。インフラ建設や産業対策を通じた雇用保障が減退する一方で、社会保障がそれにとって代わる傾向にあったといえるだろう。

その転換点はおおよそ高度成長が終わった後、1970年代から80年代前半にかけてであった。この傾向はさらに90年代、2000年代になるといっそう顕著になるが、「安定成長」期までは、公共土木事業や産業対策の持つ意味がまだ比較的大きかったこともたしかである。

3――変化の予兆

日米経済摩擦

「日本企業モデル」には国際的視点が不足していることをすでに述べたが、国際面で重要なのはいうまでもなく日米関係であり、アメリカは割安な円ドル為替相場、保護体制や技術移転などを日本に容認することで、戦後の経済発展を外枠から支えていた。ところが、アメリカ自身の経済状況が思わしくなくなると、これまでの寛容さが失われ、日本に厳しい態度で臨むようになった。そこに生じたのが貿易・経済摩擦であった。

アメリカは冷戦体制の下で西側同盟国を守るために莫大な軍事費を負担し、一方的に自国市場を開放してきた。それにもかかわらず、西ヨーロッパ諸国や日本が応分の負担をしないことに苛立ちが募っていた。[32] それに加えて、日本企業が鉄鋼、自動車、工作機械、半導体など相次いでアメリカ企業の市場を奪っていっ

31 林・今井・金澤（2001）、pp. 72-73。ただし、図2-3はGDPに対する比率を示しているので数値は異なる。
32 佐藤（1991）、p. 17以下。

たので、アメリカの政治家、企業経営者、さらに一般「世論」にまで強い心理的反発を呼び起こしたのである。それで日本の「高度成長レジーム」も試練にさらされることになった。

日米貿易摩擦は、すでに1960年代末から70年代初頭にかけて繊維で始まっていたが、日本の工業製品が急激に世界に販路を伸ばした80年代に新たに火を噴いた。後者の時期には貿易面にかぎらず経済構造全体が摩擦の原因となって現れたところに、アメリカに与えた衝撃の大きさを知ることができる。レーガン政権の第1期（1981-84年）には、相手国に市場開放を迫ることに重点が置かれていたが、それでも貿易赤字が空前の規模に広がったので、後期には相手国の「不公正」な制度や慣行を厳しく取り締まる方向に転換した。その転機に当たるのが後述の「プラザ合意」であったが、「閉鎖的」な日本の金融システムに対して、アメリカが自由化要求を突きつけた日米円ドル委員会（1983-84年）はこれにやや先行していた。

アメリカが相手国の「不公正」な構造や慣行に攻撃をしかけた象徴的な例が1988年の新通商法（包括通商・競争力法）の「スーパー301条」であった。日本側は同法により「不公正取引」と認定され、報復措置がとられることを何よりも恐れた。この報復を回避するために、1989年に「日米構造協議」を受け入れたのである。それはブッシュ（父）政権の時であったが、そこには「日本株式会社」論や日本異質論が影を落としていた。

この構造協議では、日本の流通経路の複雑さや大店法、直接投資（流入）に対する規制、大都市の高い地価などが問題とされた。その一方で、すでにふれたように、日本の経済学者の一部では、日本企業の優位性はその特有の組織構造（「日本企業モデル」）にあるという議論が生まれていた。

経済摩擦は日本側の経常収支の黒字累積がきっかけであるが、経常収支黒字の根本的な理由は、マクロ経済の貯蓄・投資バランスにあり、「構造協議」によって解決を図るというのは筋違いであった。アメリカ側の要求は、経済学的に根拠が乏しく、無理強いに近い性格をおびていたことはたしかである。[33] しかし、マクロ経済学の「正論」でいくら説得しても、アメリカ側は聞く耳を持たない。さしあたり矛を収めさせるには、日本が一方的に譲歩するか、為替相場の調整に訴えるしかなかった。為替をめぐる軋轢は、最終的に1985年のプラザ合意にまで行きついたのである。

日本側には外交上の配慮から、より端的にいうと日米安保体制のゆえに、アメリカの要求を拒否するという選択はありえなかった。しかし、アメリカに屈したことで、日本の産業競争力が低下することはなかったか、バブルの膨張を助長することはなかったのか、といった重大な疑問が残されている。

このような疑問の中でまず検討すべきは日米半導体協議である。86年に合意に至ったこの協議では、アメリカ製品が日本市場の約20％を占めることを事実上「約束」し、日本製品の輸出価格がアメリカ市場のみならず、第3国市場においても監視されることになった。[34] このような譲歩が日本企業に不利に働くことはまちがいないが、アメリカ製品に20％というシェアはもともと不可能な要求であった。また「価格ダンピン

33 小宮（1988）、第7章。
34 佐藤（1991）、第5章。

グ」の監視は、日本企業間で「過当競争」を避けるという利点もあった。日本の半導体産業が競争力を失ったのは90年代の半ばからであり、後にみるように、そこには日本企業の側に固有な要因が多く作用していた。

半導体以外では、自動車部門がより早く1980年に輸出自主規制を受け入れた。それでかえってアメリカ市場で価格が上がったので、日本企業の利益に響くことは少なかった。またアメリカに工場を移す一方で、日本国内では円高にも耐える「カイゼン」運動を展開したので競争力を維持することができた。もう一つ輸出の花形であった家電業界は、少なくとも21世紀初めまでは好調を維持していた。このようにみると、個別の産業部門への影響よりも、いっそう重大であったのは、プラザ合意による円高対策として超金融緩和が図られたこと、その副作用としてバブルが膨張し、後に長く深い後遺症を残したことである。

日本側からみると、経済摩擦を引き起こしたアメリカの要求はいかにも理不尽であった。アメリカの製品は自由な貿易、競争の下に敗れたのだから、経常収支の赤字は当然であるというのが、多くの日本人の正直な気持ちであった。しかし、アメリカ政府や国民の側に生まれた感情を推測してみよう。どこまで意識されていたかどうかわからないが、戦後長きにわたって支配し、庇護してきた日本がにわかに挑戦者となって現れてきたのである。アメリカが長きにわたり誇ってきた世界最高の地位が脅かされるかもしれない。このような事態は当初、信じられなかっただろうし、耐え難いことであった。それで多くのアメリカ人は逆上したのである。

ところで、アメリカからの露骨な要求は1990年代に入ると、一転して弱くなった。その一番の理由は、日本がバブル破裂後の長い不況期に入り、もはや経済的な脅威とはみられなくなったことである。もう一つの理由は、アメリカが日本とは対照的に、「ニューエコノミー」と呼ばれる好景気に入ったことである。

この当時、それまでの「ジャパン・バッシング」に代わって、「ジャパン・パッシング」という言葉が使われ始めた。アメリカが日本を「パス」する（無視して通り過ぎる）傾向がみえたからであった。日本を「通り過ぎ」て、アメリカがどこへ向かったかというと、いうまでもなく中国であった。東アジアにおいて日本と中国の相対的な地位が変化し始めたのが１９９０年代末から２０００年代初めであった。それは日本経済の「構造改革」が必要であるとの認識を強くする要因であった。

第2の疑問は、日本側の対応が最近の中国となぜ違ったのかという点である。経常収支の黒字で対米債権が累積し、米国債への投資を増やすこと、しかし米国債（あるいはドル）を売って自国通貨の急上昇を招くのは避けるべきことなどは、かつての日本も現在の中国も変わらない。アメリカから技術を導入し、その技術を使った製品を輸出する。そこに通貨の「過小評価」が関係していることなども、基本的に同じ構図である。

決定的な違いは、いうまでもなく、政治・軍事関係にある。日本は安保体制の下で対米依存から脱けられない。だからこそ、アメリカの要求に屈するしかなかった。アメリカ市場が大きいので、その市場を失わないために譲歩するという考慮もたしかにあっただろうが、それが第1番の理由ではなかった。いまや日本の貿易相手国として、アメリカよりも中国の方が大きくなりつつある[35]が、それでも日本はトランプ政権の「アメリカ・ファースト」の政策を拒むことはできなかった。

ところで、トランプ前大統領の対中批判は貿易赤字がきっかけであったが、やがて知的財産権や防衛産業の保護にまで言及し、さらには覇権争いにまで戦線を拡大していった。保護貿易主義や外交上の対立を煽る路線は決して好ましいわけではないが、保護関税の応酬や緊張は中国の経済に深刻な影を落とし始めている。

中国はたしかに外交や軍事の面でアメリカから自立した存在である。しかし、近年の状況は、貿易相手国としても、国際金融システム上の便宜（たとえば決済システム）にしても、アメリカの経済的存在がいかに大きいかを示唆している。

円安か円高か

日本の経常収支の黒字、なかでも対米貿易収支の黒字に対しては、アメリカ側から円が米ドルに対して過小評価されているという攻撃が執拗になされた。しかし、貿易収支にしても経常収支にしても、為替相場それ自体よりも、その国の貯蓄と投資のバランス（貯蓄が過小か、過剰か）によって決まるという説が有力なので、為替相場だけをとり出して問題にしてもあまり説得的ではない。

その点を確認した上で、図3-4で円ドル相場の推移をふり返ることにしよう。ブレトンウッズ体制が崩壊し変動相場制に移行すると、円のドルに対する為替相場（名目為替相場）は、1976-78年には円安を修正する方向に進んでいた。ところが、79-85年はそれに逆行する動きが現れた。円は1978年10月の1ドル＝190円割れをピークにして、85年初には260円台まで下落したのである。それは、アメ

図 3-4　円の為替相場（1973-2019 年、2010 年平均＝100）

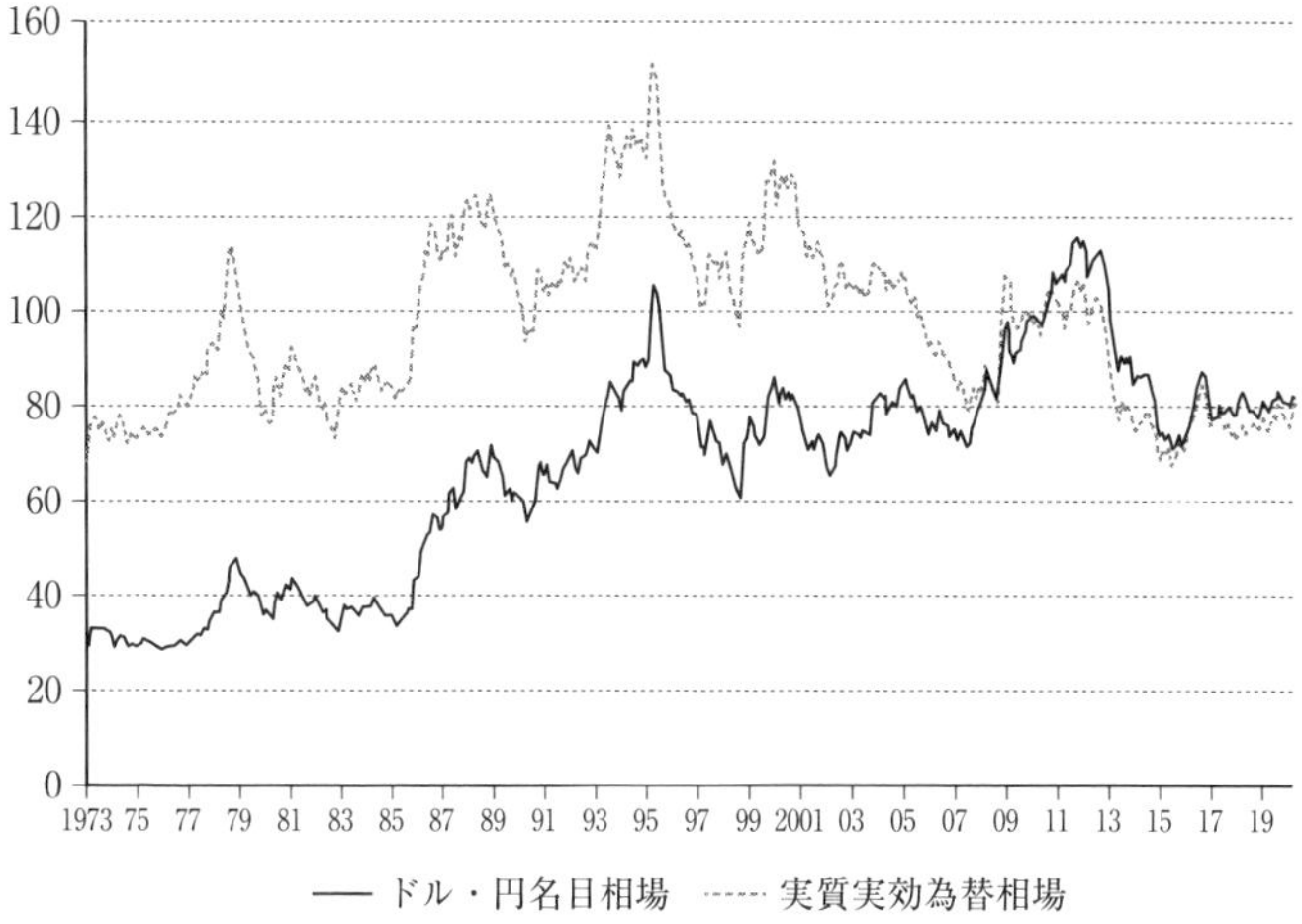

資料：日本銀行,「時系列統計データ」, 註：上方が円高, 下方が円安.

リカの財政赤字による高金利が資本移動を誘発してドル相場を押し上げたからであった。このドル高是正を目的にして８５年９月の「プラザ合意」が生まれたのである。

この先進５ヵ国による合意は、対外不均衡、すなわちアメリカの経常収支赤字、日本や西ヨーロッパ諸国の黒字を為替調整（ドル高是正）によって解消しようとするものであった。プラザ合意の前に１ドル＝２４０円台であった円の為替相場は８７年１月に１５０円を超えるまでに急騰した。このように急激な為替相場の変動に歯止めをかけるために、同年２月には再調整（ルーブル合意、あるいは逆プラザ合意）が行われた。

ブレトンウッズの末期や７０年代末から８０年代前半にかけては、「円安」という見方が成り立つかもしれないが、物価水準の違いを考慮すると、円がドルに対して安すぎるかどうかは一概に決められない。図3-4では、貿易相手国の物価水準の違いを調整（加重平均）した実質実効為替相場をあわせて表示しているが、どの物価を基準にするかによって、見方は違ってくる。

たとえばアメリカとの比較では、消費者物価は日本が相対的に高いのに対して、卸売物価や輸出価格では、企業による費用削減の努力が反映されるので、比較的低くなる。[36] 今ではほとんど死語となったが、一時は「内外価格差」という言葉があり、日本国内の物価が割高であるという議論がさかんであった。それは多かれ少なかれ輸出価格の動向に左右される名目為替相場（市場為替相場）で計ると、生産性の劣る日本国内の財・サービスの価格が割高になることを意味する。

中長期的にみると、ブレトンウッズ体制の末期から、アメリカ政府はしばしば円の過小評価を標的にして日本政府に圧力をかけ、そのたびに円がドルに対して上昇する動きがみられた。ところが、いくら円が上昇しても、しばらくするとまたアメリカの貿易赤字が拡大し、円安が攻撃されるという悪循環のくり返しであった。[37] これは、日本企業が合理化努力によって円高によるマイナス効果を相殺できたからこそ生じた現象であった。くり返し円高が進んでも、日本製品のドル建価格はまた元に戻る傾向があった。それで日米経済摩擦が再燃し、趨勢的に円は上昇していったのである。

概していうと円の為替相場は、バブル崩壊後も1990年代半ばまで類似のパターンで推移していたが、2000年代にはかなり様相が異なってくる。その点は次の章であらためてとり上げることにしよう。

バブル期

第1次石油危機に際して、日本でも消費者物価が74年に20％を超えて急騰し、「狂乱物価」という言葉が生まれた。政府は強力な引き締め政策で臨み、物価は急速に鎮静化したが、その反面でマイナス成長に陥り、企業の収益も急減した。そこに登場したのが赤字財政による景気テコ入れであり、すでに述べた「減量経営」であった。75-78年は74年の反動で比較的高い成長率を回復したが、79年に再び第2次石油危機が発生すると、引き締め政策が発動され成長の持続は抑えられた。「安定成長期」の日本経済は欧米諸国に比べて高い成長率を記録していたが、その好調が頂点に達したのがバブル期であった。

このバブル期の前史として見逃せないのがプラザ合意である。この合意は一方でドル高による経常収支の赤字に悩んでいたアメリカを救うことになったが、他方で結果的に日本は罠に落ちたとみることもできる。「罠」というのは、バブルが膨張し、その破裂後に長く尾を引く停滞期がやってきたからである。そもそ

35 輸出先では、2008年までアメリカが首位であったが、09年に中国が入れ替わった。その後、13年から17年まで再びアメリカが首位に戻り、18年には中国、19年にはアメリカへとそれぞれ交替している。輸出入合計額だと、2006年までアメリカが首位にあったが、07年から19年に至るまで中国が一貫して先頭に立っている。「財務省貿易統計」による。

36 アメリカとの物価水準の違いを考慮した円ドル実質為替相場については、石見（1995）、pp. 112–114を参照。

37 円ドル相場と日米経済摩擦との関連については、マッキノン・大野（1998）を参照。

も アメリカや日本の経常収支不均衡は、両国の貯蓄・投資バランスで決まるものであり、為替相場によって調整するのは無理がある。[38]

バブルの直接的なきっかけは、円高による不況対策として金融緩和が進められたことである。ドル高の是正は、通常であれば日本がアメリカよりも高金利に移行することで実現する。実際、日銀は85年10月から年末まで短期金利を高めに誘導していたが、86年初頭には公定歩合を引き下げて緩和政策に移行した。あまりに急激な円高で経済界から対策が求められたことによる。この時の低金利政策を象徴的に示すのは、86年1月から87年2月の1年余りで公定歩合を5%から2・5%にまで引き下げ、この2・5%を89年5月まで2年以上にわたり維持したことであった。為替調整の手段としては、外国為替市場への介入（円買い・ドル売り）が優先された。

金融と並んでマクロ政策の基本手段となる財政では、大蔵省（当時）が健全化路線にこだわっていたので、引き締め基調からの転換が難しかった。当時の財政当局は現在とは比べものにならないほど強力だったので、景気対策は金融政策に偏るしかなかった。当時、日銀は政府や大蔵省に対して従属的な地位に甘んじていた。中央銀行としての「自立」は、1997年の日銀法改正まで実現しなかった。

大蔵省と並んでもう一つ、国際的圧力も無視できない要素であった。プラザ合意後の金融緩和政策はアメリカ側からも強く要請されていた。アメリカはドル高の是正を望んではいたが、かといってドルの急落は避けたかった。そこで、日本が金利を低めに誘導し、内需拡大を図るように圧力をかけたのである。さらに87年10月にはニューヨーク株式取引所で株価の暴落（ブラックマンデー）が起こり、日銀は金利引き上げに踏み切れない状況に追い込まれた。大蔵省出身で国際協調に傾きがちな澄田智総裁の下で、日銀生え抜きで国内重視の三重野康副総裁は難しい立場にあったといわれる。[39]

前川春雄元日銀総裁を座長として発足した「国際協調のための経済構造調整研究会」もバブルを後押しする要因であった。その報告（「前川レポート」）は、中曽根首相とレーガン大統領との親密な関係（「ロンヤス」）に配慮するものであった。この勧告に従い財政・金融政策が動員され、内需主導の大型景気を迎えたのである。

内需の拡大には改革政策が重なり、地価の上昇に火がついた。中曽根内閣の「民活」で公有地の売却が始まり、容積率の緩和は、大都市に事業機会を提供することで、自民党の支持基盤を広げる意図があった、という見方もある。[40] さらに87年には四全総（第四次全国総合開発計画）、リゾート法などが加わり、投機的な土地買い占めが全国に波及した。一時は日本の不動産価値がアメリカ全土に相当し、また東京都心の皇居の面積だけでカリフォルニア州に匹敵するとまでいわれた。

経済成長率は、「円高不況」の86年には減退したが、88年には7%近くになったように、80年代後

38 小宮（1988）、第7章。

39 この時期の金融政策に関して、日銀側の総括として翁ほか（2000）が詳しい。低金利の持続について、上川（2002）は日銀の認識の誤りを指摘しているが、伊藤（2002）は大蔵省や日銀内部の国際派の圧力を主因としている。

40 山口・宮本（2015）、pp. 6–7。

半は総じて高い水準にあった（後掲図4－1）。株式や不動産など資産価格が暴騰して、企業ばかりでなく個人の懐も豊かになり、消費ブームが訪れた。金融資産や不動産から生じる所得に比べるとつつましやかではあるが、実質給与の伸びも堅調を保っていた（後掲図5－4）。また企業の高利潤率を反映して、固定資産の増加（投資）も高水準であった（後掲図6－2、6－3）。この時期の投資が後に「過剰」な資産に転化し、「過剰」な雇用と並んで、不況基調を長引かせる要因とされたのであった。

銀行が不動産融資に傾斜していったのは、「銀行離れ」の進んでいたことが一因であった。大企業は資本市場で株式の時価発行や、転換社債（株式に転換できる社債）、ワラント債（新株の購入権が付いた社債）の発行などで資金を調達できるようになっていた。金融システムはたしかに自由化されつつあったが、自由化の遅れや歪みもなお目立っていた。自由化が銀行と証券との間で利害を調整しながら進められたからである。[41]

この時期の日本人は、地に足がつかないような、浮かれ気分を味わっていた。不動産や株価の暴騰が「持てる者」と「持たざる者」との間で格差を広げたが、NTT株の売り出しで株は儲かるという経験をした人も少なくなかった。「バブルの怪人」の暗躍ぶりがマスコミをにぎわせていた。[42]

バブルが政府や日銀の「失政」によるという側面があることは否定できない。不動産価格が暴騰しても物価は概して安定していたので、日銀はバブルの最末期まで引き締め政策をためらっていた。大蔵省が不動産融資規制を打ち出したのは90年3月で遅すぎたとか、この規制自体が価格メカニズムを無視した「劇薬」であったという見方もある。アメリカとの関係から、低金利を続ける以外に選択肢がきわめて限られていたことは否定できないが、大蔵省、日銀の当事者にしても、金融機関から接待を受けるなどして、バブルの渦中で踊りに参加していたのである。

このような経緯があったので、バブルの崩壊は政府や銀行に対する国民の信頼を大きく失墜させた。戦後の復興期から高度成長期にかけては、政府（特に大蔵省）と銀行は盤石の安定役とみられていた。「護送船団方式」と皮肉を込めて呼ばれた規制の体制であったが、それは信頼の象徴でもあった。ところが1980年代以来の環境変化、すなわち「グローバル化」や、対米関係から迫られた自由化をきっかけにして、安心の基盤は崩れていったのである。

バブルの破裂とその後の金融危機の勃発によって、この「官民」協力体制が実は「裸の王様」であることが明らかになった。この不信感が経済を低迷させる一因でもあった。[43]「お上」が何とかしてくれる時代はもはや過ぎ去ったのである。しかし、バブルに狂奔した点では民間の責任も免れない。その点で「日本企業モデル」も、急速に権威を失墜させたのである。

---

41 詳しくは、岡崎・星（2002）、深尾（2002）などを参照。

42 永野（2016）。

43 この時期に金融行政の任に当たった西村吉正（1989年大蔵省大臣官房審議官、94年銀行局長）は、世論を気にしながらの舵取りの難しさを弁明している。西村（1999）。

4——小括

このあたりで、高度成長期から「バブル」期にまで至る日本経済の歩みをあらためてふり返っておこう。

高度成長期は、その出発点において「戦後性」と「後進性」という2つの要因が強く働いていた。そこに「日本企業モデル」とか「日本的経営」とかいわれる企業の行動様式が追加され、また利益誘導型の再分配を行う自民党政権の「福祉政治」も絡んでいた。このようなレジームが職種間や地域間の格差を縮小させる機能をはたしていた。だからこそ、急激な社会変動にもかかわらず、政治・経済は驚くほど安定していたのであった。高度成長に入るころまでは、社会的対立や労使間の紛争がしばしば激化したのと好対照であった。

もう一つ、国際的にみるとアメリカの影響力がきわめて大きかった。アメリカはブレトンウッズ体制やGATTの自由貿易体制の形成に主導権をとったばかりではなく、技術移転の起点ともなった。また日本側の保護主義、円の過小評価を容認することに、日米関係の恩恵的な側面が現れていた。このようなアメリカの態度に東アジアの冷戦構造が強く影響していたことはいうまでもない。

冷戦がもたらした利益は、西ヨーロッパ諸国にも多かれ少なかれ当てはまり、技術や生活スタイルの「後追い」という側面も、日本にかぎられたことではない。しかし、「後進性」という要因は日本により顕著であり、それだけに「後発の利益」も大きかったといえるだろう。

「後進性」は、後の時期には「キャッチアップ」の段階が終わったという見方とも重なってくる。たしかに、高度成長の末期に当たる1970年代には、日本経済は「後進性」から抜け出し、「自立」する兆しをみせていた。日本経済の相対的な好調は、欧米諸国からの「自立」を裏書きしていると思われたが、それも長続きはしなかった。この時期の好調が20年足らずで終わってしまったことは、「キャッチアップ」以外に経済成長を実現する要因はなかったのかという疑いを抱かせる。この疑問に答えるのが次章以降の課題である。

「高度成長レジーム」の一翼をなす対米関係では、日本が庇護をうける立場はすでに70年代から崩れ始めていた。その初期の衝撃的な事件が「ニクソン・ショック」から変動相場制への移行であり、円の過小評価という防壁が崩された。この変化と並行して、80年代には経済摩擦や「プラザ合意」という形で、アメリカの反撃が本格化したのである。見方によっては、アメリカが戦いを挑んできたことは日本にとって「自立」に踏み出す好機でもあった。「自立」とは、政治、軍事の面をさしあたり別にすると、外需依存よりも自国の消費や投資を活性化させる方向であるが、結局、それは実現しない夢に終わった。

「日本企業モデル」については、金融システムなどの自由化がそれなりに進展したとはいえ、日本的労使慣行の閉鎖的な体質が労働力の移動を妨げ、「情報化」や「グローバル化」に対応しきれないことが指摘されている。このように否定的な評価は、バブル崩壊後の「失われた10年」で従来のモデルが有効性を失ったとみられたことによる。90年代以降にはなぜ適応力を失ってしまったのか、それが最大の問題である。

その一つの理由は、対米関係を含めた「レジーム」がバブルを膨張させる一因であり、バブル破裂後に大きく信頼を低下させたことが関連している。既存の国内システムに対する不信感は後に「構造改革」への期待をいっそう高めたが、その反面で高度成長期以来の国内要因が安定成長期にまで引き継がれ、それなりに社会を安定させていたことも事実である。従来に代わる安定化の仕組みがまだ現れていないこと、その結果、移行期の混乱がまだ続いていることが「失われた30年」の大きな背景であるといってもよい。政府が新たにどのような役割を担うべきかについては、第5章以下でとり上げる。

第4章 「失われた30年」

第3章では、高度成長期にでき上がった「レジーム」が変質をとげながらも、1980年代まで日本の経済的「成功」を支えたことをみてきた。その相対的「安定」を突き崩したのがバブルであり、その破裂が「レジーム」を崩壊させる激震となった。本章では、バブル後の経済の落ち込みがどのようにして「レジーム」を破壊したか、また逆に「レジーム」の動揺が経済の低迷にどのように作用したかを検討する。とはいえ、高度成長期の「レジーム」の中で変わらないところもあった。それは日本的労使関係が強固に生き残ってきたことである。それがどのような意味で成長を制約してきたかという問題をあわせて検討しなければならない。

1――バブル崩壊後の経過

バブル崩壊後の景気低迷は「失われた10年」といわれたが、その後も低い成長率とデフレ基調が払拭され

図 4-1　日本の GDP 成長率とインフレ率（消費者物価）

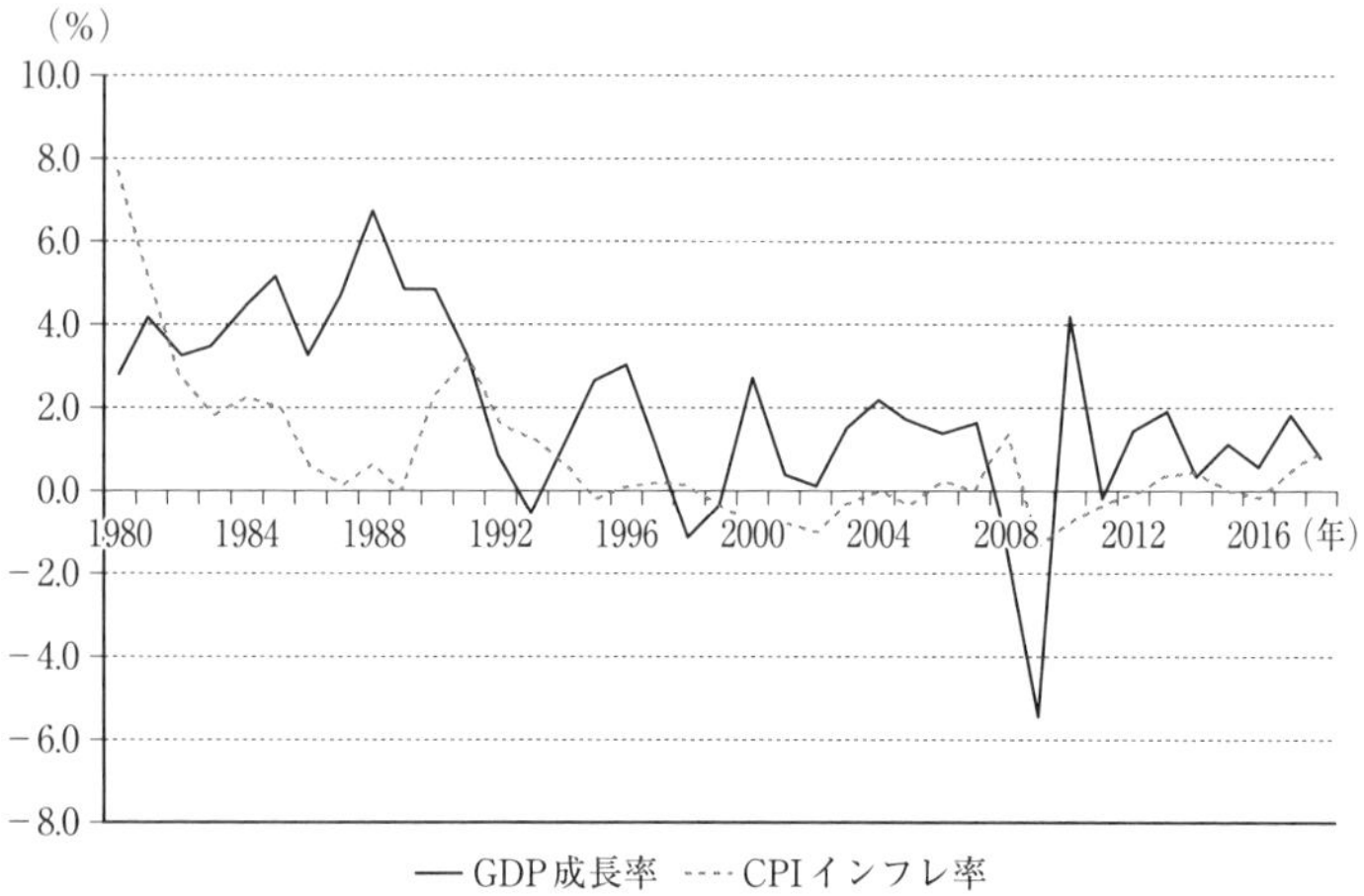

資料：『経済財政白書』令和元年版，長期経済統計．

註：消費税は 1989 年に初めて 3% で導入され，97 年，2014 年にそれぞれ 2%，3% 引き上げられた．本図の消費者物価は，こうした影響を調整したものである．

ることはなかった。経済の不振は30年近くに及び、今や「失われた30年」という方が現実味をおびている。

ただし長期低迷とか「失われた30年」とかいっても、この間の日本経済が、同じように停滞していたわけではなく、それなりに景気の波動があった。[1] 経済成長率とインフレ率（消費者物価）は図4-1に示した。

大まかに分けると、まず第1期としてバブル崩壊後の約12年がある。この第1の時期を景気循環によって小区分すると、1994-1996年と1999-2000年に2つの景気回復期があった。それらを分岐点とする考え方もできるが、ここではバブル期から長く引きずってきた不良債権に着目し、まとめて第1期とした。

続いて2002年から2012年までを第2期とすると、ここにも2つの波動と大きな落ち込みがあった。最初の急激な景気悪化はリーマンショックによるものであり、第2の下降は東日本大震災によって引き起こされた。ただしそれぞれの景気下降の直後には急速な回復もあった。それでも第2期を一括して扱うのは、次の2012年末ないし13年初めから現在に至るまでが、「アベノミクス」のマクロ政策によって特異な性格を帯びていることによる。この「アベノミクス」の期間が第3期にあたる。[2] 以上それぞれの時期の違いを意識しながら、注目すべき点をやや詳しくとり上げてみよう。

バブルの崩壊と不良債権

第1期の1990年代初頭は、バブル破裂の衝撃がとりわけ強かった時期である。「山高ければ谷深し」という格言があるように、経済の急激な落ち込みは当然の帰結という見方がありうる。バブルはいずれ破裂するものなので、資産価格の下落は避けがたいものであった。しかし他方で、政府、日銀によるマクロ経済政策の失敗を指摘する声も根強くある。

1 さしあたり小峰（2019）、その他に、鈴木（2016）、荒巻（2019）などをあわせて参照。
2 安倍晋三首相は2020年9月に退陣したが、続く菅義偉内閣は安倍路線を継承するとしているので、「アベノミクス」は基本的に変わらない。

株価は１９８９年末の大納会に史上最高値を付けた後、９０年初めから下落に転じ、全国地価の下落はやや遅く１９９１年秋から始まった。この二つの資産価格の下落がバブル破裂の象徴的な現象であった。バブル期には日本銀行が資産価格の高騰を軽視して低金利を放置し、逆に、引き締め政策に移行すると、金利の引き上げが急激で厳しすぎた（「オーバーキル」）という批判があった。日銀の公定歩合でみると、１９８７年２月から実に２年以上も２・５％を維持したことはすでにふれたが、８９年５月から一転して９０年８月まで公定歩合を５回にわたり引き上げたのである。大蔵省は９０年３月に不動産関連融資の総量規制を導入した。

ようやく１９９２年春ごろを底にして景気が反転し、９４-９６年には順調に回復の軌道に乗るようにみえた。この間の回復を主導したのは、家計消費や政府支出の内需であった。ところが、１９９７年１１月に三洋証券、北海道拓殖銀行、山一證券、続いて９８年１０月には日本長期信用銀行、１２月には日本債券信用銀行の破綻から金融危機が勃発し、経済の舞台は暗転してマイナス成長に落ち込んだ。

これら銀行の破綻はバブル期の安易な融資、山一證券の場合は、株価の上昇を見込んだ利回り保証（ニギリ）や、簿外含み損（飛ばし）に原因があった。[3] 高度成長期には同じ山一證券の経営危機（１９６５年）もあったが、大銀行が倒産することはまずありえないと思われていた。その予想を裏切る規模の金融危機の発生は、「護送船団方式」と呼ばれた大蔵省の強力な行政指導が実際は無力であるという認識を広めることになった。

金融行政の失敗は、もともとバブルの発生を止められなかったことにあるが、金融機関が破綻の危機に直面すると、どのように対処すべきかについて基本的な方針が定まっていなかったといわれる。さらに、金融機関の多くが破綻にまで至らなくても、バブルの破裂によって多額の不良債権を抱え込むことになった。この処理を迅速に進められなかったことも、政府や大蔵省への信頼を失墜させた。この点は第5章であらためてふれる。

1997年春に始まり秋以降いっそう鮮明になった景気後退は、金融危機の誘因でもあり、また結果でもある。そのきっかけは緊縮財政であったという説が有力である。まず消費税が4月に3%から5%に引き上げられ、特別所得減税も打ち切られた。その上に、医療保険など社会保障負担の増加があり、さらに公共投資も削減された。この時の財政再建策が景気を急降下させたという見方が、その後も長きにわたって、財政当局のみならず、とりわけ政界に「トラウマ」として残った。

もう一つ、同年7月から始まるアジア通貨危機が輸出に打撃となったこともある。しかし、今回の回復は民間消費や公共支出などの内需主導であり(後掲図4-2)、アジア通貨危機より大きかったのは金融危機の勃発である。金融システムが機能不全に陥り、政府への不信感も昂じて、企業心理を冷え込ませた。

この不況期を長引かせている要因として、設備、雇用、債務の「3つの過剰」が指摘されていた[4]。過剰な設備と余剰人員を抱えると、たしかに企業収益が圧迫される。しかし過剰設備はその裏側で過剰な債務と

3 詳しくは、西村(1999)、深尾(2002)。
4 『経済白書』平成11年版。

結びついているので、これを処分するのは容易ではなかった。この債務が積もり積もって金融機関の不良債権となり、それが景気の足を引っ張るという考え方が有力になっていた。[5] 不良債権については、第5章であらためてとり上げる。

もう一つの側面として、過剰設備や債務を整理できなかったのは、雇用問題を発生させることがある。日本は欧米諸国と比べて低い失業率を誇っていたが、それだけに失業が増えることを政府も企業も避けたかったのである。

実際、完全失業率は８０年代初めから９４年まで２％台で推移していた。ところが９５年以降は、３％台から４％台に上昇し、さらに２００１年から０３年にかけては５％を超えるまでになった。[6]「過剰な雇用」がしだいに整理されていったことがうかがえる。しかしその裏面で、非正規雇用の割合が増えていった。

それでも、ネットスケープ社（ブラウザソフト）の株式公開やマイクロソフト社のウィンドウズ95の販売などで点火したアメリカのＩＴブームが波及して、日本でも９９年以降に好景気を迎えた。ところが、００年から翌０１年にかけてＩＴバブルが破裂すると、この好況も短命に終わったのである。その後、２００３年５月に「りそな銀行」に公的資金が注入され、それをきっかけに株価が急上昇し、景気好転がしばらく持続するという経過をたどったのである。

何が「過剰」であったか

「３つの過剰」の中で設備や雇用の「過剰」とは、さしあたり潜在的な供給量が需要に対して多すぎること

図 4-2　需要項目別の成長への寄与度（%ポイント，1980-2018 年）

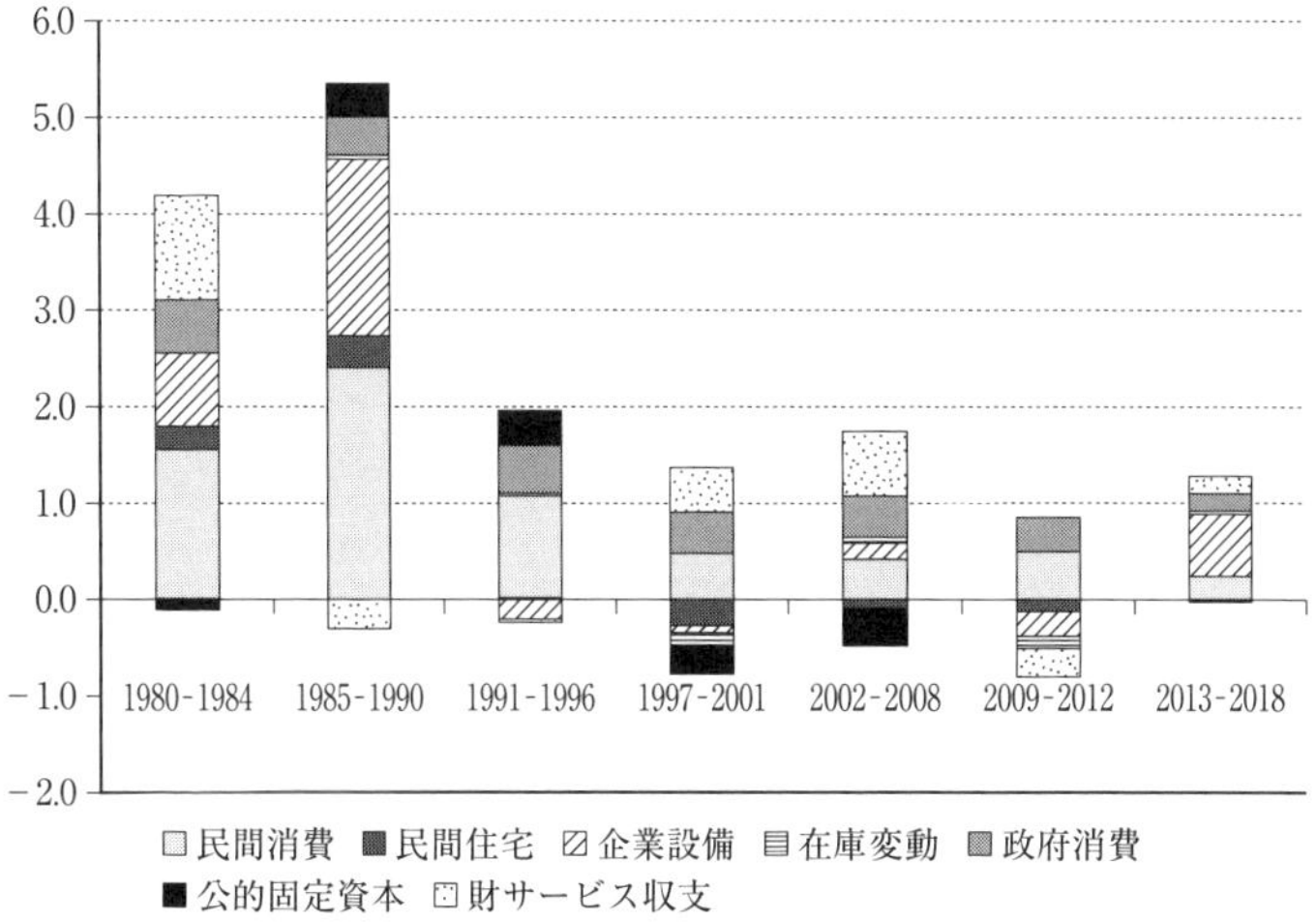

資料：『経済財政白書』令和元年版　長期経済統計から作成.

を意味している。逆にいうと、需要さえ伸びれば「過剰」は解消されることになる。この時期の内需、すなわち消費や投資はどのように推移したのだろうか。バブル期から持ちこされた設備が残っていたので、たしかに投資が自律的に伸びることは難しかった。消費は、少なくとも金融危機のころまでは賃金が上がっていた（図2-2）ので、伸びる余地はあった。公共投資は１９８０年代後半から９０年代前半にかけてそれなりに景気の浮揚効果があった（図4-2）。バブル崩壊による「逆資産効果」で消費が抑えられることはあったとしても、その影響が20年近くも続くとは考えにくい。

　ところで、近年ほとんど省みられることはないが、宇野弘蔵の「恐慌論」では、資本の過剰とは十分に利潤が上がらない状態を意味している。[7] 利潤が増えないのは、労賃が高く上がりすぎることによる。日本の賃金が名目、実質ともに１９９０年代の末まで上がり続けたことはすでに述べた。また前掲図3-3によれば、１９９０年代の単位労働費用の上昇率では、日本がイギリスに次いで大きかった。こうした事実は、利潤が縮小し、宇野の資本過剰論に近い状態になっていたことを示唆する。[8]

ただし、金融危機後は一転して賃金が下降傾向を描くようになり、単位労働費用も下がっていった。賃上げ抑制が効きすぎたというべきかもしれない。企業側の利潤率は改善したが、勤労者の生活は苦しくなり、需要も伸び悩むことになる。

以上のように、１９９０年から２００２年に至る12年間を一言でまとめると、バブルの後遺症とその対策に終始した時期といえるだろう。この間に2度にわたる景気上昇期を迎えたが、その根底には不良債権が整理されないまま残されていた。それが第１期の特徴であった。

橋本龍太郎首相（１９９６年1月-９８年7月）は財政再建のみならず、「金融ビッグバン」のスローガンの下に金融システムの大幅な改革を目論んでいた。しかし、金融危機の勃発でそれも頓挫したように、不良債権の存在を軽視していたようにみえる。首相は不良債権の深刻さを知らされていなかったのか、という疑問すら残る。

もう一つこの時期の特徴は、政府のみならず政党政治に対しても強い不信感が生まれていたことである。それは、「官庁の中の官庁」である大蔵省や、戦後の経済発展を支えてきた保守政治に対する不信感でもあった。９３年8月に非自民連立の細川護熙内閣、９４年6月には村山富市内閣が誕生したことは、55年体制がついに終わったことを象徴的に示していた。なかでも社会党と自民党が連立した村山内閣は、戦後の政治史からみれば、まさに「青天の霹靂」であった。細川内閣が内部の確執で1年足らず（94年4月まで）で瓦解し、村山内閣はそれよりもやや長命（96年1月まで）であったが、統治能力に大きな疑問を抱かせながら退場した。いずれも政党政治に対する信頼を大きく失墜させた。

利益誘導型の保守政治は96年の住専（住宅金融専門会社）の救済にも表れていた。住専には農協系の金融機関が多く融資していたので、政治的に無視できなかったのである。住専救済の国会審議が混乱し、国民の不人気が高まったことから、その後に銀行への公的資金の注入が大幅に遅れてしまった。この遅れが金融システムにとってきわめて深刻な問題であり、金融危機を醸成する要因であった。

この時期は、財政再建や不良債権の処理が最重要の課題であったが、財政再建は「逃げ水」のように先送りされ、現在にまで至っている。「3つの過剰」は企業の厳しいリストラによって2006年ごろにはよう

5　理論的には、小林・加藤（2001）、小林（2003）が代表的である。

6　前掲総務省、「労働力調査　長期時系列データ」による。

7　宇野（1953）。

8　橋本（2002）が経済の回復に賃金引き下げを提起した（pp. 8-9）のも、このような90年代の事態を反映したものと解釈できる。90年代後半の企業利益率が低迷していたことは、後掲図6-3からもわかる。

やく解消した、とみられていた。[9] それでも経済が停滞を脱しきれないのは、「過剰」の解決が問題の本質ではなかったことを示唆している。

「いざなみ景気」からリーマンショックへ

続く第2期は、2002年に始まる戦後最長の好況期（「いざなみ景気」）から2008年のリーマンショック、さらに11年3月の東日本大震災が発生した時期にあたる。第2期の前半は異例の長い好況期であり、期間の長さは高度成長初期の「神武景気」を超えるほどであった。しかし、「実感に乏しい」との受け止め方が一般に強かった。このような景況感はこの時期にかぎらず現在にまで続いている。それは家計の消費や企業の投資活動など内需の伸びが概して弱く、景気動向が対中国、東アジアや対米の輸出に大きく依存するようになったからである（図4-2も参照）。輸出の増加には次のような背景があった。

その一つは、後に述べるように製造業の「サプライ・チェーン」が国境を越えて広がっていたことである。中国など東アジア諸国からアメリカ向けに工業製品輸出が伸びると、日本から東アジア諸国に向けて部品や機械設備の輸出が伸びるという関係が生まれていた。このような関係は、「工程間分業」とか、日本からの対米輸出をあわせて「太平洋三角貿易」とか呼ばれたが、1980年代の後半から日本企業の直接投資が嚆矢となって形成されてきたものである。

もう一つの背景は、円の対ドル相場が低い水準にあったことである。ドル・円の名目相場はせいぜい低位安定という状態であったが、国内の物価が上がらなかったので、実質実効相場の下落が顕著であった（為替相場は図3-4を参照)。その一因は、円高を抑える方向で為替介入が行われたことである。03年1月から介入額が膨らんでいったが、アメリカ側から目立った批判はよせられなかった。その点で1970年代や80年代とは明らかに様相が異なっていた。[10] その一つの理由は、日本の為替介入が外貨準備を増加させる、その結果、米国債への投資が増え、アメリカの金利上昇を抑える働きをしたことであった。もう一つの理由としては、日本がもはやアメリカにとって経済的な脅威とみなされなくなったこともあるだろう。

円安を生じさせたもう一つの要因は、為替介入と並行して、日本銀行が金融緩和政策をとっていたことである。不況対策としてのゼロ金利は99年から始まり、さらに01年から量的緩和が追加された。この低金利を利用して円資金を借り入れ、相対的に高金利のドル資産で運用する取引(「円キャリートレード」)が増えていたのである。このような資本移動はアメリカの株高と好景気を側面から支えることになった。

第2期の後半に景気の激しい落ち込みを経験したのは、08年リーマンショックの余波で輸出が急減し、あわせて設備投資も縮小したことによる。不良債権の処理が進んでいた日本には金融システムの危機は訪れなかったが、アメリカから始まった急激な景気後退が日本、東アジアとアメリカを結ぶ実物的な連鎖(「太平洋三角貿易」)を直撃したのであった。逆にいうと、「いざなみ景気」は輸出拡大に大きく依存していたこ

9 『経済財政白書』平成18年版。

10 野口(2019)、pp. 126-127。同書は、円安による輸出増大に頼ることは日本が過去の成長モデルから抜け出せていないことを意味する、と批判している。

図 4-3　中央政府歳出の費目別推移（対 GDP 比，1997-2018 年度）

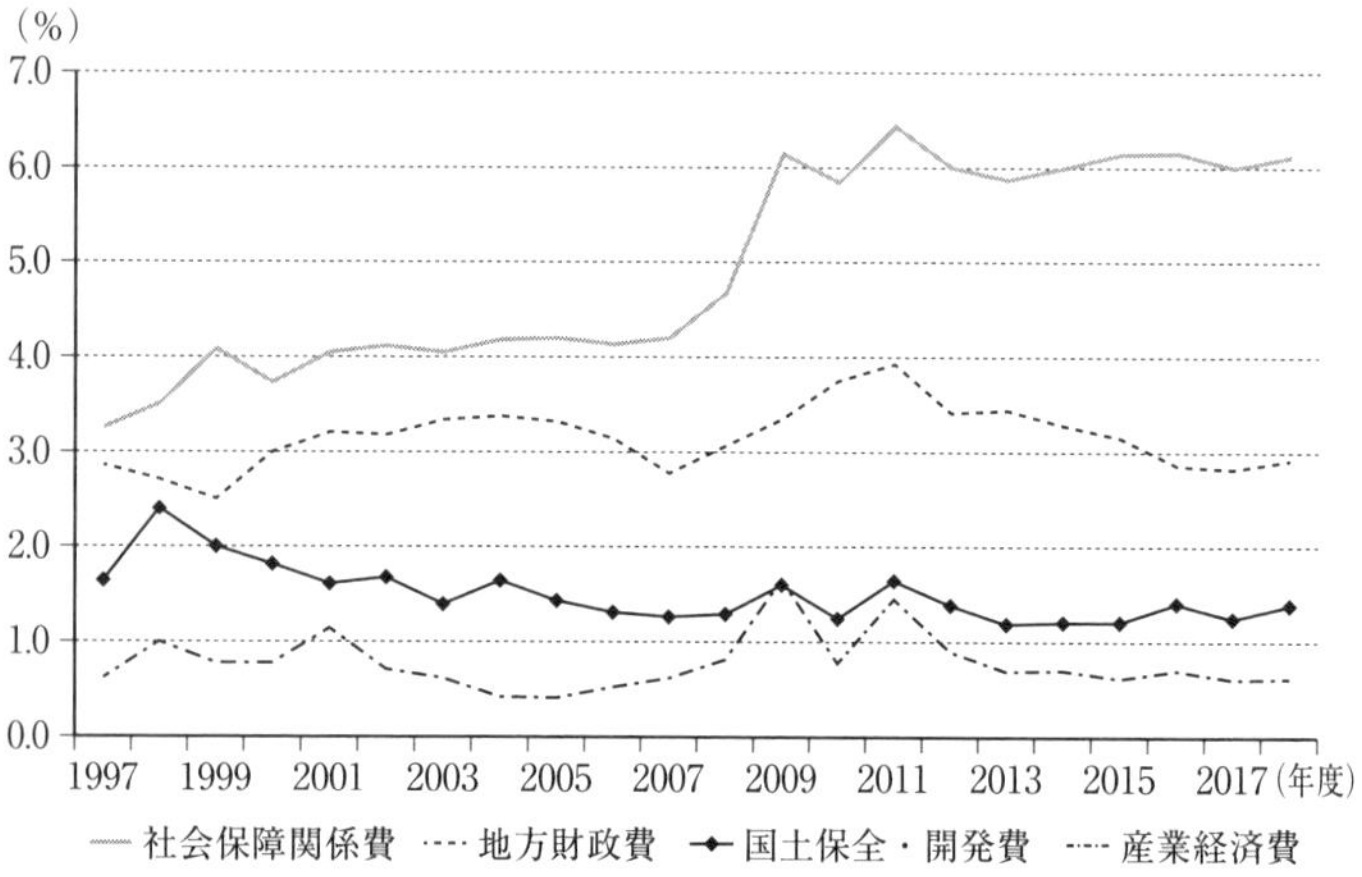

資料：財務省「財政統計」，内閣府「国民経済計算」.

とがあらためて立証されたのである。

景気の急激な下降の結果として、製造業で非正規雇用の「雇止め」が拡大した。２００８年末から０９年初めにかけて、勤め先の宿舎を追い出された労働者が日比谷公園に集結し、ボランティアの支援を受けて年越し派遣村と呼ばれた。この象徴的な出来事をきっかけにして、「格差」や「貧困」が世間の注目を集めるようになった。それは０９年９月に民主党への政権交代を生み出す一因でもあった。

それでも２０１０年に成長率が高くなったのは、リーマンショック後０８、０９年と２年続いた落ち込みから、消費が急反発したことが大きかった。この回復に続いて勃発した東日本大震災は、原発事故による電力供給の不安やサプライ・チェーンの分断などを引き起こした。しかしその一方で、復興需要が景気を下支えする効果もあった（図4－3も参照）。

民主党政権下（2009年9月－12年12月）では、とりわけ2011年の東日本大震災のころから「6重苦」が日本経済を圧迫しているとの批判が上がっていた。[11]「6重苦」とは具体的には、⑴円高、⑵雇用（とくに解雇）の規制、⑶高い法人税、⑷自由貿易（経済連携）協定の遅れ、⑸厳しい環境規制（CO_2排出削減）、⑹電力供給の不安定などである。こうした要因はたしかに民主党政権の下で解消されなかったが、平均すると経済成長率は意外に堅調であった。それは主として、リーマンショックや震災からの回復という要素が成長率を押し上げたことによる。

この第2期を景気上昇の前期と下降の後期とに二分する考え方もありうるが、好不況を通じた共通点として、外需依存型の景気を指摘することができる。その一方で、国内の消費がやや伸び悩み、民間の住宅や設備投資も低調であった。東日本大震災の復興需要を除くと、低迷する内需がデフレ基調をもたらす主な原因であったといえるだろう。

消費の伸びが鈍かったのは賃金の伸びが抑えられていたことが大きかった。その意味で「賃金デフレ」とでもいうべき状況であった。もう一つの要因は、後にあらためてふれるように、社会保障の持続可能性に対して不安が生まれていたことである。それは政府に対する不信でもあった。完全失業率は、リーマンショック後に再び5％を超えたが、それも一時的に終わったのは、企業にとって非正規雇用者が雇用の安全弁のよ

11 『日本経済新聞』、2014年4月3日、朝刊。

うに機能したことを示している。

「アベノミクス」景気

第3期は、2012年末から現在に至るまで「アベノミクス」が続いている。この時期の好ましい特徴は、株価が上昇し、企業の利益も史上最高が相次いだことである。「アベノミクス」というと、「非伝統的」とか「異次元」とか呼ばれる超金融緩和政策に注目が集まりやすいが、財政出動や、財政再建の先送りという側面も見逃せない[12]。

第2次安倍政権が発足すると、マネーサプライの数値目標に消極的であった白川方明総裁が任期前に辞任し、新たに非伝統的金融政策に積極的な黒田東彦総裁が就任した。バブル期の反省から改正された新日銀法（1997年）の下で、中央銀行は「自立性」を担保されていたはずであったが、政権が強い決意をみせると、このように日銀を従わせることは可能なのである。

しかし、金融・財政を通じた強力な景気刺激政策があったにもかかわらず、経済成長率はいぜんとして低く、デフレ基調も払拭されてはいない。物価は目標とされた2%上昇には届かず、経済成長率にしても、先立つ民主党政権期よりもなお低いのが現実であった[13]。

マクロの拡張政策と並んで、「アベノミクス」の「第3の矢」として成長戦略が策定された。具体的には、規制緩和によって民間投資を呼び込むことに主眼が置かれた。その後、「一億総活躍社会」、「働き方改革」など新しいスローガンが矢継ぎ早に登場した。いずれも供給側からの改革であり、財政金融政策だけでは潜在成長率を引き上げることはできないことを示している。このような認識はそれまでの政権でも共有されてきたものであるが、手を代え品を代えて成長戦略を打ち出しても、いずれの政権も目につく成果を上げることはできなかった。

およそ以上のように、バブル崩壊後の30年弱の期間を通じてみると、低い成長率と低いインフレ率（デフレ基調）が特徴として浮かび上がってくる。たしかに金融危機後の「いざなみ景気」や、リーマンショック、大震災の後には、企業の利益率が目立って伸びた（後掲図6-3）。しかしそれとは対照的に、賃金や家計所得は低迷していた。この点が「実感なき」景気拡大という見方を生んだ最大の理由である。

残された重要な論点として、「アベノミクス」の金融政策をいかに評価するかということがある。超金融緩和政策は、少なくとも当初は、その「アナウンスメント効果」によって、円安による企業収益の改善や株価の急速な上昇をもたらした。そうした結果が「デフレ基調」から脱却できるとの期待を高めたことは否定できない。しかし実体経済の回復には効果が小さく、経済成長率が意外に振るわないことはすでに述べた通りである。消費税の引き上げ（2014年4月と19年10月）が景気を腰折れさせたとの批判もあるが、財

12 安倍政権の財政金融政策に関する評価については、翁（2015）、第2章も参照。

13 2000年から07年（暦年）の平均成長率は年1・5%、リーマンショックによる急激な落ち込みの08、09年を除いて、民主党政権期を2010年から12年とすると、この間の平均成長率は1・9%、第2次安倍政権期の2013年から18年をとると、年平均成長率は1・2%であった。図4-1の原資料による。

政の健全化はいずれにしろ中長期的にみて避けられない課題であった。

それと同時に見過ごせないのは超緩和政策の副作用である。第1に、ゼロ金利やマイナス金利が続くと、国債利払いコストも低位に保たれる。それだけ累増する政府債務の危険性が見え難くなり、財政再建へのとり組みを遅らせてしまう。

第2に、「ゾンビ企業」を残存させることになりかねない。それは一方で雇用の安定には資するが、他方で構造転換を遅らせ、潜在成長率を押し下げる結果を招く。[14]

第3に、緩和政策に出口がみえてこないことである。デフレが実際に解消されるようになると、物価の上昇を織り込んで金利も上がる。そうなると国債の利払いが増加し、財政赤字の解消がいっそう難しくなる。また金利上昇で既存国債の価格が下がり、それを保有する金融機関に評価損（キャピタルロス）が発生する。さらに日銀が踏み込んで緩和政策を転換し、保有するＥＴＦやＲＥＩＴ[15]を売却するような段階になると、株式や投資信託の価格が大きく下落するかもしれない。

以上、バブル崩壊後の約30年間を駆け足でみてきたが、金融危機後の「3つの過剰」や震災後に指摘された「6重苦」がどこまで解消されたかという点をふり返っておこう。

まず「3つの過剰」は、1990年代の不況の長期化に関連していたが、2000年代の半ばまでにはほぼ解消していたので、それ以降は新たな要因が付け加わったとみるのが妥当である。

「6重苦」については、まず⑴の円高は是正されていった。⑵の雇用規制は、非正規労働者の増加で一部実現しつつあるが、経営者が重視している解雇規制の緩和はまだ実現していない。(3)法人税の引き下げ、(4)TPP(環太平洋パートナーシップ)協定の締結は、ともにかなり遅れたとはいえ、安倍政権下で2018年に実現した。ただし、トランプ大統領(当時)がTPPへの参加を拒否したので、日米間であらためて通商交渉が行われた。(5)環境規制は長引く不況の下で軽視されがちであったが、今後ますますCO_2排出削減に国際的な圧力が強まると予想される。むしろ環境問題の制約を経済再生に生かすとり組みが必要になるだろう。それは次のエネルギーの安定した確保という課題とも深く関連している。(6)電力供給の不安定というのは、原発を再稼働したいという期待の表れであったが、九州、関西の一部で実現したにとどまり、東日本ではまだ拒否反応が強く残っている。今後は再生可能エネルギーの供給をいっそう拡充するべきだろう。

このようにみると、「6重苦」の解消はまだ道半ばである。しかしそれが経済停滞を長引かせる主因かと

---

14 星・カシャップ(2013)は、一方でデフレ脱却のためにいっそうの金融緩和に期待をかける(p. 181以下)が、他方でゾンビ企業が成長を阻害することを指摘している(p. 22以下)。この二つの議論は、一見すると矛盾している。中央銀行が一方で超金融緩和政策をとりながら、同時に他方で、銀行融資に対する監視機能を強化するならば、さしあたり矛盾なく理解できる。しかしこの二つの課題を両立させるのは、実際のところ難しいだろう。

15 ETF(Exchange Traded Funds)は上場投資信託とも呼ばれ、日経平均株価や東証株価指数(TOPIX)に連動するものが代表的である。REIT(Real Estate Investment Trust)は、不動産に特化した投資信託であり、集めた資金で不動産を購入して、賃貸料や売買益を配分する。投資家はこれらの投資信託を市場で随時、売買することができる。

いうと、多くの人はおそらく同意しないだろう。経済停滞の原因についてさらに検討すべきことが多く残されているが、とりあえず次には需要側の要因についてまとめておこう。

2――需要側の問題

第3章の「日本企業モデル」とか、第5章でとり上げる「構造改革」とかいう議論は供給側に着目しているが、潜在的な供給力に対して、実際の需要は上下に変動するのが常であり、需給にはギャップが生まれる。そこで需要側をみなければならないが、ここでも悲観的な要因が根強い。

まずしばしば指摘されるのは、人口が減少していく日本では国内の消費が伸びない。それで投資も減少するしかないということである。しかしこの議論は、輸出や外国人観光客の消費（「インバウンド」）を無視している点で問題がある。「インバウンド」消費は、宿泊や輸送などサービスの輸出に相当するので、財・サービスの輸出をみればこれらの傾向がわかる。

2017年の財・サービス輸出のGDPに対する比率をみると、日本が18％であったのに対し、韓国は43％、ドイツ47％、またEU諸国が46％であった。こうした国や地域に比べると、日本の比率はかなり低いことがわかる。少し時期を遡ってみると、1991年に韓国は26％、ドイツ26％、日本は10％であった[16]。過去30年足らずの間に、日本の輸出比率もたしかに伸びてはいるが、ドイツや韓国の急速な伸びに比べるとかなり見劣りする。中国をはじめ近隣に多くの新興諸国を抱えている日本は、まだまだ財・サービスの輸出を伸ばす余地が大きいといえるだろう。

ただし内需から外需向けに産業や企業を転換させるとなると、それなりの企業努力や投資が必要になる。そうだとすると、これは供給側の問題と切り離せないことになる。もう一つ、外需に依存する度合いが大きくなると、予測できないリスク（不確実性）に直面する可能性も大きくなる。2020-21年の新型コロナの蔓延はその一つの例であるが、この場合は外需だけではなく、内需までも大幅に落ち込んでしまった。

しかし他方で、少子高齢化で外需への依存が大きくなるのは自然の流れかというと、必ずしもそうとはいいきれない。内需を停滞させているのは、少子高齢化以外の要因、具体的には賃金の抑制と、年金など将来への不安が大きいからである。

その一方で、人々はモノやサービスよりも貨幣を偏愛するので、所得があっても消費に向かわなくなった。ただひたすら貯め込むので、需要が不足し、経済が成長しない、と指摘する人もいる。[17] しかしこの議論は、日本の貯蓄率のデータをみれば、疑わしいことがすぐわかる。長期的にみると、一時は高かった日本の家計貯蓄率は下がる傾向にあり、最近は2014年にマイナス、つまり過去の貯蓄を食いつぶして生活する年もあった。それでも、15年以降に貯蓄率がやや回復したのは、将来への不安心理が強くなったことを重

16 輸出依存度のデータはOECD、*Economic Indicators Database* による。
17 たとえば、小野（2017）、第2章。
18 貯蓄率の動向は、『経済財政白書』平成30年版、第1-2-3図による。

視すべきである。[18]

老後に備えるという意味では、現役世代の貯蓄性向が高くなるはずであるが、実際は高齢者の中でもかなりの人々が貯蓄に励んでいる。金融資産の大半は、高齢の富裕層に偏り、その一方で若年層の多くは低所得で、消費も貯蓄も増やす余裕すらない。

高齢者が金融資産を貯めこむのは、老後の不安ばかりではなく、医療、介護などで必要な需要が満たされないことも関係しているといわれる。高齢者の医療や介護ばかりではなく、現役世代向けの育児支援にしても、本当に需要が満たされているかというと、それは大いに疑問である。

介護については、賃金が低すぎて労働者の確保に支障をきたしていることがある。これはたしかに供給側の要因であるが、介護労働の賃金は公的保険によって規定されている。賃金が上がると、介護労働者も増えるので、潜在的な需要が満たされやすくなる。

そうした事情があるとしても、消費の低迷を招いている第1の要因は、何といっても所得が伸びないことである。平均賃金（男女計、月額）についてみると、1998年の29・9万円から2009年には29・4万円まで下がっていた。その後はやや持ち直したとはいえ、2018年でも30・6万円に留まっている。この20年間に月額で7千円増えたにすぎない。世帯当たりの年平均所得でみると、1994年の664・2万円をピークにして、ほぼ連続して下がり続け、2018年には552・3万円であった。この間に17％も下落したのである。[19]

その最大の要因は非正規雇用の割合が増えたことである。すでに述べたように、2012年以降に就業者数が回復したのは高齢者、女性の増加によるが、彼、彼女たちの多くは非正規雇用なので賃金が低い。平均すると賃金水準は下がることになる。[20]

こうした変化は、高度成長期に定着したといわれる日本的雇用関係がもはや崩れてきたことを意味する。「人手不足」が深刻になっていた最近でも賃金の上昇が鈍いのは、経営者が高賃金、高消費の方向に進むのではなく、固定費、なかでも賃金費用を抑えた「安上りの経営」に固執していることによる。

第2に、老後の備えには「2000万円」の貯蓄が必要との金融庁の報告書（2019年）が多大な反響を呼び起こしたように、将来（社会保障）への不安が消費を抑えているという側面も軽視できない。[21]「リカードの中立命題」によると、政府が財政赤字で景気を刺激しようとしても、人々は将来の増税を予測して貯蓄に励むので、有効需要は増えないとされる。財政赤字が消費や経済成長にマイナスの影響を及ぼすとすれば、現在の日本では、年金など社会保障の将来への不安が大きいだろう。日本の公的債務の残高

19　厚生労働省『賃金構造基本統計調査』、『国民生活基礎調査』による。

20　前掲総務省「労働力調査　長期時系列データ」によると、2018年平均の非正規雇用者は雇用者総数に対して35・8％、全就業者に対して31・9％を占めている。

21　世代間（年齢別）の貯蓄率については、鶴ほか（2019）、第6章が詳しい。それによると、現役世代では、将来所得の伸び悩み、老後の不安などが貯蓄率を高めている。他方で、引退世代は貯蓄率が低い（消費性向が高い）。以上の事実は貯蓄のライフサイクル仮説に適合している。

図 4-4　セクター別資金過不足の推移（対 GDP 比，1980-2017 年）

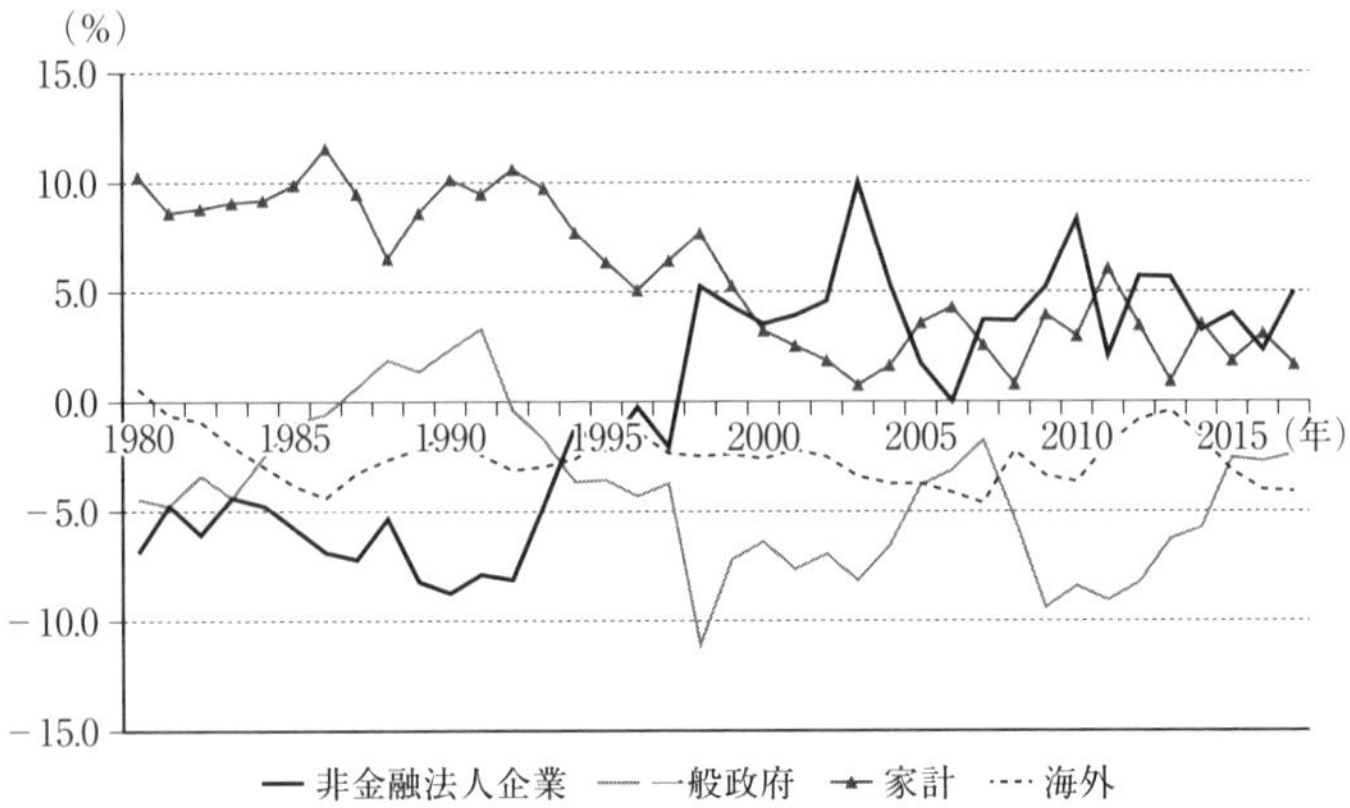

資料：日本銀行「資金循環勘定」，内閣府「国民経済計算」による．

が先進諸国の中で抜群に高いことは、すでによく知られた事実である。

需要、なかでも消費が伸びないことは、貯蓄過剰という見方に通じる。深尾（２０１２）は１９７０年代以来、日本では一貫して貯蓄過剰が続いているとする。しかし貯蓄が多い（貯蓄性向が高い）ことが直ちに低成長を意味するわけではない。高度成長期には民間（家計）の貯蓄率が高かったし、１９７０年代から現在に至るまで、成長率が相対的に高かった時もあれば、低かった時もある。問題は、貯蓄がどこに、どのような形で使われるかである。高度成長期には高い貯蓄率が高投資に結びついていた。

貯蓄が過剰なのは民間であるが、近年では家計の貯蓄が減少傾向にあり、代わって法人企業の貯蓄が伸びてきた（図４-４）。企業は自己資金を超えて投資するのが通例である。だからこそ金融機関や金融市場の存在意義がある。景気変動によっては短期的に企業の貯蓄が超過することもあるが、日本では１９９０年代末から20年余も企業が貯蓄を積み増してきた点で異例な事態である。そして、民間の貯蓄は政府赤字に対する金融（国債購入）や対外的に経常収支の黒字（資本流出）となって現れてきたのである。[22]

家計貯蓄の低迷は、高齢世代による貯蓄残高の取り崩しや、現役世代の所得伸び悩みが原因である。他方で、法人企業が貯蓄を増やしてきたのは、投資が停滞していることに主因がある。投資の停滞は長期低迷に関係する最大の問題であり、この点は章をあらためて論じることにしよう。また、貯蓄超過は対外的に経常収支の黒字を生み、対外投資が伸びることになる。その中には、直接投資による生産拠点の国外移転も含まれる。そして生産拠点の国外移動は、次章でとり上げる生産性（労働生産性やＴＦＰ）の停滞にも深く関係してくる。

家計所得については、最近になって企業の利益が史上最高を記録している一方で、賃金が増えないことがしばしば問題とされる。それは、労働組合が賃上げよりも、雇用の維持を優先してきたことが深く関係している。石油危機後に日本が欧米諸国のような「スタグフレーション」に陥らず、良好なマクロ経済環境を維持できたのも、労組が賃上げを要求せず、経営側に協調してきた結果であることはすでにふれた。ところが、労働組合はこのような行動様式をバブル破裂後も変えられなかった。企業側も同じように、雇用を維持

22　鶴ほか（２０１９）、第2章。

する代わりに、ひたすら労働コストの「節約」に努めてきた。

このような協調路線が可能であったのは、労使双方にとって過去の「成功」体験があったからである。ところが、いつまでもこの経験則から抜け出せないと、９０年代以降はむしろ消費の停滞を招き、「失われた10年」を長引かせることになったのである。

3――日本企業はなぜ失敗したのか

次にとり上げたいのは、日本企業がなぜ「失敗」したのかという疑問である。そもそも日本企業が勢いを失ったのはいつからだろうか。バブル景気までは、いうまでもなく日本企業の競争力が高く、２０００年代初頭の「いざなみ景気」にしても、工業製品の輸出が景気を牽引するエンジンであった。この「いざなみ景気」を重視すると、電機産業に代表される製造業が不振に陥ったのはリーマンショック後のようにみえるかもしれない。

アメリカが「ニューエコノミー」を謳歌していた１９９０年代には、半導体企業の後退が始まり、ＩＴ化へのとり組みが弱いことも指摘されてはいたが、まださほど危機感は現れていなかった。バブル破裂後の不振がまだ一時的なものと理解されていたからである。２０００年代初頭の輸出増加は、円が割安になったことに助けられたこともある。

しかし電機産業をやや詳しくみると、その出荷額や付加価値額がピークを迎えたのは２０００年であり、その後は漸減傾向に入った。そのころから製造業の首位の座を輸送機器（自動車）部門に脅かされ始めた。付加価値額でみると、自動車が電機を抜くのは2012年以降であるが、海外現法（子会社）の売上高では、すでに2001年ごろから自動車が電機を超えていた。[23]「ガラパゴス化」という言葉が生まれたように、国内の規制や消費者の好みに合わせすぎたことや、独自技術へのこだわりが携帯電話や家電製品の競争力低下を招いたといわれた。こうした事態は、リーマンショックの以前から始まっていたことである。[24]

どこに問題があるのか

「日本企業モデル」、あるいは「日本的経営」とか「日本的雇用」とかいわれる特徴は、おおよそ1980年代終わりごろまで日本が成功する原因とみられていた。しかし、「失われた10年」ないし「20年」が経過すると、これまでとは評価が一転して、不況を長引かせる要因として批判の的になったことはすでにふれた。なぜ経済が好調な時と不調な時で、同じモデルがまったく逆の評価になるのだろうか。このような疑問に対して説得力ある説明がなければならない。

おそらく、その説明として二つの観点があるだろう。一つの解釈は、企業を取り巻く環境が変化したので、かつて有効であった「モデル」がもはや十分に機能しなくなったことである。この解釈を敷衍すると、

23 伊丹（2019）、pp. 123, 139。
24 藤田（2013）。

日本経済の好不調は日本企業のあり方（特徴）とはあまり関係がないこと、それとは別に、より大きな影響力を持つ外的要因が日本経済の動向を決定しているということになる。

以上の解釈とは異なる第2の立場は、日本企業が輝きを失ってきた理由を企業の内部に求めることである。それはたとえば、企業組織のあり方を問う経営学の視点である。太田（2017）は、このような視点から個人が組織（会社）から「分化」していないことに弱点があるとする。あるいはより一般的に、集団主義で社員の個性が生かされないことが指摘されることもある。

しかし、こうした特徴は高度成長期、あるいはそれ以前から持続しているものとみるべきである。むしろ過去に遡るほど「個」が組織に埋没する傾向が強かったはずである。そうだとすると、なぜある時点から日本企業が市場で勝てなくなったのかという問いに対して、これでは十分な答えにならない。

この点について、太田（2017）は、事業環境の変化を付け加えている。その変化の筆頭にくるのが「IT革命」であり、これに付随して「グローバル化」、「ソフト化」が起こったとしている。「ソフト化」というのは、対価さえ払えば情報や知識が簡単に手に入ること、それらをプログラムに組み込むと、定型業務や単純作業が機械に代替されることである。

この「ソフト化」というのは、以下でとり上げる「デジタル化」と多くの点で重なっているが、こうした傾向が現れると、創造性、革新性や、ユニークな個性がますます重要になってくる。ところが、創造性などの要因は組織から未分化の個人では発揮できないか、そもそも育成されないとされる。この説でも、結局のところは、企業をめぐる環境の変化が前提になっていることに留意しておこう。

以上のような所説は、しごくもっともなように思えるが、環境変化に適応する資質が経営者と労働者のどちらに求められるべきか、その点がやや曖昧なところに不満が残る。

この点に関連して留意すべきは、日本人、もしくは日本の勤労者一般が高い知的能力を備えていることである。それは、「日本人はすばらしい」といった自己満足の慰めではない。時期はやや古いが、２０１１年から12年にかけて実施されたＯＥＣＤの国際成人力調査、ＰＩＡＡＣ（Programme for the International Assessment of Adult Competencies）で裏付けられていることである。ＰＩＡＡＣ調査は、16歳から65歳を対象として、読解力、数的思考力、またＩＴを活用した問題解決能力という３つの技能の習熟度を測定することになっている。その結果をみると、いずれの分野でも日本は24ヵ国の中で第１位になっている。[25]

この調査によると、日本の成人は「ＩＴ革命」や「デジタル化」などの新しい環境に対して、少なくとも潜在的には、また国際比較すると相対的にも、高い適応力を持っているといえるだろう。知識や技能の持つ意味がますます大きくなる時代に、日本は有利な条件に恵まれているのである。

25　文部科学省、「国際成人力調査（ＰＩＡＡＣ）調査結果の概要」（２０１３）、http://www.mext.go.jp/b_menu/toukei/data/Others/__icsFiles/afieldfile/2013/11/07/1287165_1.pdf を参照。ただし、「ＩＴを活用した問題解決能力」については、コンピューターによる調査を受けなかった者を含めると、日本はＯＥＣＤ諸国の平均並みの順位に下がってしまう。これはおそらく、ふだんからパソコンなどに接する機会の少ない人が日本の順位を下げる方向に作用したからだろう。逆にいうと、この点は日本人の潜在的可能性が高いことを示唆していると解釈することもできる。

それにもかかわらず、「停滞期」に入って、日本企業が振るわなくなったとすると、このように有利な条件を生かしきれていないからである。どこに問題があるかというと、まず疑ってみるべきは、日本企業の組織や、それを管理運営する経営者ということになるだろう。さらに、潜在的な可能性を持った人材に十分な教育や訓練を施すことができているかが問われるべきである。この点はあらためてふれることにしよう。

経営者が長期にわたる内部競争を通じて選抜され、流動性に乏しいことは、企業の「革新」にとって不利な要素である。この点は人材のスピンアウトや、ベンチャー企業の設立にも妥当することである。一言でいうと、企業組織の硬直化、老化がイノベーションを阻害しているのである。[26]

電機産業で日本企業が敗退した理由についても、以上と似たようなことが指摘されている。この産業の凋落について、佐藤（２０１７）が挙げる理由は次の3点である。

第1に資源の非効率な分散。総合電機メーカーが10社も並立していたので、経営資源が分散し、非効率を招いた。第2に技術流出。半導体、ディスプレイなどの分野で、東アジアの後発メーカーに安易に技術やライセンスを供与した。これら諸国で工場の立ち上げを支援したり、合弁事業を推進したりしたのは、過信の結果であり自分で「自分の首を絞める」ことになった。そして第3に、「企業家精神」を失ったサラリーマン集団ということがある。また組織の肥大化、「風通し」の悪さ、変化に対応できない等々、一言でいうと、「大企業病」という診断になる。これらの指摘は、それぞれに説得力はあるが、いずれも経営者の責任に帰結することである。

次に日米経済摩擦の一つの焦点になった半導体についてみると、１９９０年の時点で日本メーカーは世界のほぼ半分のシェアを占めていた。ところが、２０１７年にはシェアが７％にまで落ち込んでいる。１９９０年当時はＮＥＣ、東芝、日立が圧倒的な存在であったが、最近では世界の上位10社の中に日本企業は１社も入っていない。このような凋落の理由について、『日本経済新聞』は次のような点を挙げている。[27]

第１に、「組織と戦略の不適合」。半導体が総合電機メーカーの一部門として発展したので、迅速で果敢な決定が行えなかったとされる。第２に「経営者の質」。国際的な人脈を築き、世界と渡り合うだけの能力が欠けていた。第３に「強すぎる自前主義」。工場を持たず知的財産だけで勝負するようなベンチャー企業が現れていたが、その買収に消極的であった。第４に「技術偏重」でマーケティングが軽視された、などである。

以上の論点も結局は、経営者に問題があることを示唆している。原因がわかっているのなら、なぜ是正できないのだろうか。変われないのが「大企業病」といってしまえばそれまでだが、同じように大企業が支配的な自動車などの分野がこれからはたして大丈夫なのかと心配になってくる。

しかし、高度成長期から少なくとも１９８０年代までは、日本企業は十分な競争力をもっていた。「グローバル化」とか「ソフト化」、「デジタル化」とかいっても、そうした要因が高度成長期や安定成長期に日本企業が直面していた困難と「質的」にどこが違うのか、もう一つよくわからないところがある。かつての

26　清水（２０１９）、とりわけ第８章を参照。
27　「平成日本　失速の研究」、『日本経済新聞』、２０１９年２月18日。

日本企業もそれなりに大きな試練を受けていたはずである。何が違いを生んでいるのだろうか。

日本と先進諸国との格差が消失し、もはや「追いつき（キャッチアップ）型」モデルの時代は過ぎ去った、といわれることがある。「キャッチアップ」の段階が終わったとすると、「後発の利益」は消滅したことになるが、戦後の西欧諸国もアメリカの先進技術を受け入れて発展してきた。そのギャップが縮まるにつれて、日本と同じような挑戦を受けていたはずである。ごく最近までドイツ経済の好調に注目が集まっていたが、それを支えたのがデジタル技術（ＩｏＴ Internet of Things）を生かした製造業であるといわれた。そこにモデルがあるのなら、日本の企業や経営者はなぜ後追いできないのだろうか。

もう一つ指摘すべきは、最近の東アジア新興諸国の台頭をみると、日本に再び「追いつき」の余地が出てきたことである。たとえば、中国の深圳では「シリコンバレー」にも喩えられるように、先端技術を駆使した企業の設立が相次いでいる。

以上のような変化は、次にとり上げる「グローバル化」や「デジタル化」に深く関わっている。日本企業が進むべき方向はすでにわかっているはずであるが、その歩みは決して速くはない。

「グローバル化」と「デジタル化」

企業を取り巻く環境が変化したとする見方について、さらに掘り下げてみよう。変化の要因として多くの人が指摘するのは、「グローバル化」や情報通信革命、あるいは「デジタル化」である。そこにさらに「少子高齢化」が付け加えられることもある。[28]

「少子高齢化」については、後でとり上げることにして、まず「グローバル化」と「デジタル化」について考えてみよう。まずこの2つの要素はたがいにつながっている。「グローバル化」とは、世界的に「モノ」、「カネ」、「ヒト」、さらに「情報」の移動が活発になることであるが、そこに通信費用の低下が強力な促進要因になったからである。

なかでも「モノ」よりも「カネ」の国際的移動（「金融の国際化」）の方がより活発であり、世界の外為取引高が貿易など経常取引の100倍以上の規模に達していることはすでにふれた。「モノ」の移動が日本にとって重要な意味を持つのは、新興諸国の台頭によって製造業への脅威が大きくなってきたことである。

一部では「グローバル化」が国難であるかのような議論もあるが、日本経済はこれまで何度か深刻な危機に直面してきた。困難にくり返し遭ったにもかかわらず、ある時期まで高度成長があり、石油危機後にしても日本の対応が先進諸国の中で際立っていた。

「グローバル化」の第1の側面である金融の国際化については、アメリカからの市場開放の要求、すなわち「金融摩擦」が一因になって、日本の内外で国際資本移動が急速に拡大した。その一つの現れは、90年代、2000年代を通じて外国人（主として法人、機関投資家など）の日本株式への投資が増大したことである。今や東京証券取引所の取引（フロー）で6-7割、保有残高（ストック）の約3割を占めるまでになってい

28 このような要因について、「はしがき」でも紹介したが、小峰（2006）、pp. 21-24、星・カシャップ（2013）、とりわけp. 135なども参照。

る。外国人投資家の保有シェアが大きくなると、企業に対して株主利益や資本効率を重視する経営を迫る傾向が強くなった。賃金や福利厚生費は縮減される方が望ましいとなり、日本企業モデルは試練に直面したのである。[29]

金融の「グローバル化」で利益を得たのは、アメリカであり、次いでイギリスであった。両国ではリーマンショックの後、しばらく時間はかかったが、金融業は立ち直りをみせている。しかし金融業が回復すればするほど、他方で国内の格差が目立つようになる。それがトランプ大統領の誕生や、イギリスのEU離脱（ブレクジット）を引き起こす誘因になった。このような経過をふり返ると、はたして「金融化」（一国経済の中で金融業の占める地位が大きくなること）に国の将来を賭けていいのかという疑問すらわいてくる。

ところで、「グローバル化」が金融取引に主導されたといっても、「モノ」の生産が減少するわけではない。それどころか、先進諸国の「金融化」が「グローバル化」の第2の側面である製造業の国際分業にも深く関係している。

多国籍企業の企業内取引が世界貿易の中で大きな割合を占めるのも、過去30年ほどの間に生じた現象である。「モノ」の取引にかぎらず、国境を越える「サービス取引」にしても、通信コストの低下や規制緩和が刺激要因となって一挙に拡大した。

中国や東アジア諸国など新興諸国の工業化は、先進諸国から製造拠点が移転する傾向（アウト・ソーシング）から始まったが、その後、次のような要因が付け加わったといわれる。第1に「デジタル化」により製造技術や「ノウハウ」が迅速に移転できるので、部品の組み立て段階で熟練（「擦り合わせ」の技術）の重要性が低下した。第2の要因は「モジュール化」である。製品をサブシステム（モジュール）に切り分け、それぞれの機能を部分的に完結させる設計が普及した。それで部品の標準化、組み立て工程の簡素化が進んだ。また第3にEMS（Electronics Manufacturing Service）で台頭する企業が現れた。発注企業が設計し、生産のみを請け負うOEM（Original Equipment Manufacturing）や、設計から生産まで受託するODM（Original Design Manufacturing）などの方式を通じて、後発メーカーが規模の経済を享受するビジネスモデルである。日本メーカーは伝統的に製造工程を垂直型に統合するのに対し、EMS企業は国境を越えた水平分業を利用し促進することが強みになる。[30]

このような要因が重なって、先進諸国の技術的優位が急速に失われ、国際的なサプライチェーンが形成されてきた。日本のような先進国の製造業は、低賃金国との競争に直面すると、従来のように低価格、あるいは「薄利多売」に依存する経営から脱皮する必要に迫られる。こうした変化に対応する一つの活路は、知識や技術を集約し、「デジタル化」を最大限に利用した経営である。

かつて輸出産業の花形であった日本の電機企業が東アジア諸国との競争に敗れたのは、たんに労働コストの差が理由ではなかった。洗濯機や冷蔵庫といった「白物」家電ばかりではなく、テレビ、携帯電話、半導体などでも、韓国のサムスン、台湾の鴻海やTSMC（台湾積体電路製造）などの後発企業に主導権を奪わ

---

29 外国人投資家による経営方針への影響については、野田・阿部（2010）を参照。
30 藤田（2013）。

れていった。DVDプレーヤー、カーナビなどの新製品を日本企業が開発しても、その圧倒的な優位は10年も経たないうちに失われてしまった。それは、「デジタル化」やEMS化に十分に対処できなかったこと、国境を越えた「工程間分業」を進めるべき時代に、自国内で全工程を行う垂直型生産にこだわりすぎたことが躓きの石になった、といわれる。このような遅れは、日本側に再び「キャッチアップ」の余地が現れたことを意味する。あらためて「追いかける」方向になぜ拍車がかからないのか、それこそが問題である。

世界の製造業に占めるシェアでみると、先進諸国（G7）が1990年代から目立って低下したのと対照的に、新興諸国6ヵ国（中国、韓国、インド、ポーランド、インドネシア、タイ）が上昇した[31]。この中で中国、韓国、インドネシア、タイなどが広い意味での東アジア圏に属しているが、なかでも中国の躍進が際立っていることはよく知られている。

これら東アジア諸国は開発志向の政策という点でかつての日本と共通性を持っている[32]。一時は「雁行型発展」モデルというものが提唱され、東アジア諸国が列をなして日本を追いかけながら、順に産業構造を高度化させていく過程が描かれていた。ところが、気がつけば、日本はもはや先頭を飛ぶ雁ではなくなっている。「開発独裁」の体制は中国が典型的であるが、シンガポール、韓国、台湾やマレーシアにしても強権的な政治が支配的であった。それらの諸国と対比すると、日本はソフトな民主主義を維持してきた。だが、データの集積が武器になるデジタル産業では、中国のような強権体制の方に優位性があるといわれる。そうだとすれば、これから日本には大きな試練が待ち構えている。

生産の海外移転は、それまで日本企業の強みとされた「下請け」関係も変化させた。日本企業の進出は、現地で下請け企業の育成や技術移転をともなうので、受け入れ国の経済的「離陸」を促す面がある。それは現地で技術・技能を吸収する能力が育ってきたことを意味する。進出先で部品などを生産する企業が育つと、この新興メーカーと日本国内の下請け企業とが競合する関係になる。そこで国内の企業は従来の「系列」を超えた取引を増やす傾向が生まれた。[33]

しかし他方で、東アジア諸国への直接投資が必ずしも国内の雇用を減らすとはかぎらない。従来型の生産工程は縮小するとしても、基幹的な部品や素材の生産を国内に残すとか、製品開発やマーケティングなど、より高度な分野に業務を広げることもある。[34] この効果を生かすには、労働者に新たな技能を習得させたり、開発力を担う人材に登用したりすることが必要になる。

もう一つ注目すべきは、新興諸国の成長が日本経済を下支えする要因にもなることである。東アジア諸国で電機産業などの製造拠点が築かれると、日本から機械や部品、補助材料などの輸出が増える。２００９年に対中輸出額が対米輸出を上回るようになったのは、「世界の工場」といわれるまでになった中国の製

31　ボールドウィン（２０１８）、pp. 13–14。
32　世界銀行（１９９４）。
33　植田（２００４）、p. 87 以下。
34　伊丹（２０１９）は、アメリカ企業が国内を空洞化させるドーナツ型の国際展開をするのに対し、日本企業は国内の拠点を残しながら外延的に拡大する点で、ピザに喩えることができる、としている（pp. 126–130）。

造業が生産に必要な品目を輸入するからである。また中国をはじめアジア諸国で所得が上昇すると、日本への観光客が増え「インバウンド」消費が日本に欠かせない存在となっていることはすでにふれた。

新しい方向性として、アメリカのアップル社のように、「工場なき製造業」というビジネスモデルが喧伝されることがある。日本の電機企業がこのような方向に進めなかったのは、工場を持っていることが一つの大きな理由である。自社が工場を持つだけではなく、下請け企業を通じて間接的な形でも、雇用を抱えているので、アップルのような戦略がとれなかったのである。

今やデジタル技術の利用は、大量データを処理して販売戦略に生かす方向に重点が移ってきている。以上の議論は製造業に重点を置いてきたが、先進諸国の産業構造は製造業（モノ作り）から第3次産業（サービス産業）に移行している。「ポスト工業化」、あるいは「サービス経済化」といわれる趨勢の下で、日本はこれからどのようにして競争力を維持していくかという課題に直面している。「デジタル化」はサービス産業の中でも、情報ネットワーク部門の競争力の決め手になる。ＧＡＦＡ（グーグル、アマゾン、フェイスブック、アップル）のように「情報化」、「グローバル化」を利用して急成長する企業がなぜ日本で生まれないかというと、経営者側の理解不足を指摘する声が多い。[35] 労働者については、潜在能力が高いことはすでにふれた。だがＩＴやデジタル分野では、日本の高等教育（大学、大学院）が立ち遅れ、人材の供給力が不足しているとの指摘もある。[36] さらに、新しい産業を育てていくには、情報科学の習得ばかりではなく、広い視野をもち進んで探求する人材を育てることが必要である。その意味でも、日本の高等教育にはまだまだ改善の余地がある。

4――少子高齢化

次に、近年ますます注目の的になっている少子高齢化をとり上げることにしよう。そこで最初に確認すべきは、少子高齢化は資本主義がかつて経験しなかった事態であり、だからこそ解決が難しいことである。人口の増加が定着したのは近世の西欧社会が最初であったが、人口が増える局面では幼児の数が最も多く年齢が上がるにつれて減少するので、年齢構成はピラミッド型になる。社会の中で高齢者の割合が高くなるという意味での「高齢化」は生じない。

その西欧社会は20世紀に入ると人口の減少局面に入った。この傾向は、第2次大戦後の「ベビーブーム」で中断されたが、それが一時的な「ブーム」に終わると、再び出生数が減退していった。少子化をもたらした大きな要因は所得の向上や社会の成熟であった、と一般に理解されている。

開発経済学の人口転換説によると、経済発展の低い段階では老後の保障として子供を持つ動機が強い。しかし、所得の高い社会では貯蓄が増えたり、福祉政策が充実したりするので、このような動機は自然に弱くなる。[37]それに代わって、一方で育児を楽しむ余裕が生まれてくるが、他方で育児費用が高くなったり、女

[35] たとえば、『日本経済新聞』、2019年5月9日。
[36] 伊丹（2019）、pp. 152–153。

図 4-5　日本の出生数，出生率の推移

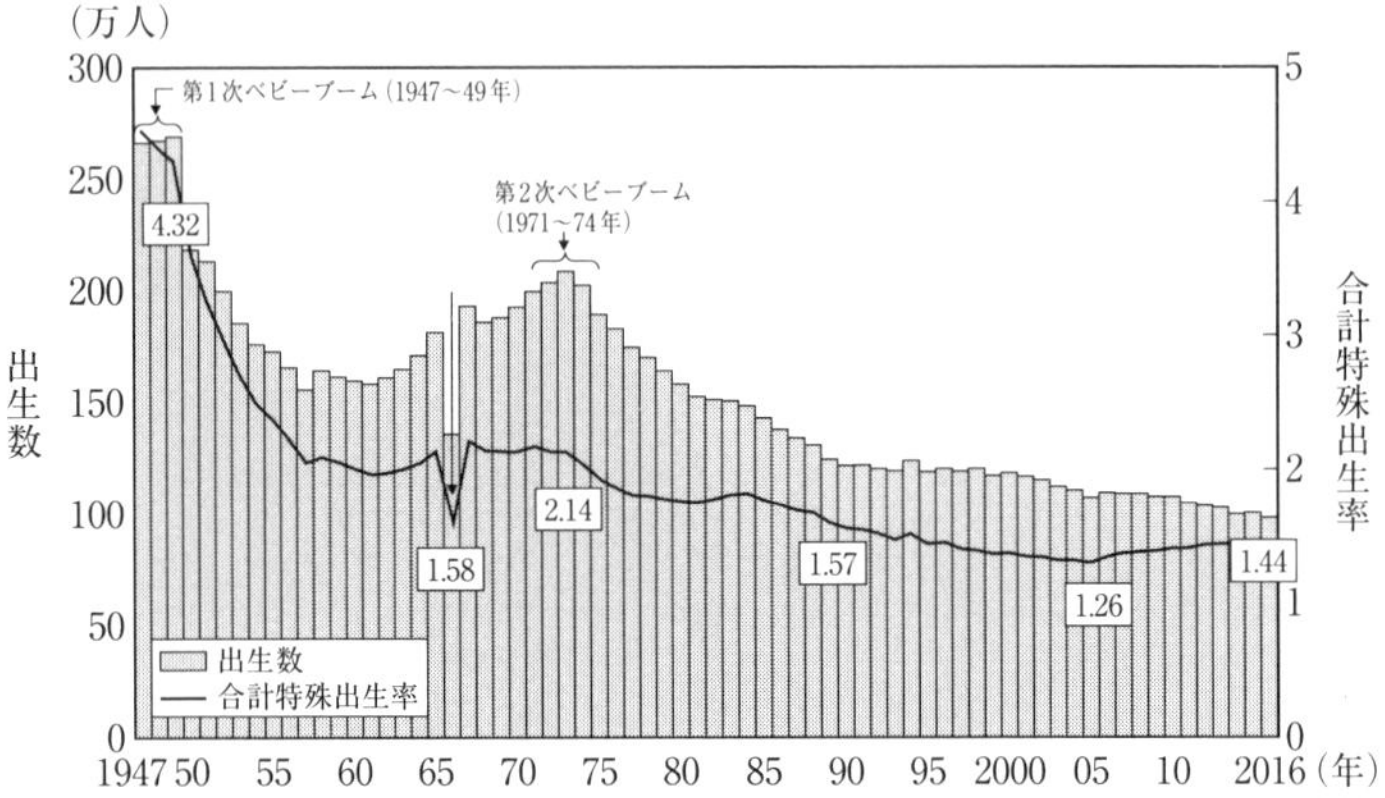

資料：内閣府「出生数及び合計特殊出生率の推移」，一部を省略.

性が家庭の外で働く機会が増えたりする。女性の社会進出が広がるのに対して、育児を補助するシステムが十分に整備されていないと、子供の数が少なくなりがちである。

また高齢者が増えるのも経済発展の結果である。栄養状態の改善や医療設備の充実が寿命を延ばすことは理解しやすいが、その背景には所得水準の向上がある。「少子化」も「高齢化」も資本主義の発展と成熟を象徴しているといってよいだろう。東アジア諸国でも少子高齢化が急速に進んでいるのは、この地域で経済発展が目立つことに対応している。

以上のように、少子高齢化は経済発展の長期的な趨勢と深く関係しているが、もう少し短期に視野を絞ったり、特定の国の「少子化」傾向に注目したりすると、それ以外の要因が作用していることがみえてくる。

そこでまずは日本の近年の出生数を確認しておこう。1970年代初頭の「第2次ベビーブーム」は1973年がピークに当たり、その年の出生数は209万人であった。それから20年後の93年の出生数は119万人であり、この間に43％も下落した。これに対して1993年から20年後、2013年の出生数は103万人であった（図4-5）。この間の下落幅は16％となり、下落の速度は明らかに後の20年の方が落ちている。それにもかかわらず、近年、少子化が深刻に受けとめられているのは、経済の低迷に関係しているからである。

一人の女性が生涯に産む子供の数（合計特殊出生率、あるいは出生率）でみると、1973年の2.14から2005年の1.26までほぼ間断なくゆるやかな下降線を描いていた。直近ではやや回復して、1.4台に戻ったこともよく知られている。[38]これには少子化に危機感が強まったことで、政府がそれなりの対策を打ち出したことも影響しているだろう。

日本で少子化がいつごろから問題になったかというと、その大きな転機は1989年の「1.57ショック」であったといわれる。1.57というのは出生率の数値であるが、それが「ショック」と受けとめられたのは、1966年の「丙午」で異常に下がった出生率（1.58）をさらに下回ったからである。出生数でみると1966年は前年よりも25％の減少であった（図4-5）。

37 Ray（1998）、Ch. 9。
38 以上の数値は、厚生労働省「人口動態統計」による。

「第1次ベビーブーム」はなぜ終わったのか

近年の少子化と対照的なのが戦後の「第1次ベビーブーム」である。1947年から49年までの3年間に出生数がきわめて多くなり、最大値は1949年の約279万人であった。この時期の新生児は後に「団塊の世代」と呼ばれた。しかしこの「ブーム」がなぜ50年に突然、終わったのだろうか、この点をふり返ると、きわめて重要な事実が浮かび上がってくる。「ベビーブーム」が生じたのは、大量の出征兵士が帰還したことによると一般にいわれている。しかし、彼らの性行動や夫婦間の意識がそんなに急に変わるものだろうか、というのがかねてから疑問であった。

そこで思いつくのが優生保護法である。この法律は1948年に制定されたが、早くも翌49年に改正され「経済的理由」による堕胎を合法化した。続いて52年にも再改正されたが、その要点は、中絶の可否を審査する「地区優生保護法審査会」が廃止され、指定医師の認定のみで可能としたことである。[39] それだけ、中絶が容易になったのであるが、おそらく中絶を必要とする家族や社会の圧力が政府（当時の厚生省）を動かしたのだろう。

それでは、このような一連の法改正が「ブーム」を終わらせるほどの影響力をもったのだろうか。この疑問に答えるために、図4-6は実際の出生数に1949年以降の妊娠中絶数をあわせて表示した。中絶数の統計があるということも驚きであるが、その数値にはいっそう驚かされる。[40]

この図からまず気がつくのは、中絶数が1950年から増えはじめ、53年から61年までの間には、年

図 4-6　出生数・妊娠中絶数の推移

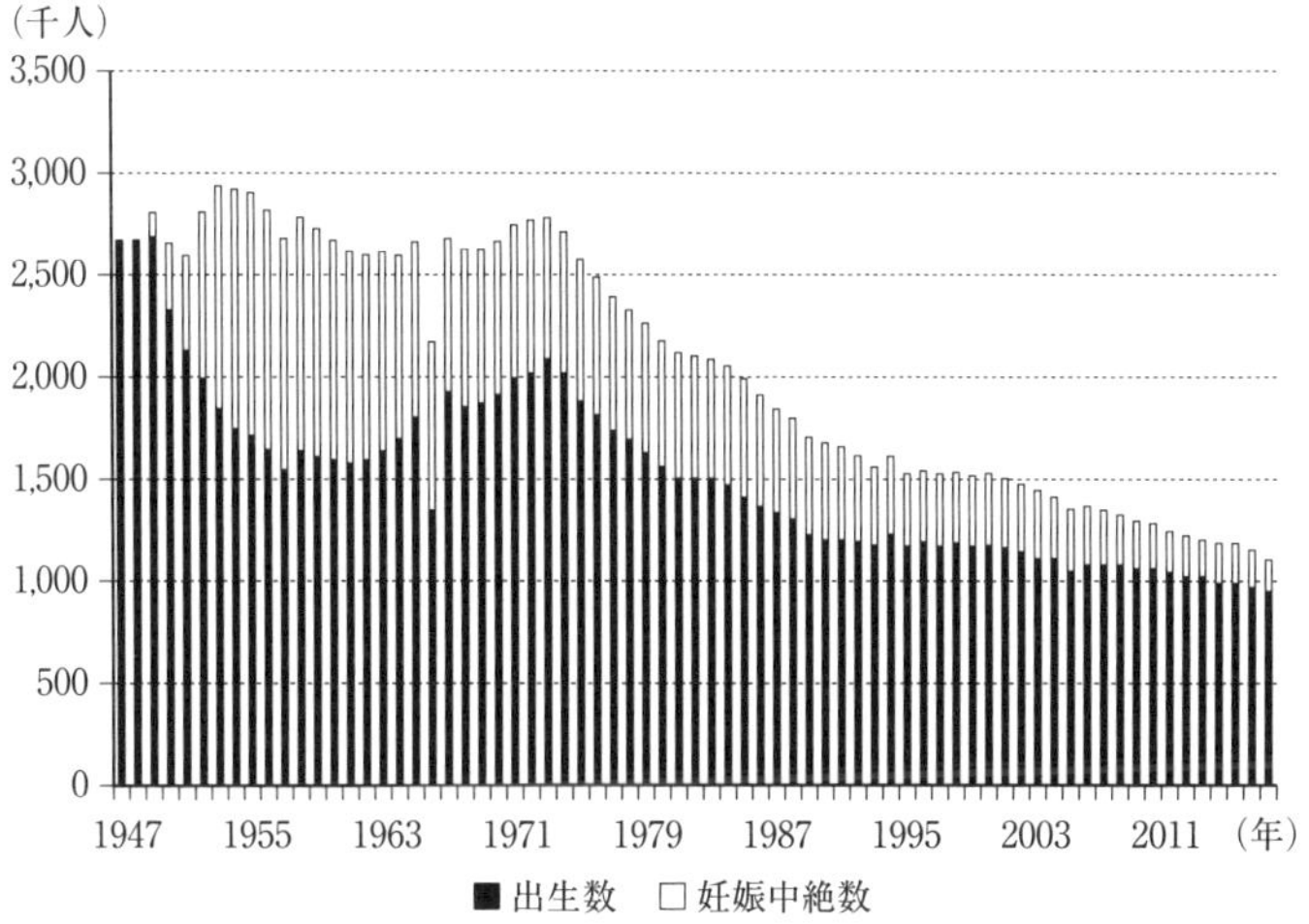

資料：社会保障・人口問題研究所「人口統計資料集　2019 年」.

間１００万件を超えていたことである。出生数に対する中絶数の比率は、５０年の14％から５２年に40％、５３年に57％と一挙に増え、５４年から６２年までの間は60％を超えるまでになっていた。このように中絶件数が５２年以降に急増したことは、おそらく同年の優生保護法の再改正が影響していたとみてよいだろう。

　別のいい方をすると、もし中絶の容認がなければ、出生数はかなりの割合で増えていたことになる。出生数に中絶数を加えると、１９５２年から７０年代の半ばまで（丙午の６６年を除いて）「第１次ベビーブーム」の出生数と変わらないか、むしろ上回るほどである。中絶の影響は実に恐るべきで、これほどの出生数があれば、現在の「少子高齢化」問題もかなり様変わりしていたはずである。

たしかに、「経済的理由」で堕胎が容認されたとしても、それ以外の理由がなかったわけではないだろう。望まない妊娠はいつの時代にもあることである。しかし多すぎる人口が経済的な負担になるという考え方、あるいはそうした考えを生じさせる経済状況が戦後のある時期まであったことはまちがいない。

それは中国の「一人っ子政策」にも通じるが、この国では「大躍進」政策の失敗もあって1950年代末から60年代初めにかけて大量（数千万単位）の餓死者が出たといわれる。次元が違う話なのである。日本では、食糧不足で食うや食わずの状態はせいぜい終戦直後にかぎられ、1950年代の後半にもなれば国民の大多数には無関係のことだったろう。それでも中絶が容認されたのは、人々がより豊かな生活を求めていたことが背景にあった。

この点に関連して、1952年からブラジルへの移民が再開され、それ以外の中南米諸国を含めて70年代の初頭まで移民船が就航していた[41]。ブラジル移民の再開が中絶数の激増した52年と重なるのは、直接の因果関係があるわけではない。サンフランシスコ講和条約の発効で、日本が独自の外交政策をとれるようになったことが大きいだろう。

ここで個人的に思い出すことがある。筆者は和歌山県の片田舎に育ったが、幼稚園のころ、最も仲の良かった友達からある日、「アメリカへ引っ越す」と聞かされた。あまりに突然のことだったので驚いて、「アメリカってどこ?」と尋ねると、「地球の裏側」との答えだった。「地球」という言葉を幼稚園児が使ったというのは何となく変なので、記憶違いがあるのかもしれない。ただ「それじゃどこにあるか探してみよう」

となって、二人で園庭を掘ってみたが、あまりに硬くてすぐにやめてしまった。この記憶が鮮やかに残っている。彼の父は農家の二、三男だったのではないだろうか。和歌山県は海外移民の多かったところである。それはともかく、移民と人工中絶は経済的に多すぎる人口問題の解決を図るという点では共通する背景があった。そうだとすると、「第1次ベビーブーム」に匹敵するほどの出生数を中長期的に維持することはかなり難しかったと思われる。少なくとも、人々の生活水準は下がり、たとえば高校進学率にしても高度成長期のように伸びることはなかっただろう。多産社会は労働力の「質」を高める（人的資本の蓄積）点では不利なのである。

少子高齢化の経済的要因

少子高齢化と経済との関係について、さらに「少子化」の側面からふり返ってみよう。少なすぎる出生数が問題とされた「1・57ショック」の年に、『厚生白書』は平成元（1989）年版で初めて出生率の低下に

39 SOSHIREN「女（わたし）のからだから」ホームページ、www.soshiren.org/yuseihogo_01.html。なお優生保護法から「経済的理由」を削除する改正案は、1972年からくり返し国会に上程されてきたが、そのたびに廃案となった。
40 後で知ったことだが、山田（2007）、p. 76でも中絶数の推移をグラフで表示している。
41「日本人の海外移住、1868年-1998年」ディスカバー・ニッケイ（discovernikkei.org）、www.discovernikkei.org/journal/2014/2/28/historical/overview/。

言及しているが、この時点では今後も低下が続くかどうかについては「断定できない」としていた[42]。

その後の同『白書』を追ってみると、平成5（1993）年版で「少子化」や、「少子化社会」がとり上げられ、子育て支援を明確に打ち出すようになった。94年末には「エンゼルプラン」、続いて99年末には「新エンゼルプラン」という名称で、保育、雇用、教育、住宅などに省庁を超えた総合的な取り組みが行われるようになった。90年代の半ばから政府もようやく少子化対策に取り組み始めたのである。しかしそれがほとんど効果を上げなかったことは、2005年まで出生率が低下し続けたことに表れている。

いくら「1・57ショック」といっても、バブル最盛期には出生数のような地味な話題に一般の関心が集まらないのは当然であったかもしれない。ところが、バブルが弾けてしまうと、政府は景気の落ち込みや不良債権、さらには金融危機の対応に忙殺されるようになった。少子化問題などは、優先順位がはるかに低く、その状態がその後も長く変わることなく続いたのである。

少子化が経済や社会の長期的な変化の帰結であることはまちがいないが、それでも子育てを支援する政策が一定の効果を生むことは立証されている。たとえば、フランスやスウェーデンでは出生率が1・5ないし1・6まで低下していたが、就労と育児の両立を図る政策が導入されると、フランスは1990年代の半ばから、スウェーデンは2000年以降に出生率が回復し2・0前後にまで戻った[43]。

日本に話を戻すと、少子化に歯止めをかけると期待されたのが、1971-74年生まれの「第2次ベビーブーム」世代、いわゆる「団塊ジュニア」であった。この世代は「団塊世代」に次いで数は多いが、その割に子供を多く産むことはなかった。結婚する割合や出生率が低く、少子化の逆転は期待外れに終わっ

図 4-7　先進諸国の老年人口の比率（1950-2015 年）

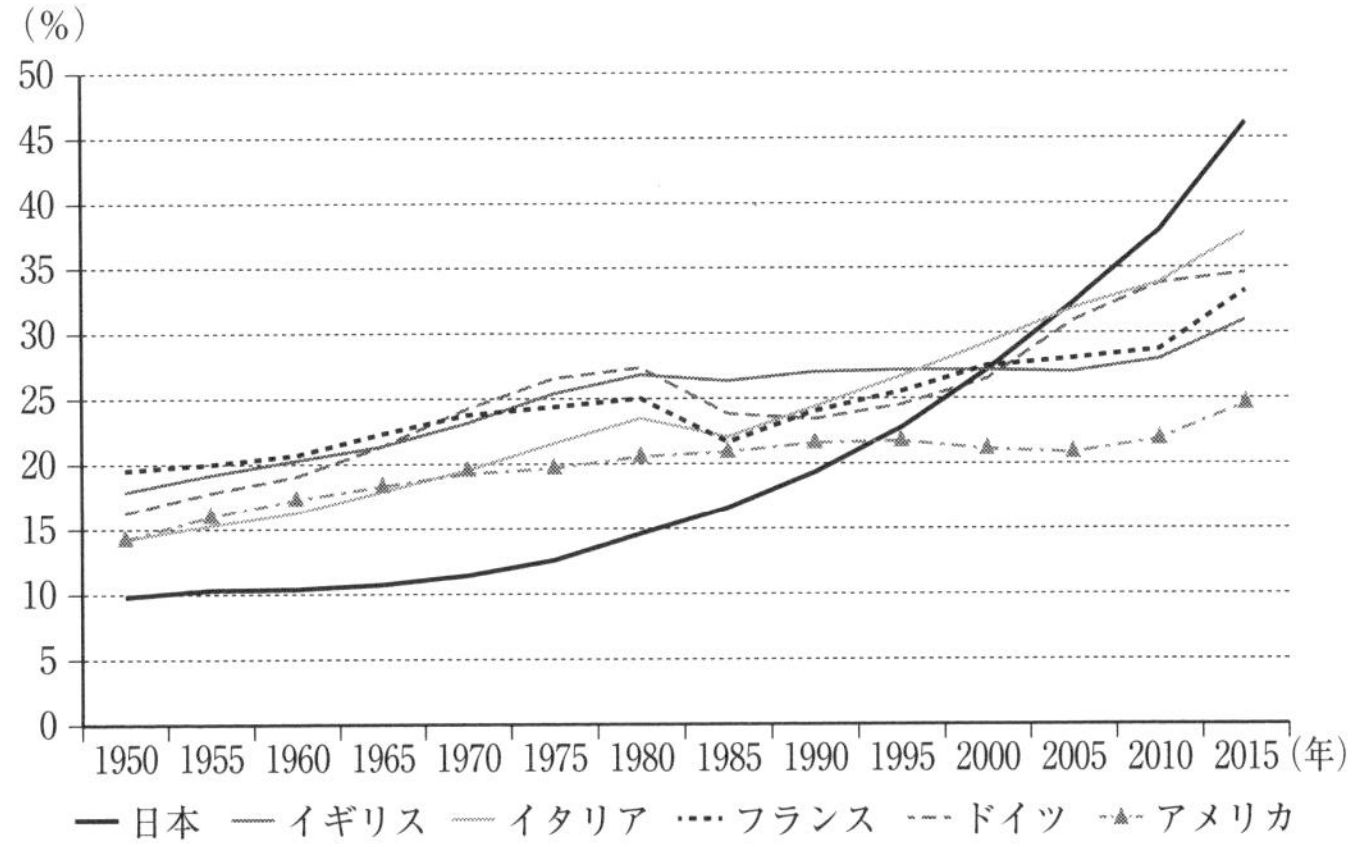

資料：UN, *World Population Prospects 2017.*
註：65 歳以上の人口／20〜64 歳の人口.

たのである。そこには経済情勢が深刻な影を落としている。彼ら、彼女たちはバブル崩壊後の「就職氷河期」に仕事を探すことになり、「ロスジェネ」ともいわれる。非正規雇用や無業者の割合が高く、正規雇用の場合であっても賃金が上がりにくい状態が長く続いてきた。経済的に不安定なことが結婚難や、低出生率の一つの、大きな理由とされている[44]。

次に「高齢化」の側面についてみると、欧米諸国の方が日本よりも先行していた。老年（65歳以上）人口の20〜64歳の人口に対する比率を示した図4-7によると、日本は1970年ごろから上がる兆しをみせてはいたが、90年ごろまではまだ比較的低い水準にあった。ところが1995年にはアメリカを抜き、2000年にヨーロッパ並みになり、その後さらに上昇した。日本の高齢化がいかに急激なものであったか一目瞭然である。この図をみると、８０年代、もしくは９０年代が転機であったといえなくもないが、「高齢化」に必ずしも明確な分岐点はみられない。

高齢者が増えるのは、食生活や医療技術が向上したからであり、経済発展の結果であることはすでにふれた。しかし出生率のように、経済情勢が短期的に影響することはあまりないだろう。少子高齢化を主として規定したのは出生率の変化であり、そこには経済的要因が少なからず作用していたのである。

続いて、少子高齢化が経済成長に及ぼす作用について考えてみよう。まず思い浮かぶのは労働力の供給が停滞、ないし減少することである。高度成長期の日本は人口増加による「ボーナス」で大いに助けられた。最近は逆に人口減少が「オーナス」（重荷）となったとよくいわれる。

高齢化が経済成長に及ぼす影響については、たとえば世界銀行などの委嘱を受けたBloom *et al.*（２００８）がかなり多面的に論じているので、その所説を紹介しておこう。結論的には、マイナスの影響はさほど大きくはないとしているが、具体的にいうと、出生率が下がるので、それだけ女性の育児負担が少なくなり労働参加率が高くなる。高齢化は退職後に備えた貯蓄を増やし、投資（とくに医療や保健への投資）が促進される。健康な高齢者が増えると、働く人数も増える。また移民の流入が促進されると、労働力供給へのマイナスを減らせることなどが理由とされる。しかし、この調査報告では、労働力供給の側に重点がおかれ、高齢化が生産性の向上に及ぼす面はとり上げられていない。この点が重大な短所であるが、この側面については、以下であらためてふれることにしよう。

少子化が労働力供給の制約になることは明らかであるが、その影響が現れるにはタイムラグがある。この世に生まれた新生児が労働力として働き始めるには、10年以上、場合によっては20年近くの時間を要する。国際的な基準とされる生産年齢人口（15-64歳）からみると、日本ではそのピークが1995年であった。時期的には金融危機の直前に当たるが、生産年齢人口ではなく実際の就業者数からみると、1997年の6、557万人が一つの山であった。そこから減少に向かったが、2012年の6、280万人を底にして、その後は回復傾向を示している。それは高齢者と女性の就業率が高くなったからであり、2018年の就業者数は6、664万人であった。[45]

これに対して外国人は、届けによる雇用が146万人（2018年10月末[46]）、この他に無届けの雇用も少なくないと推定されるが、そうだとしても就業者総数に対する割合はきわめて低い。政府は2019年4

42 厚生（労働）省など政府側の認識については、岩崎（2002）を参照した。
43 内閣府『少子化対策白書』、令和元年版、第1章2。
44 「団塊ジュニア」世代とは限らないが、若い人たちの間で結婚や子供を望む割合が低くなったわけではない。石見（2017）、pp. 30-31, pp. 35-36。山田（2007）によると、日本の少子化は、(1)「若年男性の収入の不安定化」、(2)「パラサイト・シングル現象」、この2つの要因が合わさって起こったとしている。「パラサイト・シングル」について詳しくは、山田（1999）を参照。
45 総務省「労働力調査　長期時系列データ」。
46 厚生労働省「外国人雇用状況」による。

月から新たな制度で外国人労働者の受け入れを開始したが、計画によるとその後5年間で最大34・5万人となっている。この程度では労働力不足の対策として焼け石に水である。

高齢者や女性は非正規雇用の割合が高いのが通例であり、非正規雇用の増加は労働コストを抑える点で経営者には有利である。外国人の雇用にしても低賃金労働に頼る企業が多い。しかしその反面で、低労働コストにばかり頼っていると、知識や技術集約型の産業への転換が遅れるという弊害がある。

この点に関連するが、少子高齢化で労働投入量が減ったとしても、生産性が上昇すれば、経済成長は鈍化しないという説がある。[47] この点はどうだろうか。少子高齢化と生産性とをたがいに独立の要因として考えると、この理屈は形式的には成り立つかもしれないが、この想定にはいささか無理がある。

人口が減少する局面では、通常は子供が減るので、年齢構成上、高齢者の割合が高くなる。高齢化が進むと、社会全体として安定を求め、保守的になるのが自然の成り行きだろう。変化に対する柔軟性が低下するのである。新技術の開発が仮に進んだとしても、重要なのはその実用化であり、それには企業や社会制度を変えることが必要になる。ところが、社会全体として変化に対する柔軟性が失われると、新技術の導入には抵抗が強くなる。その結果、生産性の向上を阻むことになりかねないのである。

別の側面として、人口が減少すると画期的な技術革新、あるいは発明や発見それ自体が生まれ難くなることもある。この考え方は、天才的な頭脳を持った人は一定の確率でしか誕生しないことを前提にしている。しかしそれほど厳密に考えなくとも、人口が増えれば発明家の数も多くなるが、その逆は逆の結果しか生まれないといえるだろう。もう一つ、人口が減少する局面では、高齢者に対して若い人の数が相対的に少なくなる。発明・発見は若い人からの方が生まれやすいとすると、たんに人の数ではなく、高齢化それ自体が技術革新を停滞させることになる。

今後の日本でますます重要になるのは、労働力の量よりも「質」であることはまちがいない。労働力不足に対処するには、ＩＴ技術やＡＩ（人工知能）の利用がますます重要になってくるが、労働者はそれにふさわしい技能（スキル）を習得することが課題になってくる。知識や技能を身につけた働き手が、高コストになることは避けられない。高い費用で雇っても、それを補って余りある利益を生み出す経営戦略が求められる。それを阻んでいるのは、経営者のみならず社会全体の保守化である。高齢化と経営上の保守化、あるいはより広く社会心理との関連については、後にあらためてとり上げることにしよう。

もう一つの側面として、高齢化は教育への投資を圧迫する要因にもなる。日本人の潜在能力が高いことはすでにふれたが、その資質を伸ばさなければ経済的な成果につながらない。それには教育や職業訓練の機会を保障していかねばならないが、日本の政府は教育への投資にきわめて消極的なのである。教育（初等教育から大学・大学院の高等教育まで）への公的支出（対ＧＤＰ比）をみると、日本はＯＥＣＤ諸国の中で最低のグループに属する。高等教育にかぎると、日本は平均の半分以下である。たしかに高等教育への支出総額でみると、日本はＯＥＣＤ諸国の平均をわずかに下回る程度にすぎないが、それは私的部門（主として家計）が大きな負担をしているからである。[48] 教育への財政支出が伸び難いのは、いうまでもなく高齢化にと

[47] たとえば吉川（２０１６）、pp. 73–74。

もなう社会保障費が増加の一途をたどることによる。

5——「失われた30年」の原因について

以上の検討を通じて、「失われた30年」がどこまで明らかになったか、これまでの議論を整理してみよう。

すでに「はしがき」で述べたように、日本経済の低迷は単一の原因によるのではなく、複数の要因が絡みあってきた可能性が高い。時間の経過につれて主因が変わってきたようにもみえ、しかも一つの要因（金融危機）が他の要因（政府への不信）を誘発し、さらに別の要因（労働コストの削減）や新しい要因（少子高齢化）が追加されて、需要・供給の両面で合併症の様相を呈してきた。

まず第1に、バブル崩壊後、1990年代の低迷には、財政金融政策や政策当局の混乱が大きく影響していた。その帰結である金融危機は、企業や家計の将来への見通しを暗くし、投資や消費を冷え込ませた。

1990年代には、不良債権や「3つの過剰」が経済の低迷を招いたことはまちがいないが、それらがほぼ解消された2000年代前半以降も低成長が続いた。それは、上記の要因以外に新しい要素が作用していたとみるしかない。その新しい要素は何だろうか。

政府への不信は、金融危機の時期だけではない。財政赤字が減らないのは、増税が先送りされてきたからであるが、消費税の引き上げは政権の命運を左右するとみられてきた。その根底には政府、あるいはより広く政治全般に対する根強い不信がある。

第2に、景気動向は短期的要因、あるいは需要の変動によるのに対して、生産性や生産要素（とくに労働）の供給などは構造的要因であり、中長期的な成長経路に関係しているという見方がある。しかし政府や制度への不信感が根強いと、中長期的に内需を停滞させることもある。とりわけ社会保障（年金）制度の持続可能性に疑いが生じると、消費を停滞させる大きな要因となった。

将来への不安から消費が伸びないという側面は、「リカードの中立命題」にも通じる。この効果はとりわけ2000年代に入るころから強くなったとみられる。逆にいうと、財政の健全化が消費の回復をもたらすという関係があるかもしれない。

第3に、「アベノミクス」が目標としたデフレの解消は消費需要の伸び悩みによって支障をきたしている。消費が伸びないのは、社会保障への不信に加えて、やはり最大の原因は労働者の給与や家計所得がほとんど増えないことにある。

経営者が労働コストを減らすことに専念し、労働組合も賃上げよりも働く場の確保を優先してきた。このような労使双方の態度は、石油危機後の成功体験を引きずっているとみることもできる。石油危機後の労使協調体制はたしかに日本経済の「強み」であった。ところが、労働組合はバブル崩壊後も、雇用維持を優先させて賃上げ要求を抑える行動様式を変えなかった。企業側も同じように、雇用を維持する一方で、ひたすら労働コストの「節約」に努めてきた。このような方向での協調路線が可能であった

48 OECD, *Education at a Glance 2020*.

のは、労使双方に過去の「成功」体験があったことによる。

しかし1990年代以降もこの経験から抜け出せないと、技術革新への動機が弱くなり、消費の停滞からデフレ基調をいつまでも払拭できなくなる。最終的な問題は、なぜ日本企業が従来のモデル（慣行）から抜け出せないかという点である。

第4に、「アベノミクス」の超金融緩和政策については、当初、その「デモンストレーション」効果によって、株価や企業収益に大きな刺激を与えたことはたしかである。しかし今やその副作用についても、注意深く見守るべき時期に来ている。副作用というのは、財政再建の努力を遅らせたり、ゾンビ企業を残存させたりすること、さらに緩和政策からの出口が見えないことである。いざ出口が現実に議論される段階になると、金融市場に思わぬ波乱が起こりかねない。

第5に、少子高齢化こそが最大の構造的要因であるということもできる。生産年齢人口からみると、そのピークは90年代半ばであり、このころから人口問題が成長トレンドを押し下げる可能性はたしかにあった。しかし理屈の上では、労働人口が減っても一人当たりの生産量が大きくなれば、すなわち労働生産性が上がれば、経済は縮小しない。したがってなぜ労働生産性が十分に上昇しないのか、そのように問題を立てるべきである。

高齢化に関して注目すべきは、政治家や経営者ばかりではなく社会全体が保守化することである。高齢化による社会の保守化が生産性の向上に必要な改革を遅らせているのである。この弊害は、いつからと特定できるわけではないが、今世紀に入ってますます顕著になってきたようにみえる。この点は重要なので後でまたとり上げる。

最後に第6として、日本経済が低迷する理由として、高齢化と並んでしばしばとり上げられるのが「グローバル化」、「デジタル化」（IT化）である。それぞれの要因がどのような意味で不利に働いたかについて、以上いくつかの側面から論じてきたが、あらためて次の点に注意を促しておきたい。

高度成長期以降の経験をふり返っても、日本は固定相場制の崩壊（いわゆる「ニクソン・ショック」）や石油危機など、当時は経済成長の土台を揺るがすと思われたほどに大きなショックに直面してきた。それでも日本経済は生き延びたどころか、1980年代の末まで他の先進諸国から羨望と非難の眼差しでみられるほどに、好成績を収めていたのである。

そうだとすると、「グローバル化」や「デジタル化」などがこれまでの逆境要因とどのような意味で異なるのか、それ以外に日本経済や社会の中に衰退につながる要因がなかったのか、という疑問がわいてくる。とりわけ重要な点は、外部環境の変化に対応しきれなかったこと、それで経済の停滞を招いたという側面である。これは、企業の側、あるいは日本経済の制度や慣行に問題があったことを示唆しているが、そもそもいったいどこに原因があるのか、この点がさらに検討さるべき最大の問題である。

本書では、新たな要因として企業や社会に柔軟性が欠けていることに注目している。いい換えると、逆境に打ち克つほどの「企業家精神」が現れないことに問題の核心があり、そこに高齢化の影響が軽視できないのである。この点については、続く第5章、第6章であらためて論じることにしよう。

第5章 「構造改革」の再検討

本章では、過去数十年にわたり日本経済の最大の焦点であった「構造改革」についてもう少し詳しく検討することにしよう。これまでの議論と重なるところはあるが、「構造改革」がなぜ必要であったのか、その成果は上がっているのか、経済が相変わらず低迷しているのは、改革のどこに問題があったのか、このような観点から「構造改革」をふり返ってみたいのである。

まずは大きな流れをみることにしよう。そうすることで「構造改革」の理解がいっそう深くなることを期待している。

1――改革の動機、検討すべき課題

「構造改革」というと、小泉純一郎内閣（2001-06年）の政策が広く世に知られているが、それには、1980年代初頭の鈴木善幸内閣（1980-82年）から始まる長い前史がある。経済にかぎらず政治においても、「改革」は１９８０年代から各内閣がくり返し打ち出したスローガンであった。政治改革の方は、ある意味では自民党政権と同じく古くから課題とされていたが、大きな転機は、鈴木内閣よりかなり後の竹下登内閣（１９８７-８９年）の下で噴出した政治資金の腐敗に対処することであった。その当時の改革熱は、細川内閣（１９９３-９４年）が小選挙区制と政党交付金を導入したことで一段落した。小選挙区制がはたして期待通りに機能しているかというと大いに疑問ではあるが、ここでは経済改革の方に議論を絞ることにしよう。その経済改革は、背後にある動機が１９８０年代末までとバブル崩壊後とでは大きな違いがあることをまず確認しておこう。

鈴木内閣に続く中曽根内閣（１９８２-８７年）から、竹下内閣、海部俊樹内閣（１９８９-９１年）に至るまでの「改革」が、バブル崩壊後のそれと大きく違うのは、アメリカ側の圧力に押されたという性格が強く、内発的な動機となると比較的弱かったことである。１９８０年代末までは日本経済が相対的に好調であったので、不振を打開するための「改革」という視点が弱かった。むしろ経済が好調だからこそ、アメリカからの要求が強くなったといえる。その意味で、この時期の「改革」は日本経済の弱さではなく、「強さ」の帰結であった。[1]これとは対照的に、１９９０年代以降は、日本経済の「弱さ」を打開することに改革の動機があった。

１９８０年代の初めに話を戻すと、鈴木内閣による改革は財政再建や、行政改革に焦点があてられていた。石油危機後の不況対策で発行された赤字国債＝政府債務を減らすこと、しかも増税なしで財政再建を実現することが至上命題とされた。そのために行政改革、すなわち歳出の削減を追求したのである。財政再建は現在に至るまで引き継がれる課題であるが、この当時の政府債務は現在とは比べものにならないほど規模が小さかった。[2]

続く中曽根内閣は、三公社五現業（国鉄、専売、電電の3公社、郵政、造幣、印刷、国有林野、アルコール専売の5現業）の民営化と、日米経済摩擦に対処するために規制緩和に取り組む姿勢をみせた。後者の代表例は、84年の日米円ドル委員会報告を受けた金融改革であり、日本の金融市場を外国（アメリカ）に向けて開放することであった。

公企業の民営化には、一方で経済効率を高めるという観点があったことはまちがいないが、他方で組合対策（とくに国鉄）という動機が強く働いていた。さらに、農村や都市の自営業、中小企業といった自民党の伝統的な支持層から、勤労者もとり込んで「左ウイング」を広げることが意識されていた。アメリカの圧力に押された「改革」は、貿易・経済摩擦が激化するにつれて、1980年代から90年代にかけていわば年中行事の感すらあった。

1 「改革」をめぐる政治の動きについては、さしあたり若月（2012）、佐道（2012）、山口・宮本（2015）などを参照した。

2 中央政府長期債務残高の対GDP比でみると、1978年の25%から79年30%、80年34%、81年37%まで増加した。林・今井・金澤（2001）、p.148。このように一貫した債務の増加が財政再建路線の背景にあった。これに相当する2019年の数値は158%であった。財務省「わが国財政の現状等について」平成31年。

対照的に、1990年代からの構造改革を促した背景は、バブル崩壊後の不況基調、いわゆる平成不況そのものであった。不況対策という、いささか後ろ向きの政策ではなく、中長期的に成長率を押し上げていくには、さまざまな規制をとり除き市場の活力をとり戻すことが不可欠であるとの認識が広がっていた。当時は、自民党も野党の新生党や民主党にしても、「改革」には賛同していた。官僚の裁量的な行政よりも、市場による統治を高く評価する立場である。[3]

「構造改革」というと小泉改革がまず念頭に浮かぶが、それに先行して、橋本龍太郎内閣(1996-98年)は、「金融ビッグバン」というスローガンの下に金融システムの改革、消費税引き上げを含む財政健全化などを打ち出していた。このように、積極的なとり組みが目立っていたが、1997年の景気後退にしても、財政再建を急ぎすぎたことに原因があるとの見方が根強くある。皮肉なことに、この景気後退が1997年、98年の金融危機を誘発し、橋本内閣の改革路線そのものが頓挫してしまったのである。続く小渕恵三(1998-2000年)、森喜朗(2000-01年)の両内閣にしても、改革の必要性を相変わらず唱えてはいたが、小渕内閣では金融危機後の景気対策に重点があり、森内閣は短命で実績を残せなかった。

経済の低迷が長びくにつれて、日本企業のモデルは往年の輝きを失っていったが、だからこそ何らかの「構造改革」が必要であるという議論が起こるのは当然であった。小泉改革というと、郵政民営化が最も有名であるが、小泉退陣後はむしろ揺れ戻しがあり、現在でも完結していない。最大の成果は、不良債権の処理に決着をつけたことであり、詳しくは以下でとり上げる。

小泉改革時の改革熱が退潮したようにみえたのは、人々の「改革疲れ」があったからといわれる。小泉政権後の第1次安倍、福田、麻生内閣はそれぞれ1年内外で退陣したが、短命であるがゆえに、郵政民営化の後始末や景気対策に終始した。それに続く民主党政権（2009年9月-12年12月）にしても、東日本大震災や原発事故の対策に忙殺され、混迷が続いていた。

このように構造改革は中途半端に終わったとみることもできるが、現在にまで視野を広げると、それなりに実現した「改革」もいくつかあり、国鉄（日本国有鉄道）、電電（日本電信電話公社）の民営化が利用者へのサービスを向上させた点はたしかであった。郵政民営化の方は「かんぽ生命」保険の不祥事などが起こっている。その点はともかく、経済が低迷している現状は、「改革」がまだ足りないことによるのか、それとも方向が間違っていたのか。あるいは、改革の方向は正しかったとしても、その副作用が大きすぎたのか。このような疑問が浮かんでくる。また、そもそも日本の経済成長率が低下したのはなぜか、政策によって成長率を高めることはできるのか、といった根本的な問題にまで立ちいった議論が残されている。

経済不振が続くのは、生産性の低迷や、低生産部門に資本や労働力が固定されていることに原因があるとする考え方が一方にある。このような論者を「構造派」と呼ぶことができる。不良債権の残存を重視する立場もこの中に含められる。これに対して、財政や金融政策の「失敗」に不振の原因があるとする考え方もあり、こうした立場を「財政金融政策派」、あるいは「リフレ派」と呼ぶことにしよう。こうした二つの考え方は、望ましい政策がどのような形をとるかについても対立している。そのどちらに重点をおくべきか、19

3 山口・宮本（2015）、pp. 26–27。

９０年代から現在に至るまで、いまだに決着はついていない[4]。このような対立点を意識しながら、以下では改革の課題を次の３つの分野に絞ってとり上げることにしよう。

2――不良債権の処理

不良債権とは、銀行債権の中で元本や利子の回収が困難な部分を指す。それが日本経済にとってきわめて重大な問題であるという認識は、政府の中にも比較的早くからあった。１９９２年8月に宮沢喜一首相は三重野康日銀総裁と協議した上で、公的資金の注入による解決を考え、その旨を公言していた（軽井沢発言）。しかし、大蔵省や財界からの反対にあって実現できなかった、といわれる。

続いて１９９５-９６年には、住宅金融専門会社（住専）への公的資金の注入が政治上の大問題となった。しかもこの当時は外国（アメリカ）からの圧力もさほどなかったので、銀行の不良債権処理は先送りされるばかりであった。そもそも法的な枠組みが整備されていなかった上に、銀行側が情報開示に協力的ではなかったこともある。経営責任が問われることを恐れたのである。法的整備にしても、金融界の賛同がなければ、政治的に実現は難しい。金融界は政権与党の強大な資金源である。

住専は、資金の出し手であった農林系金融機関が保守政治の基盤であり、また母体になる銀行の経営姿勢には大蔵省の金融行政が絡んでくる。この問題はまさに「高度成長レジーム」に直結していたからこそ、処理が複雑になったのである。住専の不良債権処理が大きな政治的反発を招いたことが、いわば政治的トラウマとなって銀行への公的資金の注入も遅らせたのであった。[5]

法的な整備としては、1997年秋の金融危機の第1波を経て翌98年2月に「金融機能安定化緊急措置法」、同10月「金融再生法」、「金融機能早期健全化法」などが成立し、銀行へ公的資金が注入された。その他に、法人税の減税、不良債権損失の繰り延べで課税を猶予するなどの保護措置が採られた。

97年の景気後退に緊縮的な財政が影響したことはまちがいないが、事前に公的資金が銀行に注入されていれば、金融危機は回避できたかもしれない。あるいは、いくつか金融機関の破綻は免れなかったとしても、97年から98年に起こったような危機的状況は訪れなかった可能性がある。しかし、公的資金の投入は、ようやく金融危機が発生してから事後的に、遅まきながら小出しに（too little, too late）行われたにすぎなかった。景気の急激な落ち込みに直面して、橋本内閣は、財政再建や「金融ビッグバン」と名付けていた金融システムの改革を棚上げするしかなかった。

2001年4月から5年半に及ぶ小泉政権の下で、あらためて「構造改革」路線が進められた。2002

4 浜田・堀内（2004）では、1990年代からITバブル崩壊までの時期を対象にして、それぞれの立場の論者が議論を戦わせている。しかし、詳しい実証分析を踏まえたとしても、各論点の成否を決することがいかに難しいか、というのが読後の感想である。

5 不良債権処理の経緯については、星・カシャップ（2013）、pp. 71–78、桜井（2018）、第8章、福田（2015）、第3章、荒巻（2019）、p. 125 以下などを参照。

年秋に就任した竹中平蔵金融担当大臣の下で、不良債権残高の半減を目標とする「金融再生プログラム」（「竹中プラン」）が策定されたことが大きかった。この措置は、資産査定の厳格化、自己資本の拡充、ガバナンスの強化などを求め、従来よりも銀行側に厳しく臨む「ハード・ランディング」路線であると受けとめられた。ここから不良債権処理が軌道に乗り始め、2005年3月には半減目標が達成されたのである。

不良債権処理で銀行経営者の責任を問わなかったことには批判がある。[6] また、不良債権処理は別にしても、竹中金融担当相の個人的な所業にいかがわしさを感じ、非難する向きもある。[7] このように批判はあっても、不良債権が処理できたことは、それ自体として評価すべきである。2003年5月に、りそな銀行への公的資金の注入を転機として、株価が急騰し「いざなみ景気」が加速していった。

不良債権の額がどの程度あったかについて、さまざまに議論されたが、当初は監督当局である金融庁でも正確なところは把握されていなかった。その後、公表された数値では、都銀、長信銀、信託銀による不良債権の合計が2002年3月にピークに達して27・6兆円とされ、そこから06年3月には5兆円以下、すなわち5分の1以下にまで減少していた。[8] 08年にアメリカでリーマンショックが勃発した時にも、日本の金融システムが頑健だといわれたのは、このように不良債権の処理が進んでいたからである。

とはいえ、不良債権が減少したのは、政策的な対応が適切であったことによるのか、それ以外の要因によるのか、という点は議論の余地がある。たとえば、大蔵省で住専問題の処理に当たった西村吉正は、「ハード・ランディング」路線には否定的であり、小泉・竹中にしても実際は「ソフト・ランディング」路線をとったとしている。不良債権が急減したのは、政策的な対応よりも単純に景気が回復したからというのである。[9]

たしかに、不良債権がまだ大量に残っていたはずの1999年から2000年春にかけて、一時的とはいえ景気は急速に回復していた（前掲図4-1も参照）。その後、ITバブルの破裂によって再び景気が急降下した後に、ようやく「金融再生プログラム」が登場したのである。このような経緯をふり返れば、不良債権が残っていても、外的な要因で景気が上向くことはありうる。だがそれでも不良債権が解消したわけではなかった。好況が短期間に終わったので、あらためて不良債権の処理が重視されたというのが実際であった。その不良債権が経済成長の阻害要因であったとすれば、時期的にはほぼ1990年代の停滞にかぎられるだろう。

やや細かく時系列をたどると、不良債権がピークに達したとされる2002年3月は、ITバブル崩壊による不況から「いざなみ景気」に移行する時期にほぼ重なっていた。不良債権がどこまで景気の抑制要因であったか判断するのは微妙なところである。1997-98年の金融危機に先立つ時期に公的資金を投入していれば、たしかに状況は変わっていたかもしれないが、不良債権の残存がどのような意味で経済成長を抑制することになったのか、もう少し詳しい検討が必要である。

6 たとえば、金子（1999）、pp. 157-158など。
7 佐々木（2013）。
8 西村（2009）、図表8-2。
9 西村（2009）。

不良債権はなぜ問題であったのか

不良債権がどのようなメカニズムでバブル崩壊後の「失われた10年」をもたらしたか、この点をまず確認しておこう。[10]

大きな問題は不良債権を抱えた銀行が融資態度に変調をきたすことである。図5-1によると、バブルがはじけた後も銀行の貸出残高は増え続けた。1993、94年以降はさすがに伸び率が減速したといってもよいが、それでも増加したことはまちがいない。これは「追い貸し」といわれる現象を反映している。資産価格が下落に転じたとしても、いずれ土地価格は回復するとの期待が根強くあった。それで、地価が上昇に転じるまで、しばらく融資は続けられたのである。そればかりではなく、地価の回復する可能性が乏しくなり、不動産融資や不動産を担保にした貸付が実際に不良債権化しても、融資を継続することもあった。不良債権が明らかになったり、借入企業が倒産したりすると、融資担当者や経営幹部の責任が問われる。そのような事態を回避するために、「追い貸し」が行われたとみられる。

その一方で「貸しはがし」とか、「貸し渋り」とかいわれる現象も現れていた。国際業務を担う銀行に課された自己資本比率規制（バーゼル合意）では、債権総額に対する自己資本の比率を8％以上に保つことが要求されていた。この基準を満たすには、分子に当たる自己資本を積み増すか、分母になる債権を減額するしかない。自己資本の拡充が直ちにできないと、債権（貸付）を減らすしかなかった。それが「貸しはがし」であり、新規融資を拒む場合には「貸し渋り」になる。「貸しはがし」や「貸し渋り」は、銀行が借入企業

図 5-1　国内銀行（銀行勘定）の主要資産（1983-2017 年）

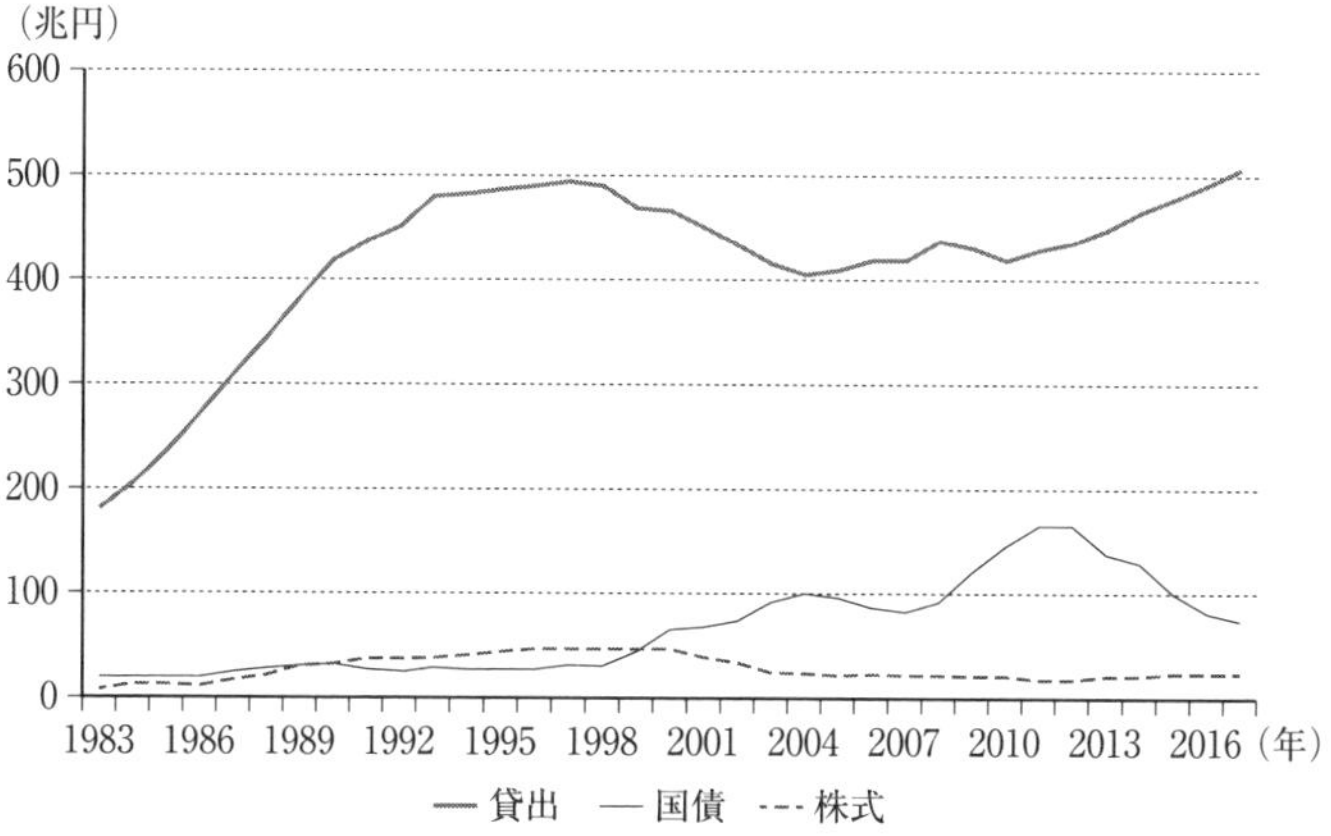

資料：日本銀行「時系列統計データ」.

の生命を断つことになりかねない。逆に「追い貸し」は、生命力のない「ゾンビ企業」を存続させ、経済の新陳代謝を阻むことになる。

不良債権の処理に長い時間を要した一つの理由は、金融機関による資産価格査定の甘さや、責任逃れもあっただろう。もう一つより根本的な理由として、複数の貸し手の間や貸し手と借り手の間で信頼感ができていなかったことを重視する見方もある。貸し手が債権を放棄する場合に、貸し手の間で損失の負担割合を確定しなければならない。あるいは、借り手が債権を免除されても、その後、まともに業務を行えるという信頼が貸し手側になければ、債権の免除（放棄）に踏み出すことはできない。いずれの場合も、当事者の間で信頼関係がきわめて重要な条件である。

小林・加藤（2001）は、ゲーム理論の

「複数均衡」という概念を援用して、「信頼の喪失」が「悪い均衡（停滞均衡）」をもたらした、としている。[11]「悪い均衡」から「良い均衡（成長均衡）」に導くには、互いに信頼を失った当事者ではなく、第三者による情報提供や介入が効果的である。その役割に最もふさわしいのは、民間企業ではなく、第三者の政府ということになるだろう。実際、不良債権の処理は、破産法制の整備や不良債権の整理回収機構の設立（1999年、前身の整理回収銀行は1996年）のように、政府の強力な介入によって進んだのであった。

しかし皮肉なことに、不良債権の整理が進んでも、銀行の貸し出しはさほど伸びなかった。不良債権がピーク時から3分の1にまで縮小したとされる06年以降も、貸し出しの伸びは鈍く、代わって2012年まで国債投資が伸びていた。国債残高が13年以降に減少したのは、日銀の超緩和政策で買いオペ（日銀への国債売却）が進んだことによる。それとは対照的に、貸し出しはたしかに増えたが、金融危機が勃発した1997年の残高を超えたのはようやく2016年であった（以上、図5-1を参照）。

このように貸し出しの伸びが鈍いのは、一方で銀行が企業への融資に慎重になったこと（「貸し渋り」）、また他方で、企業の側も投資に消極的になり、借り入れ需要が増えなかったことによる。遡ってみると、大企業の「銀行離れ」がすでに1980年代から始まっていたことはすでにふれた。この時期に「貸し渋り」の打撃が大きかったのは、主に中小企業であった。

金融機関、なかでも決済システムを担う商業銀行（預金銀行）と一般事業会社との間には大きな違いがある。預金銀行は、預金口座を通じて決済機能をはたしているので、この銀行が破産すると、経済の血液にも喩えられる資金の流れが断ち切られてしまう。しかしそれ以外の預金を扱わない金融機関、たとえば証券会社（投資銀行）や保険会社であっても、倒産すると金融システムが機能不全に陥ることがある。たとえば、97年秋の金融危機で三洋証券が破産した時に、インターバンク市場で資金の融通ができなくなり「クレジットクランチ」が起こった。だからこそ、預金銀行であるか否かにかかわらず、金融行政当局は事態を慎重に見極めて、場合によっては、危うい金融機関を救済することが必要になる。

不良債権はすでに第4章でふれた「3つの過剰」の中の一つである。過剰設備、過剰雇用は破綻処理によって一掃するというのが、新古典派的な処方箋である。しかし、過剰な生産要素（資本や労働力）を整理することには副作用をともなう。連続倒産や失業の増加が予想されると、政府は「大きすぎてつぶせない」（too big to fail）というジレンマに直面する。日本ではもともと失業率が低く、雇用の維持に優先度が高いので、欧米諸国と対応が異なってくるのは当然といえば当然であるといえる。

それにしても、日本でバブルが破裂してから不良債権の処理が山を越すまで10年以上もの年月を要した。他の先進諸国でも金融危機が起こることは珍しくはないが、多くの場合は数年で危機を脱することができた。それに比べると日本は長すぎたという評価が一般的なようである。[12] しかしアメリカにおいても、1980年代初頭から顕在化したS＆L（Savings and Loan Association, 貯蓄貸付組合）の破綻処理には10年近

10 小林（2003）、福田（2015）などを参照。
11 小林・加藤（2001）、第4章。
12 福田（2015）、pp. 44-45。

く要した。不良債権の処理は、整理信託公社（Resolution Trust Corporation）という従来とは別組織に委ねることで、ようやく解決した[13]。

このように金融行政の先進国であるアメリカでも、金融危機の対処に難渋することがあった。次のよく知られた事例はリーマンショックである。２００８年の秋に、投資銀行であるリーマンブラザーズの破産から金融危機が深化したのは、金融機関にタイミングよく公的資金を注入しなかったことが大きな原因であった。アメリカではゴールドマン・サックスの幹部が歴代政権の要職に相次いで就任しているように、巨大金融機関が政府と一体になっている。それにもかかわらず、救済措置が円滑に進まなかった。何よりも議会や世論の反発が強かったからである。ただし、危機がいっそう拡大すると、ほどなくして投資銀行や保険会社にまで公的資金が注入され、危機は短期間で終息した。

金融機関、なかでも決済システムを担う商業銀行と一般事業会社との間には大きな違いはあるが、金融機関でなくとも同じように「大きすぎてつぶせない」という配慮が働くことは珍しくない。そのわかりやすい例は、リーマンショック後の需要の冷え込みでアメリカ最大の自動車会社であるＧＭ（ゼネラルモーターズ）が危機に直面したことである。オバマ政権は２００９年6月に公的資金を使ってＧＭを救済した。銀行ではない製造業までも救ったのは、その規模が大きすぎて、雇用情勢が悪化することを避けたかったからである。その他に、アメリカを象徴する自動車産業のトップ企業が倒産すると、国の威信を傷つけるという配慮もあっただろう。

日本では大型小売業のそごう、ダイエーが店舗拡大の失敗で破綻した時には、不良債権の整理で銀行に莫大な損失が生じると恐れられた。また雇用の問題も不安視されたが、結局、債務を減免した上で、それぞれ同業他社に売却されたり、吸収合併されたりした。

以上みてきたように、日本の不良債権の処理はたしかに長い年月をかけて行われた。成長性の乏しい、収益の見込みのない事業に資金を固定化させておくことは、生産資源の無駄使いであり、経済成長を阻害する要因であったといえる。利益を生まないという意味で過剰な債務を整理するには、過剰な設備や過剰な雇用を削減しなければならない。しかし「リストラ」には、とりわけ雇用の面で「痛み」をともなうので、職を失う人々には十分な安全網を用意することが必要になる。不良債権の処理に長期を要したのも、雇用に配慮したことが一因であるが、以下でみるように、不良債権を縮減する過程で、労働者の生活を保障することは軽視されていた。そこに経済を停滞させる深い理由があったのである。

3――財政・社会保障改革

財政の構造改革というと、その核心は財政の健全化、つまり赤字の縮小である。１９８０年代の鈴木内

13 Ｓ＆Ｌは金融自由化の下で預金獲得競争にのめりこみ、危険な住宅金融を累積させたことで危機を招来した。小林（２００３）、pp. 198, 209, 232–233。

閣から引き継がれた「改革」のなかでも、「財政再建」は最重要課題の一つであった。橋本内閣は消費税の引き上げ（97年4月施行）や「財政構造改革法」（97年11月成立）などを通じて、財政赤字を減らし健全化を目指していた。ところが、金融危機と景気の急激な悪化で、こうした政策の先送りを余儀なくされたことはすでにふれた。

橋本首相が参議院選に敗北して退陣後、小渕内閣の下で、大規模な財政支出、すなわち公共投資の拡大による景気回復が追求された。しかしその乗数効果は小さく、政府債務が膨張する一方であった。[14] ここまでは、バブルの後遺症（不良債権）と改革路線の混迷で経済が低迷していた時期である。

「土建国家」による日本型福祉レジームは、田中角栄の系譜に連なる竹下・小渕政権に引き継がれていた。橋本龍太郎も竹下派に属していたが、財政再建路線を進めた点ではかなり異色であった。しかし、結果的に財政再建は「逃げ水」のように先送りされ、政府の債務はますます積み上がっていった。

2001年に誕生した小泉政権の下で、公共投資は一転して抑制されたが、他方で年金など福祉支出は減らせなかった。フローの財政赤字（対GDP比）はたしかに縮小に向かったが、ゼロになることはなく、ストックの政府債務も伸びを続けた。[15] 小泉政権の「改革」スタンスは、財政支出による景気刺激効果を低下させたが、それでも2003年から回復が定着したのは、既述のように、輸出による貢献が大きかったことによる。

小泉「改革」が大きな「痛み」をともなったのは、消費税の引き上げを行わないという大前提の下で歳出を一律に切り詰めようとしたからである。実際、歳出規模は2001年から07年ごろまで縮小もしくは

図 5-2　一般会計収支と国債発行額（1975-2020 年度）

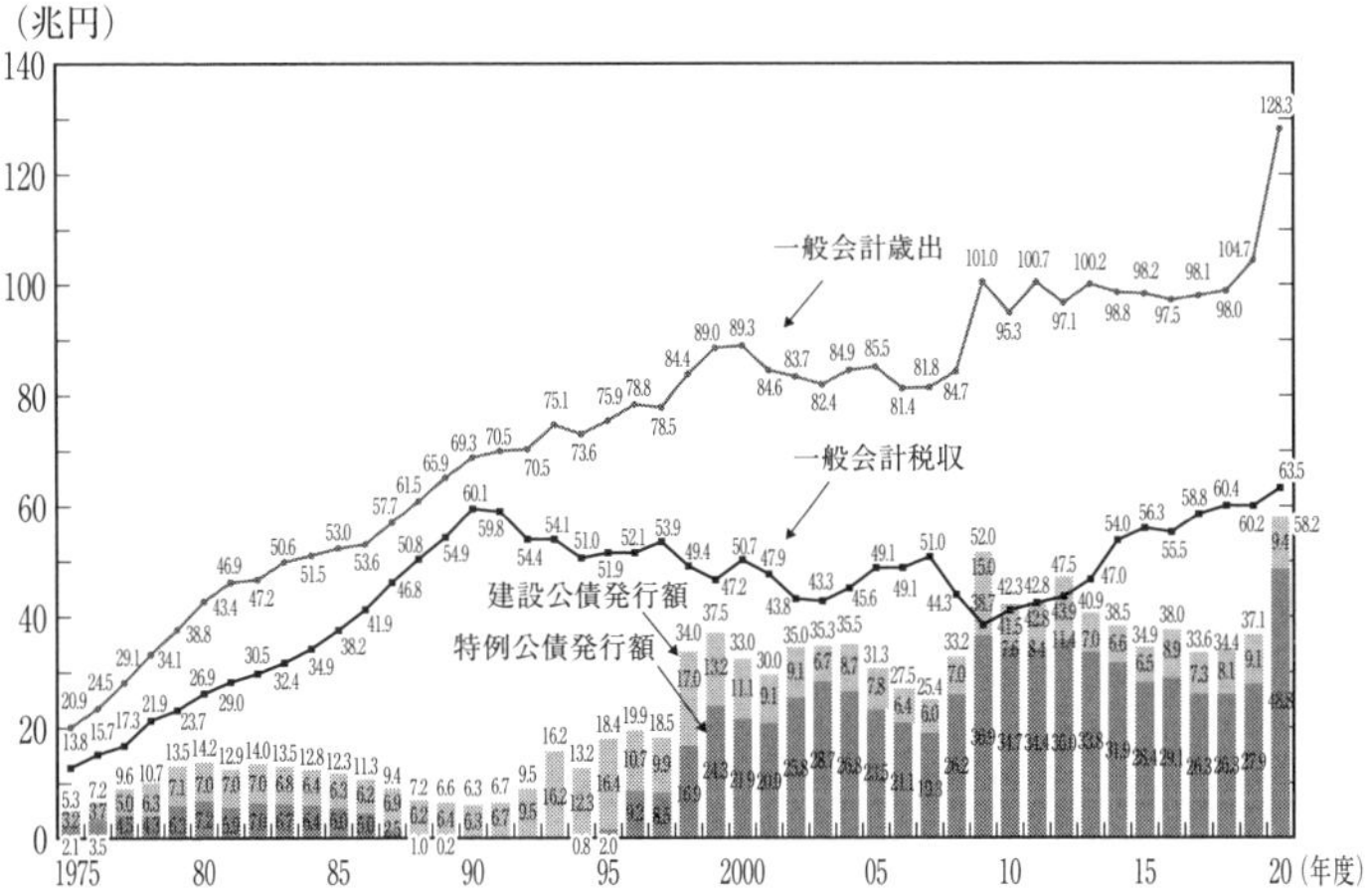

資料：財務省「財政に関する資料」.

停滞した（図5−2）。消費税の引き上げが見送られたのは、小泉内閣の「小さな政府」路線の現れといえるが、1997年の引き上げで景気回復が中断したことが、トラウマとして残っていたこともある。その一方で、80年代の末から所得税の累進度を緩和したり、相続税の最高税率を引き下げたりしたので、税による所得再分配機能は低下していった。新自由主義的な対応がとられたといえるだろう。

小泉後の自民党3政権（福田・安倍・麻生）の下でも、財政赤字（対GDP比）は引き続き縮小していったが、リーマンショックをきっかけに再び急増し、2013年まで高水準を保っていた。不況対策で歳出が一挙に伸びたからである。この累積債務をどのように処理するか、今後の大きな課題である。

財政赤字が拡大した要因の一つに、法人税、所得税の引き下げがあった。[16] その税収不足を消費税の引き上げで補ってきたのである。法人税や所得税の引き下げが世界的な潮流であったことはまちがいない。そうした時に、日本だけが高い税率を維持していると、有力企業や有能な個人が外国に逃げてしまう、としばしば主張される。しかし、このような経路で実際にどこまで税収や経済成長率が低下するかについては、不確実なところが多い。日本企業や日本人には「ホームバイアス」（自国に留まる傾向）が比較的強いという可能性もあるが、それを実証することも難しい。

第2次安倍晋三政権の下で14年4月に消費税率が5％から8％に引き上げられ、収支は改善（赤字幅の縮小）に向かった。その後、消費税率の8％から10％への引き上げは二度にわたり延期されたが、法人税や株式譲渡益税などを中心に税収は伸びていた。

それでも財政赤字がわずかしか減少しなかったのは、歳出を抑え切れなかったことによる。最大の支出項目は社会保障であった。[17] 消費税率10％はようやく2019年10月に実現したが、この年は増税対策として支出も増えた。さらに2020年度にはコロナ対策で支出がいっそう大幅に伸びている。

消費税率の引き上げは景気を悪化させるという理由で反対論が根強くある。実際、1997年も、2014年、19年にも景気は後退した。こうした経験から消費税への警戒論が生まれるのである。景気はたしかに問題ではあるが、中長期的により深刻なのは、いうまでもなく政府債務の累積である。消費税率の引き上げで景気後退が懸念されるのは、その根底に潜在成長力の低下があり、実はこの点にも政府債務の膨張が少なからず関係している可能性がある。

財政をどうするか

財政赤字、あるいは政府債務が増加する一方だと、経済成長にはマイナスに働くという説がある。[18] 財政赤字による景気刺激を「ケインズ効果」と呼ぶのに対し、赤字が将来の増税を予想させるので、かえって消費が抑制されることを「リカードの中立命題」とか、「非ケインズ効果」とか呼ばれる。

日本では、財政赤字一般というよりも、社会保障、なかでも年金制度の先行きに対する不安が消費行動に大きく影響している。逆にいうと、財政の健全化、あるいは税と社会保障の一体改革がすぐに実現しないままでも、その見通しがたてば、消費の回復につながるという因果関係が妥当するのかもしれない。

---

14 1990年代の不況に対して財政出動がどのていど有効であったかは、浜田・堀内（2004）でも議論されている。

15 以下の記述の基になるデータは、財務省『日本の財政関係資料』、令和元年などによる。図4-3も参照。

16 法人税、所得税の税率については、財務省資料による。

17 たとえば2018年度の一般会計歳出は97兆7、128億円であり、その内で社会保障関係費は約34%を占め、年金給付費、医療給付費が各々約12%であった。財務省、厚生労働省の資料による。

18 Reinhart and Rogoff（2010）は、公的債務がある水準（対GDP比90%）を超えると成長率が明らかに低下するとしている。成長率が低下する主因は、明示されていないが、「非ケインズ効果」というよりも、金融危機の発生を念頭に置いているようである。

財政赤字の解消には、増税して税収を歳出の規模にあわせていくのが一つの方向である。もう一つの選択肢として、歳出の規模を減らすこともあるが、少子高齢化の下では、それはきわめて難しく、望ましいことでもない。日本はＯＥＣＤ諸国の中で、社会保障費がほぼ中位の高さであるが、それ以外の支出がきわめて低い。教育への公的支出が少ないことはすでにふれたが、社会保障費が高齢者向けに偏っていることも目につく[19]。高齢者向けの支出削減には政治的抵抗が大きく、他方で教育や子育て支援など少子化対策にも支出増が避けられない。そうなると、現在よりも「大きな政府」につながるが、これには一般に拒否反応が強い。しかし、「大きな政府」が経済の活力をそぎ、停滞を招くかというと、実際はそうともかぎらないのである[20]。

財政赤字をみるに当たって、政府債務を政府債権と合わせると、純債務はさほど大きくはないという議論がある。具体的にみると、２０１７年に一般政府の債務残高はＧＤＰ比で２５３％であったが、純債務でみると１３１％にまで減少する。それはたしかであるが、それでも先進諸国（Ｇ７諸国）の中で群を抜いて大きい。日本に次いで純債務残高が大きいのは、イタリアの対ＧＤＰ比１１４％であるが、それ以外の５ヵ国は軒並みに１００％以下である[21]。しかも、純債務残高だけに着目する考え方には、次のような問題がある。

第１に、政府債権の中には容易に売却できない国有林などが含まれている。国有林は水源の確保や河川の氾濫を防ぐ機能など、社会的に不可欠の役割を担っている。それでも仮に政府の債権をすべて売却して債務を返済したとしても、その効果は一回限りである。従来のようにさらに財政赤字を続けるとすればまた債務が増える。しかし、すでに政府債権がなくなっているので、この場合には問題が一挙に噴き出してくる。だからこそ今から着実に債務を減らす方策を準備して、とり組んでいかねばならない。

第2に、先進諸国の多くの国、なかでも西ヨーロッパ諸国では、消費税に当たる間接税の税率が日本よりもはるかに高い。純債務残高が日本ほど大きくはないとしても、税収を増やす仕組みが日本よりも用意されている。日本の債務残高は、税収増がないと「持続可能」な水準に抑えきれない規模である。逆にいうと、日本では増税によって債務を減らす余地がまだまだ大きいのである。

第3に、社会福祉への公的支出がこれまで比較的低く抑えられたのは、介護などで家族の無償労働があったからである。これから女性の社会進出がますます進むと、公的支援の役割がいっそう大きくなるしかない。現実には、男女を問わず介護離職の事例が増えているが、こうした事態は避けなければならない。

公的債務の膨張は、政府のみならず人々の「先送り」体質による。歳出の最大要因が社会保障、なかでも高齢者向けが多いように、高齢化が財政支出を増加させている。高齢者は若者よりも先が短いので「先送り」を生みやすく、現実に残しているのは借金の山である。財政支出の中でインフラ投資はたしかに次世代も利用できるとはいえ、なかには無用で債務だけが残ることもある。

---

19 鶴ほか（2019）、p. 181。

20 この点については、石見（2017）、pp. 135–136。

21 財務省『日本の財政関係資料』、平成29年4月による。「一般政府」とは、中央政府、地方政府に社会保障基金を加えたものである。

消費税は高齢者にも同じように負担がかかるので、その引き上げには反対が強い。高齢者ばかりではなく、現役世代の賃金が伸び悩むなど、家計所得が増えないことにも、消費税反対の大きな理由がある。しかし財政赤字は次のような理由で放置すべきではない。

第1に、現在までの政府債務は現世代の利益になるが、その返済の負担は次の世代が担うことになる。このような世代間の不公平を放置すべきではない。また将来世代の中でも、国債保有者とそれ以外の者との間で所得分配上の問題を生じさせる。

第2に政府債務の累積を制御できないと、いずれは超インフレが訪れるしかない。インフレが生じる一方で経済も停滞するので、スタグフレーションになるという方が正しいだろう。

ところが他方で、財政赤字を継続することに楽観的な見方があることも事実である。その代表的な例はMMT（Modern Monetary Theory, 現代貨幣理論）である。この説によると、政府が自国通貨建で借り入れているかぎり問題は生じないとされる。インフレの危険が生じたとしても、政府が徴税権を行使したり、金融引き締め政策をとったりして対処できるともいう。しかし、いざとなって増税や引き締め政策が政治的に可能であるかどうか、そこに疑問がある。もともと財政赤字が続いたのは、財政再建（黒字化）が政治的に難しかったからである。

また、債務が自国通貨建であったとしても、債務が累積していくと、将来どうなるかを考えておかねばならない。高齢化が進むと貯蓄残高（ストック）を切り崩して消費に充てるので、貯蓄（フロー）はいずれマイナスになる。それは、経常収支の赤字と表裏一体であるが、日本は対外資産の残高が大きいので、当面はこの資産の取り崩しによってまかなうことはできるかもしれない。

しかし外貨準備など政府資産の一部を除き、対外資産の大半は民間が保有する。[22] そこで問題になるのは、民間が対外資産を売って、国債の購入に踏み切るかどうかである。政府の債務残高があまりに多くなると、民間が国債の購入に応じないこともある。民間資産で強制的に国債を購入させるのは、事実上、徴税と同じことになるが、もともと増税が政治的に難しかったからこそ、財政赤字が継続してきたのであった。

外国人投資家に国債を売るにしても、日本の民間よりも赤字財政に対する見方が厳しい。国内で国債消化が難しくなる時には、外国人投資家も買わなくなる。そうなると、国債が売れない。つまり借金を継続できずに、財政が破綻することになる。だからこそ、政府の赤字は着実に減らしておかねばならないのである。

これまで日本が国債価格の暴落を回避できた一つの大きな理由は、日銀の国債買い取りであり、もう一つは民間の貯蓄で消化できたからである。しかしこうした条件はいずれ崩れてくる。民間資産についてはすでにふれたが、日銀の国債保有は今や発行残高の半分近くに迫るまでになっている。

しかし、日銀の超金融緩和政策が効を奏してデフレが終わると、金利が上昇して国債価格は下がる。物価が上昇しはじめ、日銀が引き締め政策に移行すると、その段階で問題が発生する。国債価格が下がっている

22　2018年末の対外資産残高は1、018兆円、その内で外貨準備は140兆円で約14％のシェアにすぎない。財務省「本邦対外資産負債残高」による。

ので、売りオペ（保有国債の売却）で金融を引き締めると国債の評価損が現実になり、いずれ債務超過になりかねない。そこで、政府が日銀を支援できるかというと、もともと政府債務が過大なので、財政資金に頼ることは難しい。そうなると円に対する信頼が大きく揺らぎ、インフレに直結してしまうのである。

いずれにしろ、危機が生じてから対策を講じるより、事前に危機を回避する準備をしておく方が好ましいのである。それでは、財政赤字を解消するのにどのような方法があるかを簡単にみておこう。

中長期的には歳出の増加は税収の増加によって担保されねばならないが、どこに財源を求めるかというと、消費税や、所得税（なかでも金融所得の増税）、それから規模は相対的に小さいが相続税などが浮上してくる。法人税は、国際競争の観点から引き上げが難しいとされ、そうした理由から実際に引き下げられてきた。世界的に法人税の引き下げ競争がある時に、日本がどこまで上げられるか、たしかに議論の余地はある。また所得税の累進度を強化する、たとえば最高税率が最も高かった1970年代半ばの水準に戻すにしても、どこまで税収が伸びるかはあらためて検証しなければならない。

もう一つの候補は、炭素税である。これに相当する税が地球温暖化対策税という名称で2012年10月に導入され、2016年4月まで継続して引き上げられてきた。現行はCO_2排出量1トン当たり289円で、それまであった石油石炭税に上乗せして課税される。

炭素税には「二重の配当」と呼ばれる利益があるとされてきた。その一つは、化石燃料の消費が減りCO_2の排出が抑制されることであり、もう一つは税収が増えることである。ただしこの二つの利益は、たがいに相反することに注意しなければならない。というのは、課税によって化石燃料の価格が上がり消費を減らす効果が現れると、その減少分だけ税収は増えない。逆に消費が減らないと税収は増える。だから「二重の配当」といっても、実際にはどちらか一方の利益のみが現れるのであるが、そうだとしても、炭素税は今後も重要な政策手段になることはまちがいない。

もう一つ考慮すべきは、消費税にしても、炭素税にしても、逆進性があることである。この種の「逆進性」を補正するには、歳出を下の所得階層に手厚くすること、たとえば所得補助や給付つき税額控除のような工夫が望まれる。

２０１８年３月に後期高齢者（75歳以上）の人口が前期高齢者（65歳から74歳まで）を上回ったと報じられた。団塊世代はまだ75歳には達していないので、後期高齢者の数が増えるのはこれからである。しかも現在の後期高齢者の状態からみれば、「寝たきり老人」や認知症患者が急増することはまちがいない。それには歳出の増加をともなうので、こうした事態にどのように対処するか、今から考えておかねばならない。財政支出の拡大（「より大きな政府」）は避けられないが、財政赤字も放置すべきではない。着実に税収を増やして財政赤字を減らしていくことが重要になる。

社会保障改革

次に社会保障改革について、簡単にふり返っておこう。[23] 今や国の一般会計で約３分の１を占める社会保

23 改革の概要は、たとえば伊藤（２０２０）、第３-５章を参照されたい。

障関係費の中で最大の支出項目は年金や医療費である。いずれも高齢化にともなって増加する経費であり、社会保障の改革議論は年金や医療に集中してきた。

年金制度は、1990年代から給付を抑える方向で改定されてきたが、2004年に少子高齢化の進行を受けとめた大幅な改革がなされ「100年安心」といわれた。この改革の要点は、保険料水準の固定化、基礎年金の国庫負担を2分の1に引き上げ、給付は「マクロ経済スライド」で抑制するなどである。

負担の面からみると、消費税の引き上げには政治的に強い反対があるのに対し、社会保険料の引き上げは比較的抵抗も少なく進められてきた。「逆進性」という点では、消費税よりも社会保険料の方がより深刻であるといわれる[24]。

しかし最大の問題は、将来にかけて年金制度が維持できるかどうかである。2007年に「消えた年金」が国会で問題になったように、帳簿記録の管理や年金基金の運営などの面でも不信感が払拭されてはいない。

また負担と給付のバランスが世代間で大きく異なること、その面での格差が残ることもかねてから指摘されてきた。こうした点について議論がつくされたとはいえないが、年金制度の持続可能性やどのていどの世代間格差が生じるかについては、将来予測にともなう不確実性があり、ここでは深入りしないことにしよう。

ただ指摘しておくべきは、「団塊ジュニア」世代の老後が潜在的に大きな問題を抱えていることである。というのは、この世代は相対的に人口が多く、求職活動に入るころは「就職氷河期」に重なり、不安定な雇用の割合が高いからである。彼ら彼女らの貯蓄は増えず、年金を受けとれる年齢になったとしても、受けとり額も低くなっている。この世代が高齢期に入ると、経済的に困窮する人口が多くなると予想される。

年金制度で立ち行かなくなると、生活保護で救うしかないが、それにもおのずから限界がある。生活保護は憲法25条で保障された「健康で文化的な最低限度の生活」を可能にするものであるが、現在は受給者の半分以上が高齢者である。[25] この制度が年金を補完したり、代行したりしている様子がうかがわれる。

それでは受給額は実際にどれくらいの金額になるのだろうか。東京都千代田区、港区など都心部や、目黒区など準都心部に居住する夫婦二人（60-69歳）を例にしてみよう。受給の月額は18万3200円（この中で住宅扶助は6万4000円）になる。同じ住所で一人住まい（60-69歳）だと13万3490円になる。[26] この額は、「最低限度の生活」に必要な生活費を積み上げた結果として算出されたものである。住む場所によって給付水準は異なるが、それは主として住宅扶助費が異なることによる。

この額を区民の平均所得と比較すると、生活保護家庭との格差は歴然としている。納税者の年間平均所得（2018年）は、港区で1、006万9千円、千代田区820万5千円、目黒区576万2千円であっ

24　最もわかりやすい例は、国民年金の保険料である。保険料は16、540円（2020年現在）の定額であり、これは明らかに所得に対して逆進的になる。国民健康保険や介護保険の保険料は、所得に対して一定の比率で課す部分と所得に関係なく均等に課す部分からなる。前者の部分は比例的であるが、後者の部分は逆進的になる。

25　厚生労働省の報道用資料によると、2018年3月の時点で、受給世帯数の内で高齢者世帯が54・1%を占めていた。

26　https://seikatsu-hogo.net/area.php?pref=東京都。

た。[27] 月額に直すと、それぞれ港区83万9千円、千代田区68万4千円、目黒区48万円となる。最も高い港区の平均月額は、生活保護家庭（上記の夫婦2人）の4・6倍にもなる。

ところで、生活保護は資格要件さえ満たせば受けられるはずであるが、実際は受給の資格があっても受け取っていない人がかなり多い。資格者の内で受給している人の割合（捕捉率）は、一説によると2010年の時点で15‐18％程度である。参考のためにヨーロッパ諸国の数値をみると、ドイツが65％、フランス92％、スウェーデン82％であった。[28]

捕捉率が低いのは、日本人に特有な「恥の文化」によるといわれることがある。生活保護を受けるのは「恥」なので、申請もしないというわけである。しかし、近くの申請受付窓口で訊いてみると、年長者はともかく、若い世代はあまりこだわりがないようにみえる、とのことだった。もう一つありうる理由は、受給者数をできるかぎり抑えるように、申請窓口が厳しく対応していることである。これを「水際作戦」と呼ぶらしい。

極端な例であるが、1987年に札幌で生活保護申請が受け付けられず、母親（39歳）が子を残して「餓死」したことがあった。また同じ札幌市で2012年にも同じような事情で姉妹（42歳と40歳）が「孤独死」することもあった。2014年には、千葉県銚子市で43歳の母親が社会福祉事務所へ相談に行っても保護の申請までには至らず、自分も死のうとして中学2年の娘を殺すという事例もあった。[29]

このように悲惨な事件は当然、大きな社会問題になったが、さほどではないとしても、申請窓口の対応が受給者の数を減らしていることはほぼまちがいない。以下でみるように、生活保護の受給額それ自体はさほど低いとはいえないが、受給者の数を絞ることで支給総額を抑えているようにみえるのである。

そこで比較のために、標準的な年金の受給額がどれくらいになるかをみておこう。夫が40年間就業し、妻はこの間すべて専業主婦というモデル世帯では、厚生年金（老齢基礎年金を含む）の受給額が令和元年（２０１９年）で月間２２万２２６６円であった。[30]

40年間保険料を払い続けてえられる年金の受給額は、生活保護と比べるとかなり多いことはたしかである。しかし、年金には課税され、健康保険や介護保険の保険料なども支払わねばならない。生活保護の支給には課税されず、医療、介護も現物給付で無料になるので、手取り額はさほど変わらないかもしれない。そうだとすると、「モラルハザード」が発生し、国民年金の納付率が下がることもありうる。[31]

---

27 https://www.dai3.co.jp/_old_hp/rbayakyu/19th/times/news209.htm。

28 日本弁護士連合会「今、ニッポンの生活保護制度はどうなっているの?」。https://www.nichibenren.or.jp/library/ja/publication/booklet/data/seikatuhogo_qa.pdf。

29 『読売新聞』２０１６年９月30日、https://yomidr.yomiuri.co.jp/article/20160929-OYTET50021/。なお生活保護の申請を受け付ける側も実際には苦労が絶えない、といわれる。その実情は、柏木ハルコ『健康で文化的な最低限度の生活』と題する漫画でシリーズ化されている（小学館、２０１４-２１年）。

30 「AllAbout マネー」、https://allabout.co.jp/gm/gc/461640/。

31 国民年金の納付率でみると、２０１１年度に58・６%と過去最低となり、その後は回復して、２０１８年度は68・１%であった。しかしこの統計には、低所得や学業などの理由で納付を免除・猶予されている人は含まれていない。『日本経済新聞』、２０１９年６月27日。

もう一つの参考例として、最低賃金で働くと収入はどれぐらいになるかをみておこう。東京都の最低賃金は時間当たり1013円（2019年）、月間労働時間の上限は173時間であった。[32] そうすると、最低賃金で働くと月間収入額は17万5249円（1013円の173倍）になる。

この月間収入は、生活保護の支給額よりも少なく、夫婦二人が暮らすのはかなり厳しい。だからこそ共働きが多くなるのはよくわかる。一人暮らしの場合は、最低賃金で働く方が生活保護よりもやや金額は多くなるが、賃金所得には課税され、社会保険料も納めねばならない。生活保護は上記のように非課税で現物給付もあるので、最低賃金で働くよりも、生活保護を受ける方が金銭的には有利になるかもしれない。

このように生活保護、年金や最低賃金の制度を並べて比較してみると、必ずしも合理的とはいえないところがある。不合理があるとすれば、それは生活保護の支給額が高いからというよりも、年金や最低賃金が低すぎることに原因があるとみるべきだろう。ただし、年金の支給額を引き上げるには、現役世代の負担をあわせて考慮しなければならない。政府歳出の中で年金は主要な費目なので、財政赤字をどうするかも同時に考えねばならない。

最低賃金については水準が低すぎるという指摘がしばしばなされてきた。最低賃金の引き上げには、とりわけ中小零細企業からの抵抗が根強くある。そうだとすると、賃金がなぜ上げられないのか、この点をあらためて議論しなければならない。賃金のみならず、労働市場の改革も大きな争点である。社会保障と労働改革はたがいに不即不離の関係にあるので、次に労働市場の改革についてみることにしよう。

4――労働市場の改革

長引く不況の下で労働市場の改革が俎上に上ったのは、過剰な雇用の整理（リストラ）が必要である、そのためには、非正規雇用への転換や解雇規制の緩和（金銭による解決）が欠かせないとの認識が経営者側に広がっていたからである。それればかりではなく、新たにより積極的な意味も付け加えられた。

それはすなわち、第1に、少子高齢化の下で生産年齢人口が減少する局面に入っている。そこで、労働力を重点的に成長率の高い産業部門に移動させること、また女性や高齢者の労働参加を促すことが不可欠になる。なかでも女性の社会進出を進めるには、男女賃金の格差、配偶者控除などの撤廃、さらには、働きながら育児する環境の整備などにとり組まねばならない。

第2に、技術革新や新興諸国との競争に対応していくためには、専門能力を持った人材を多く登用しなければならない。このような状況に対して、従来の日本的雇用慣行は適応が難しくなっている、といわれる。[33]専門技術を備えた有能な人材には高給をもって遇することが、欧米諸国のみならず中国やシンガポールなどでも広がっている。ところが、日本では年功序列制があり、なかでも賃金体系が有能な人の採用を妨げると

32 厚生労働省、および社会保険労務士法人アイプラス（http://sr-iplus.co.jp/wagesystem/?p=908）による。
33 小峰（2006）、pp. 42-56、小峰（2017）、p. 125以下など。

いわれている。

第3に、最近では「働き方改革」というスローガンの下で、長時間労働の是正や正規と非正規の間で格差をなくすこと（「同一労働・同一賃金」）が提唱されている。これも限られた労働力（生産年齢人口）を活用することにつながるといえよう。

しかしバブル崩壊後、長い時間をかけて「過剰雇用」が整理されたこと、代わって非正規雇用が増えたことで、労使協調体制にも綻びが目立つようになってきた。最近の例では、安倍政権が提唱した働き方改革に対して、残業手当の切り捨てとか、長時間労働を促進するだけであるとかいう批判がよせられた。このような批判は、企業の労務管理に対して労働者側の不信感が根強いことを示している。

非正規労働力の拡大は、1995年に日経連が「新時代の『日本的経営』」を発表したころから始まる流れである。そこでは労働者を「長期蓄積能力活用型」、「高度専門能力活用型」、「雇用柔軟型」に三分し、それぞれ能力に応じた処遇を提唱していた。この中で「雇用柔軟型」と「高度専門能力活用型」の一部が雇用を固定されない労働者のグループになる。[34] 労働組合の側では、バブルの末期に結成された連合が経営者の攻勢に対して無力であった。

時系列的にみると、まず第1に1999年の労働者派遣法の改正で、非正規雇用の法的な制限が緩和された。第2に2003年に製造業にまで派遣労働が解禁されたことで、さらに増加に拍車がかかった。非正規雇用が増えたことは、西ヨーロッパ諸国も同じであるが、後にみるように、たとえばオランダでは正規と非正規との間で賃金にさほど大きな格差はない。

大企業とはかぎらないが、正規雇用者の数それ自体は1980年代半ばから現在に至るまであまり大きな変化はみられない。その反面で非正規労働者が増えたのであり、その供給源は、従来の正規労働者というよりも、自営業者、家族従業者からの転職、さらに女性の新規就労であった[35]。

経営者側からみると、非正規雇用者は雇用期間が過ぎれば契約を解除できるので、過剰雇用を整理するのに便利な存在である。正規労働者よりも賃金が低いので労働コストを切り下げる効果もある。さらに、非正規雇用の増加は、産業部門や職種を超えた労働力の移動にもプラスに働くことはまちがいない。日本経済の桎梏とみられてきた「長期（終身）雇用」や「年功序列制」は、最近のように非正規雇用が就業者の40％近くになると、かなりのていどまで解消されてきたといえるだろう。これで「高度成長レジーム」の重要な構成要因が崩れてきたが、それにもかかわらず、経済は低迷を脱し切れていない。ということは、硬直的な雇用関係が経済停滞の原因であるとする見方に疑いを抱かせる。

労働規制の緩和は、中国など低賃金国との競争に直面して、やむをえず採用された政策であるといわれている。逆に製造業における派遣労働など非正規労働の禁止は、産業の空洞化を招き、雇用情勢をかえって悪化させるとの説もある。この点をどう考えればよいのだろうか。

ここでとりわけ注目すべきは、後にみるように、就業者の約7割が第3次産業（広義のサービス産業）で

34　兵藤（1997）（下）、p. 509 以下。
35　小熊（2019）、pp. 44–46。

働いていることである。ここには自営業者も含まれるので、被雇用者とはかぎらない。サービス産業は一般に製造業などに比べて国際競争の影響を受けにくいので、低賃金国からの競争が賃金を抑える要因であるとはいいきれない。実際、一部の高給業種（金融、医療、商社など）を除いて、サービス産業よりも国際競争にさらされている製造業の方が賃金は高いのである。

またサービス産業の生産性の低さが賃金を押し下げていると速断することもできない。IT化など技術革新の遅れが生産性を停滞させる側面もたしかにあるだろうが、もう一つの要因として、サービス労働が正当に評価されていないこともある。労働が正当に評価されれば、労働者の賃金が増える。他方で資本側の取り分が変わらないとすると、定義上、付加価値も増え、統計上の生産性も上がることになる。

ただし、これからは労働力不足が深刻になるので、より成長する部門に労働力の移動を促すことは重要な課題である。成長力の高い分野に労働力が移動すると、経済成長も促進されることはまちがいない。それには企業の新陳代謝も必要になってくる。

労働市場が本来の機能を発揮すれば、成長率の高い部門では労働力の需要が増え賃金も高くなる。そうなると、成長率が低く、賃金が低い部門から労働力が移動していくはずである。なぜそうならないか、規制が本来の機能を阻害しているのだろうか。

想定される一つの要因は、終身雇用とか、年功制とかいわれる労使慣行である。年功制だと、若い労働者の賃金は生産性に比べて相対的に低く、高年齢の労働者では逆に高くなるといわれる。したがって、若い労働者は中高年まで働かないと低賃金の埋め合わせができない。この埋め合わせは、同じ企業で「終身」働くことで保障される、というわけである。

このような日本的雇用関係が成立していれば、低成長部門から高成長部門への労働力の移動がたしかに円滑には進まないだろう。しかし、そうだとしても、成長が見込まれる産業部門や企業が十分に高い賃金を払えば、労働者は停滞部門から移動してくるだろう。労働力の移動を妨げているのは、賃金を抑えたり、余剰人員を抱えたりする経営者の姿勢であり、またそれに協力する労働組合ということになる。

とはいえ、労働者は長年身につけた知識や熟練を捨ててまで、それほど簡単に職場を変われるわけではない。その阻害要因は、労使慣行や規制というよりも、求められる労働力の「質」である。高成長部門で要求される労働の内容が低成長部門の労働者でも満たせるのであれば、より高い賃金を求めて労働者が移動するだろう。しかし、成長が見込める分野では、たとえばＩＴを使いこなせるような技能が必要とされることが多い。

このように求められる労働力の「質」が制約になると、労働力の過剰と不足のアンバランスが自然に解消されることはない。解雇を金銭的補償で容易にしても、それに応じる労働者は多くないだろう。また最低限の生活を維持するのに、必要な賃金の水準もある。だからこそ職業訓練や最低賃金制度などの「セーフティネット」を整備することが必要になるのである。

これまでは企業が「福祉国家」の役割を代行していたこと[36]をすでに指摘した。だからこそ雇用を保障しな

---

36 スタインモ（２０１７）、p. 143。

いことに強い社会的抵抗があった。後述するように、中小企業など弱い産業部門に雇用が集中しているので、保護行政を容易には崩せなかったのである。

労働市場の規制緩和や企業の取り組みは、結果的に若年層に多くの負担をかけることになってきた。結婚もできない、子育てもできない賃金水準では、社会としての持続性すら危うくなってしまう。比較的恵まれているはずの正規労働者にしても、長時間労働、パワハラや、「人間関係」などに悩みは深いといわれる。「ワークシェアリング」、「賃金シェアリング」などでこのような問題が解決するかというと、すでに正規雇用されている労働者からの反発があり、実現性に乏しいだろう。パイを拡大しないかぎり、すなわち経済が成長しないかぎり、問題の解決にはつながらない。

以上のような状況を打開することが本当の意味での改革になるはずであるが、企業はむしろ間違った方向に進んできたようにみえる。次にこの企業の対応をみることにしよう。

5――「安上り」を追求する日本企業

方向が間違っているというのは、バブルが崩壊してから、企業はさまざまな対策を打ち出してきたが、その中心は生産費、なかでも労働費用の削減であったからである。安い労働費用を求めて海外に生産拠点を移動したり、非正規雇用を拡大したりすることはその表れであった。

エネルギーの面で脆弱な日本が石油危機を乗り切り「スタグフレーション」を回避できた一つの大きな理

由は、賃金よりも雇用を重視する労使の協調体制であった。「日本的経営」の強みがここにあったことは疑いない。しかしその成功体験が災いして、現在に至るまで賃金が抑制され、正規労働者の雇用を守る反面で、非正規労働者の増加を招くことになったのである。[37]

すでに第2章でみたように、戦後初期もしくは高度成長期から始まった名目および実質の賃金上昇は1997年まで続いていた（図2-2）。ところが、金融危機が始まった1997年を最後にこの傾向が終わり、その後は下落基調に入ったのである。この転換は、戦後の歴史を画するといっても過言ではないほどに、きわめて注目すべき現象であった。これはいうまでもなく、企業側には有利なことである。「アベノミクス」の下では、史上最高益を記録する企業が相次いできたが、他方で労働者の賃金が伸び悩んでいたことはよく知られている。

賃金が上がらないのは労働生産性が低いからである。逆にいうと、生産性が上がれば賃金も上がるという議論がある。近年ではこのような考え方が主流であるといってよいだろうが、この説はどこまで妥当するのだろうか。

もし賃金が生産性に連動しているのであれば、単位労働費用は変わらないはずである。[38] ところが図3-3

37 2016年の平均で全雇用者の内で非正規は37・5％であったが、65歳以上の男性ではその比率が72・3％、女性だと全年齢平均で55・9％となっていた。総務省「労働力調査長期時系列データ」。
38 第3章註16を参照されたい。

図5-3　労働分配率の推移（1955-2017年）

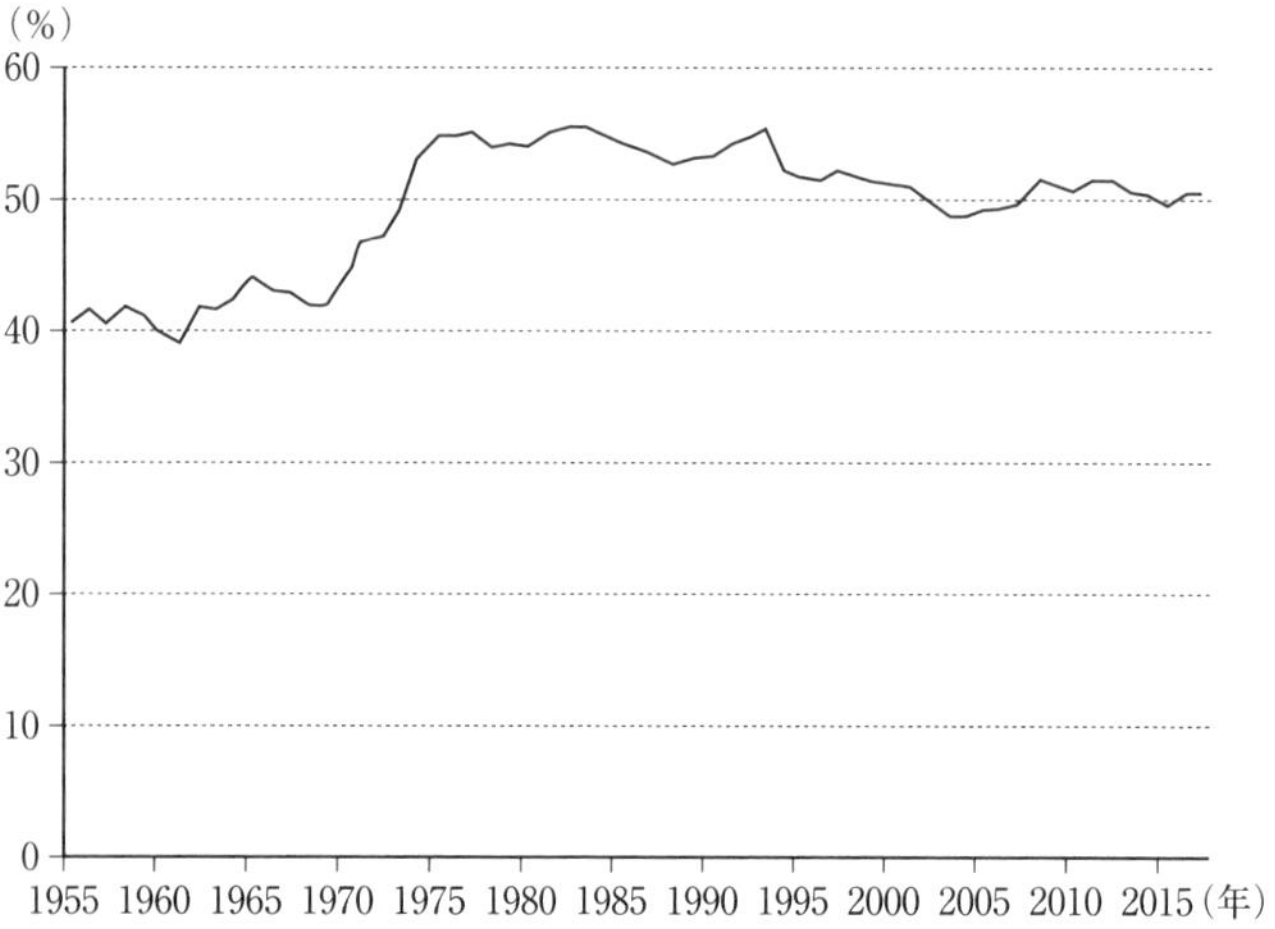

註：雇用者報酬/GDPで表示.
資料：内閣府「国内総生産勘定」，1998年度，2017年度.

が示すように、日本の単位労働費用は2000年以降マイナスの変化率、すなわち低下傾向を示している。実際のところ、2000年代に入っても労働生産性は上昇している（図3-2）が、その成果が労働者に十分に配分されていないことになる。

マクロ経済からみると、労働生産性は労働1単位当たりのGDP（付加価値額）で表される。この付加価値は資本と労働それぞれに分配される。労働側の取り分は賃金と労働の投入量によって決まってくる。労働側に分配された部分のGDPに対する割合が労働分配率である。労働分配率が小さくなれば、GDPの伸び（経済成長）がなくても、資本側の取り分、すなわち企業利益の総額は増加することがある。その一方で、労働者の側の取り分である賃金総額が減少することはいうまでもない。

それでは日本の労働分配率は実際にどのように推移してきたのだろうか。高度成長期以来の長期的な労働分配率を表示した図5-3をみると、1970年代の前半に大きく上昇した後は、緩やかに低下しているといえなくもないが、1980年代前半、90-93年には、その動きが中断している。また2004年から11年ころまで緩やかに上昇している。賃金や労働報酬は短期的には下方硬直的（下げにくい）なので、不況期になると労働分配率は上がりやすいのである。大筋では1993年からほぼ10年間、そして2011年から15年にかけて低下傾向がみられる、といえるだろう。[39]

人々の生活に直接関わってくるのは、名目賃金ではなく、物価水準で調整した実質賃金なので、図5-4は実質給与の増加率を表示した。年々かなりの変動があるのは、名目給与それ自体の変化よりも、インフレ率の振れの方が大きいことによる。それでもならしてみると、2000年代は年々0・24％しか増加してい

39　石見（2017）、pp. 63-65では、OECD（2007）の資料から、日本の労働分配率が70年代半ばから低下傾向をたどっていたと述べた。この場合の分配率は、国内純生産（国民所得）を分母にしているが、図5-3は国内総生産（GDP）を分母にしている点が異なる。GDPと国民所得の違いは、資本の減耗（減価償却）や生産、輸入に対する課税を含めるか否かによる。たとえば2017年では、名目GDPが545・1兆円に対し名目国民所得は400・8兆円であり、後者は前者の約74％であった。二つのトレンドの形状が異なるのは、主として資本減耗率が時期によって変化することによるのだろう。以上の点については、根津利三郎氏（元OECD科学技術産業局長）からご教示いただいた。

図 5-4　実質給与の増加率

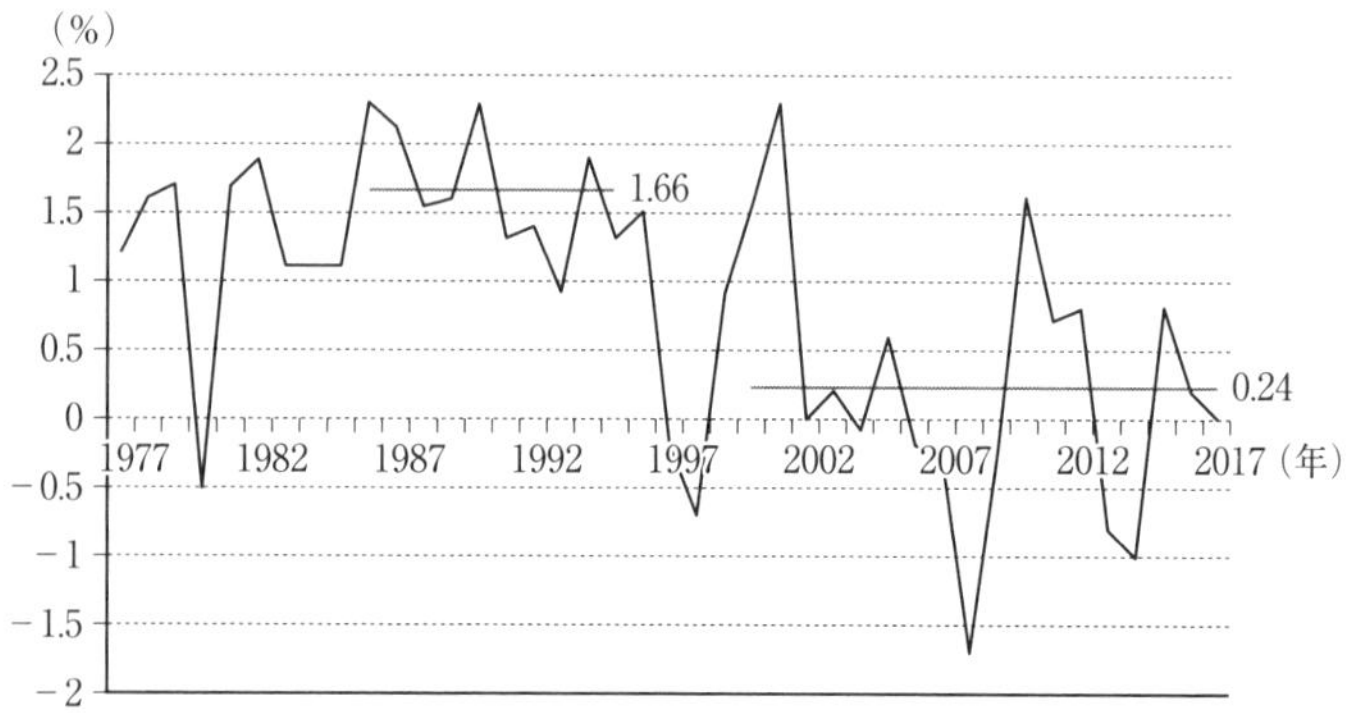

資料および註：所定内給与月額，男女合計，厚労省「賃金構造基本統計調査」，インフレ率は総務省統計局，東京区部．

ない。１９８０年代後半から９０年代前半にかけては年々１・66％の増加があったことに比べると、大幅な縮小である。２００９-１１年はたしかに上がったといえるが、２０００-０１年や１９８０年代後半に比べると、その勢いは弱いといえるだろう。

　最近は人手不足といわれ、若年層の就職も好調であったのに、なぜ賃金が上がらないのだろうか。その理由として、就職氷河期世代（30代後半から40代前半）に多い低賃金や、「団塊世代」の定年後の再雇用、また女性のパートタイム就労などが全体として賃金を抑制しているといわれる。[40] しかしこうした要因の根底には、何よりも労働コストを抑えようとする経営者の姿勢があることに注意すべきである。

　そして、経営者の姿勢は株式の保有構造にも深く関係している。すでに第３章で紹介したように、1990年代の金融危機以降、外国人（機関投資家）の保有シェアが日本国内の金融機関や事業会社に代わって増大してきた。そして外国の機関投資家は、株主の利益を最優先するので、外国人の保有シェアが大きい企業ほど賃金が抑制されるという傾向がみられるのである[41]。

賃金コストを抑えるだけの経営が問題なのは、マクロ的には「合成の誤謬」を招くからである。個々の企業にとっては、生産費用、なかでも賃金が高いと（他の条件を一定とすれば）利潤が圧縮される。したがって労賃を抑制するのは合理的な選択である。しかしすべての企業が同じような行動をとれば、全体として消費需要が縮小する。それは企業の売り上げを減らし、最終的に、企業は自分で自分の首を絞めるのと同じことになる。「合成の誤謬」というのはそういうことである。

国民経済計算で最大の需要項目は消費であり、一般に低所得階層ほど所得を消費に向ける割合（消費性向）が高いので、賃金の抑制はデフレの解消や景気の回復にもマイナスの働きをする[42]。したがって、労働者所得の低迷（資本所得の伸び）から消費が伸び悩み、内需が停滞する。それがまた利潤率を圧迫し、投資の低迷という悪循環を招いていたことになる。このような因果関係は長期停滞論にも通じるが、以上のよう

40　玄田（2017）、pp. 109–111, 173–175。
41　野田・阿部（2010）。
42　須藤・野村（2014）は、長期の経済停滞の原因として、消費の低迷を指摘し、その背後で実質所得の低迷、労働分配率の低下があったとしている。

に整理をすればさしあたり無理なく理解できる。

さらにそれ以外の副作用もある。第1に、知識や技術集約型の産業への転換が妨げられることである。少子高齢化との関連では、生産年齢人口の減少は女性や高齢者（そして一部は外国人）の労働参加で補われてきたが、その多くは非正規雇用であり、賃金コストが低い。その結果、生産性向上につながる投資が停滞する。それのみならず、より積極的な新しい企業経営への転換が弱くなるのである。

第2に、非正規雇用が増えると、企業内での技能の蓄積が難しくなり、長い目でみると企業にとっても競争上、不利に働く。非正規労働者は、職場の外で新しい知識を習得する機会がきわめて少ない。

第3に、現在、議論されている「働き方」改革は、質の高い労働力の確保と生産性の向上を目指すのが本来の目的のはずである。労働コストの削減だけを一方的に追求するものではない。しかし、長時間労働や「サービス残業」に依存してきた経営者が、本当に労働環境を良くする方向で改革に踏み出せるのかどうか、労働者が不信感を抱くのは当然である。これまでの経営方針が好ましい方向の「改革」を阻害しているのである。

企業の利益が増えると、やがて投資が増え、賃金も上がるようになる。このようなシナリオが「トリックルダウン」効果といわれるものであった。理屈の上では、このような因果関係が成立することはありうる。しかし、過去20年内外の経過をふり返ると、「トリックルダウン」効果はほとんどみられなかった。実質所得の伸びが弱かったことがその何よりの証拠である。

6——「構造改革」——さしあたりのまとめ

以上の議論をまとめると、「構造改革」はたしかに必要であった。何をどのように改革するかという点になると、立場によって相違はあるだろうが、実際に進められたのは市場の活力を利用する方向であった。そこでまずは、改革期を通じて何が変わり、何が変わらなかったかという観点からふり返っておこう。

まず変わったのは、⑴不良債権の整理であり、⑵就業者人口の数が伸び悩み、非正規雇用が増加したことである。変わらなかった点で大きいのは、労働費用の切り下げである。企業が労働コストを抑制するだけのビジネスモデルに固執してきたのも、過去の「成功体験」のせいであり、ある意味で「既得権益」の一種といえるかもしれない。

「財政再建」を除くと、不良債権の処理にしても、硬直的な労働市場の打開にしても、それなりに実現してきたといえるだろう。それにもかかわらず、経済は相変わらず低迷している。それはこうした対策が有効ではなかったか、あるいは方向が間違っていたのだろうか。

変わらなかった点からみると、労働費用を切り下げるだけのビジネスモデルは、生産性の向上もデフレ傾向の払拭も期待できない。この点にまで踏み込まない「改革」は、やはり進むべき方向を間違っていた、ということになるだろう。

さらにいうと、本当に必要な構造改革は経済成長を妨げる要因を取り除くことだけではない。何よりも潜在成長力そのものを高めることが必要である。そこで、第1章でふれた経済成長を規定する3つの要因、すなわち⑴資本ストック、⑵労働力、⑶技術進歩の3つに分けて、これから何が必要になるかを検討してみよう。

第1に資本ストックは投資によって増加するが、次章でみるように投資は低い水準に留まっている。それは経済成長に対して楽観的な見通しが持てないからである。投資の原資は貯蓄であり、現在の日本ではまだ貯蓄が増えているが、経済成長率が低くなり、高齢化がいっそう進行すると、いずれストックとして貯蓄残高が減少する局面が訪れるかもしれない。投資に対して貯蓄が不足すると資本輸入によって賄われるしかないが、日本の予想成長率が低いと、資本流入は減退し、実際に成長率も低下する。

第2の労働力については、生産年齢人口のピークが1990年代半ばであり、生産人口の減少がマイナスに働くことは明らかである。就業者数でみると、高齢者と女性の労働参加で最近は回復傾向を示しているが、その多くは非正規労働に従事している。また就業者がわずかに増えたとしても、労働時間は減る傾向にある。[43] 労働人口の一部は外国人によって補われるにしても、その効果は限定的である。

第3の技術進歩は、狭い意味での工学的な技術ばかりではなく、企業組織や経営方針、社会制度の「革新」などまで含む。しかし、すでに第4章でもふれたように、「少子高齢化」が進む日本では、広い意味での技術進歩に不利な条件が重なっている。

構造改革は、まず第1に経済の低迷を打開することが目的であったが、それは第2に、人々の生活を豊かにし、将来への不安を取り除くために必要とされるのである。幸福を実現するためといってもよい。経済政策の究極の目的は何かと大上段に振りかぶっていうと、それは第2の人々の幸福であり、第1の低迷の打開とか、経済成長とかいう目標はその手段にすぎない。逆にいうと、第1の課題を実現するために第2の目的を犠牲にするならば、それは邪道というべきである。

以上の点を確認した上で、なお改革に対する評価が分かれるのは、おそらく次のような理由からである。第1に経済の全体的な動きをみること（経済学者の用語を借りると、「一般均衡論」的な視点）に難しさがある。部分的に当てはまる議論であっても、それが経済全体に波及する効果を合わせて考慮すると、逆効果になることもある。すでに紹介した「合成の誤謬」などはわかりやすい方であるが、よりいっそう複雑な相互関係もありうる。

第2に短期的な作用と中長期的な効果とが相反するような場合がある。この点は、第4章でとり上げたように、第1次ベビーブームが終了した事情にも妥当するかもしれない。本章のテーマに即していえば、短期的には「痛み」をともなう改革が、中長期的には企業の体質を改善させ、経済全体の成長を促進することもある。そうだとすると、中長期的な成果を導くために、短期的な「痛み」を緩和しながら、改革を進めることが望ましい。逆に「痛み」を放置することは、中長期的に必要な改革を妨げることにもなるのである。

低賃金を武器に輸出攻勢をかけるのは、高度成長期から日本企業の十八番であるとみられてきた。低賃金のみならず、低収益（「薄利多売」）といわれることもあったが、このようなビジネスモデルは先進諸国の

43 鶴ほか（2019）、pp. 20–21。

生きる道ではない。「高賃金」による経営は、かつてヘンリー・フォードが自動車産業で採用した例（「フォード方式」）がある。「高付加価値、高賃金」の経済になぜ移行できないのか、そこが最大の論点になるだろう。それはまず何よりも経営者の姿勢の問題である。また賃上げ抑制で経営者側に協力してきた労働組合も転換を迫られている。

第6章 「構造改革」はなぜ失敗したのか

バブル崩壊以降これまでの「構造改革」は経済を成長させること、あるいは潜在成長率を引き上げることに目標を置いてきた。それでは、なぜそのような目標に十分な成果が現れなかったのか、その点を解明するのが本章の課題である。あらかじめヒントを提示しておくと、日本の社会および雇用の構造に注目しなければならない。

1――なぜ生産性が伸び悩むのか

経済を成長させるには、資本や労働の投入（働く人の数や労働時間）を増やすか、生産性を向上させることが必要である。この点に異論をはさむ人はまずいないだろう。しかし日本では今後、労働人口の伸びがあまり期待できないので、生産性の向上が何よりも重要な課題になる。それではどうすれば生産性は上昇するのか、それこそが問題である。ただその議論に入る前に、まず生産性とは何かを定義しておこう。やや遠回りの感じがするかもしれないが、そうでないと議論が無用に混乱するからである。

生産性という概念で一番わかりやすいのは、労働生産性だろう。これは労働者一人が決められた時間で、どれだけ多くのモノやサービスを生産するかを表す。これとは別に、労働だけではなく、資本も存在しなければ付加価値が生産されないという見方がある。労働者のみならず、資本を提供した資本家（投資家）も付加価値の増加に寄与したとみなすのである。経済学でよく使われる全要素生産性（total factor productivity, TFP）という概念は、労働や資本の投入による生産の増加は当然として、それ以外の部分を計るという考え方に基づいている。

こういっただけではわかりにくいかもしれないが、ＴＦＰは「技術進歩」と同じことであり、次のようにして計算される。まず労働や資本の量的増加がそれぞれ生産の増加に貢献した部分を計測する。そして労働や資本の増加による貢献分を除いた上で、ＴＦＰは残りの生産増加分として表される。この残余は、生産要素である労働や資本それぞれの「質」（生産性）が向上したことで実現したとみるのである（第1章註11も参照）。生産性の低い部門から高い部門に資本や労働が移動することで生まれる効果もここに含まれる。

労働生産性、もしくはＴＦＰのどちらの概念を使ったにしても、生産性の向上は、新しい技術を導入したり、新しい製品・サービスや市場を開拓したりすること、あるいは生産方法や仕事の編成、段取りを変えたりすることで実現する。そこに経営者の資質や才覚が発揮されるが、いずれの場合も新規の投資と結びつくことが多い。

ＴＦＰは計算上、技術的に難しいところがあり、代わって労働生産性を使うことの方が多い。注目すべき

図 6-1　先進諸国の TFP* の伸び率（1991-2018 年）

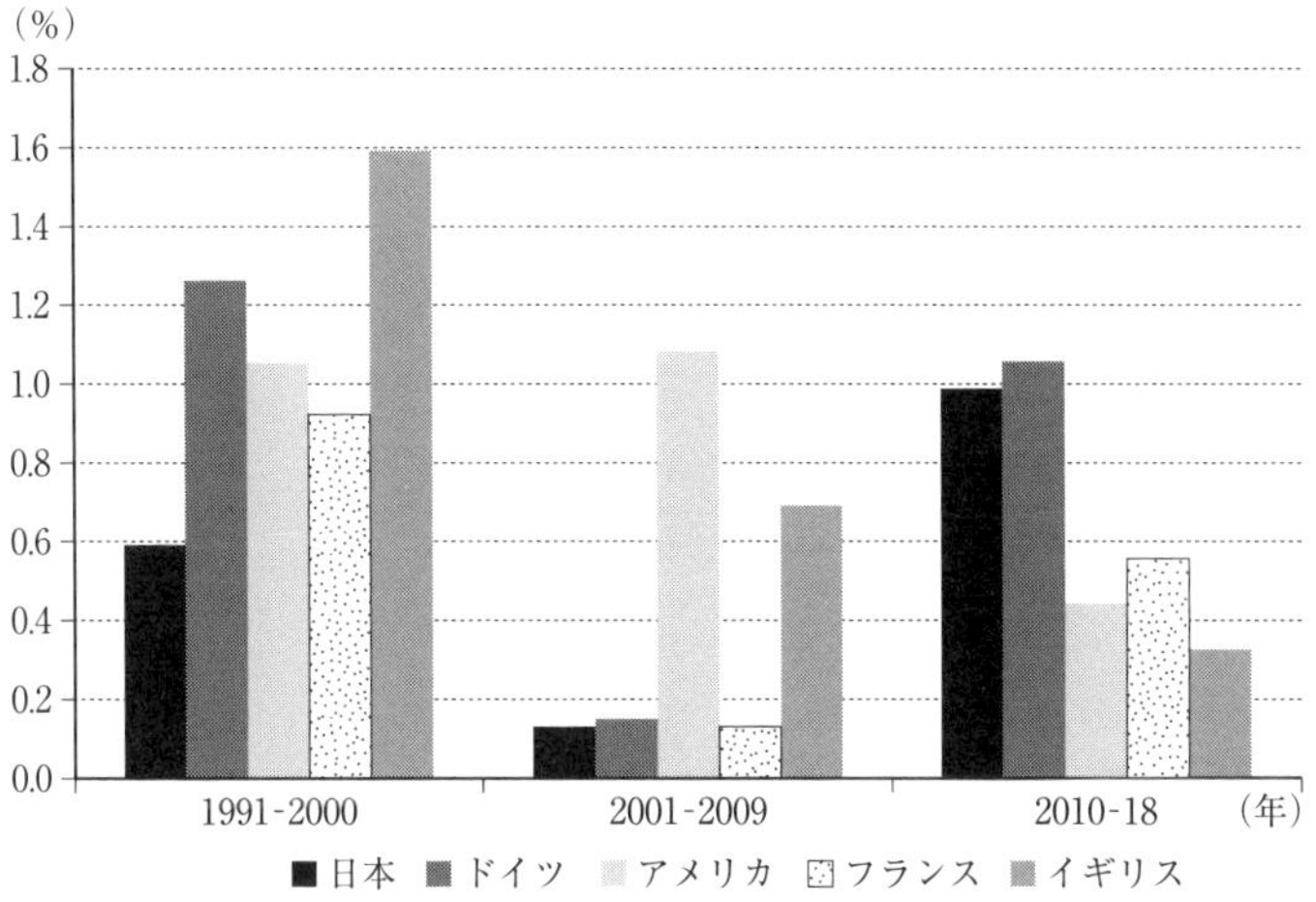

資料：OECD, Main Economic Indicators Database.
註：* は OECD のデータでは，“multifactor productivity” と称しているが，基本的に TFP と同じことである．

は、すでに第３章でみたように、労働生産性の伸びが石油危機以降、先進諸国で軒並みに低下してきたことである。その一つの解釈は、技術進歩の停滞であるが、日本に関しては、それに加えて「追いつき」の余地が小さくなったことも影響しているだろう。

図３－２に立ち返って、ＧＤＰで計った労働生産性を参照すると、先進諸国の中で日本の優位性は明らかに後退してきた。１９６０－７３年の高度成長期には日本の突出した伸びが何よりも目をひくが、その後も１９８０年代末までは先進諸国の中で最高の伸び率を示していた。ところがすでにふれたように、１９９０年代にはフランスと並んで最低の伸びに落ち込んだので

あった。

しかしここであわせて指摘すべきは、2010年以降になると、日本の生産性が先進諸国の中で比較的高い地位に戻っていることである。図3-2によると、2001-09年の期間に日本の労働生産性の伸び率はアメリカやイギリスに比べてあまり目覚ましいものではなかった。図6-1でTFPの伸び率を参照しても、1991-2000年、2001-09年ともに、日本は先進諸国の中で最低の部類に落ち込んでいたところが、2010-18年の期間では、英米が伸び率を落としたのに対し、日本はドイツと並んで先進国のトップクラスになったのである。図3-2の労働生産性でみても、似たような傾向は読み取れるが、ドイツや日本の優位性はそれほど顕著ではない。[1] 2010年以降にTFPの伸び率が回復した理由は必ずしも明らかではないが、広い意味での技術進歩が貢献したことによるとみてよいだろう。

労働生産性が指標であれば、一般に失業率、女性や高齢者の労働参加率、さらには労働時間が関係してくる。生産年齢人口の中で就業者が多いほど、また労働時間が長いほどGDPは増えるので、生産年齢人口を分母とし、GDPを分子にして計算した労働生産性は高く現れる。ところが、図3-2の労働生産性は生産年齢人口ではなく就業人口、そして2001年以降は総労働時間を基準にしているので、このような歪みは現れない。

以上のように、最近では日本の生産性がかなり回復してきたようにみえる。しかしそれにもかかわらず、日本経済が長期停滞から抜け出せないのはなぜだろうか、そこに問題の核心がある。

形式的にいうと、生産性の伸び率がかなりの水準に戻っても、経済成長率が十分に高くならないのは、単純に生産要素、なかでも労働力の投入があまり増えないことによるといえるだろう。中長期的な課題として、労働人口の増加が望まれるが、それには時間とコストがかかる。

もう一つ別の見方をすると、生産性がたしかに上がったとしても、就業人口や総労働時間の減少を補って余りあるほどには上昇していないことになる。それでは、なぜ生産性がそれほど高くならないのだろうか。これは日本経済の低迷に関連したきわめて重要な疑問である。

高収益・低投資

生産性が伸び悩んでいるのは、新規投資が低調なことにも対応している。新しい技術を導入するにしても、新たに機械のような固定資産やソフトウエアなどの無形資産を追加すること、すなわち投資が必要になる。投資の動向をみるために、図6-2は固定資産の増加率を表示している。固定資産の増加分は固定投資に当たるので、ここで表示された固定資産の増加率は、新規投資が既存の資本ストックに対してどれくらいの割合になるかを示している。これによると、リーマンショックの直後や「アベノミクス」が開始された当初などで、たしかに伸びは目立っているが長続きしていない。しかも、それぞれのピークでも増加率はバブ

---

1 最近になって日本のTFP生産性の上昇率が高いことは、森川（2018）、p. 26も指摘している。その論拠は図6-1と同じくOECDのデータである。鈴木（2016）、pp. 216-217も、生産年齢人口当たりの労働生産性でみても日本が意外に高いとしている。

図 6-2　固定資産増加率

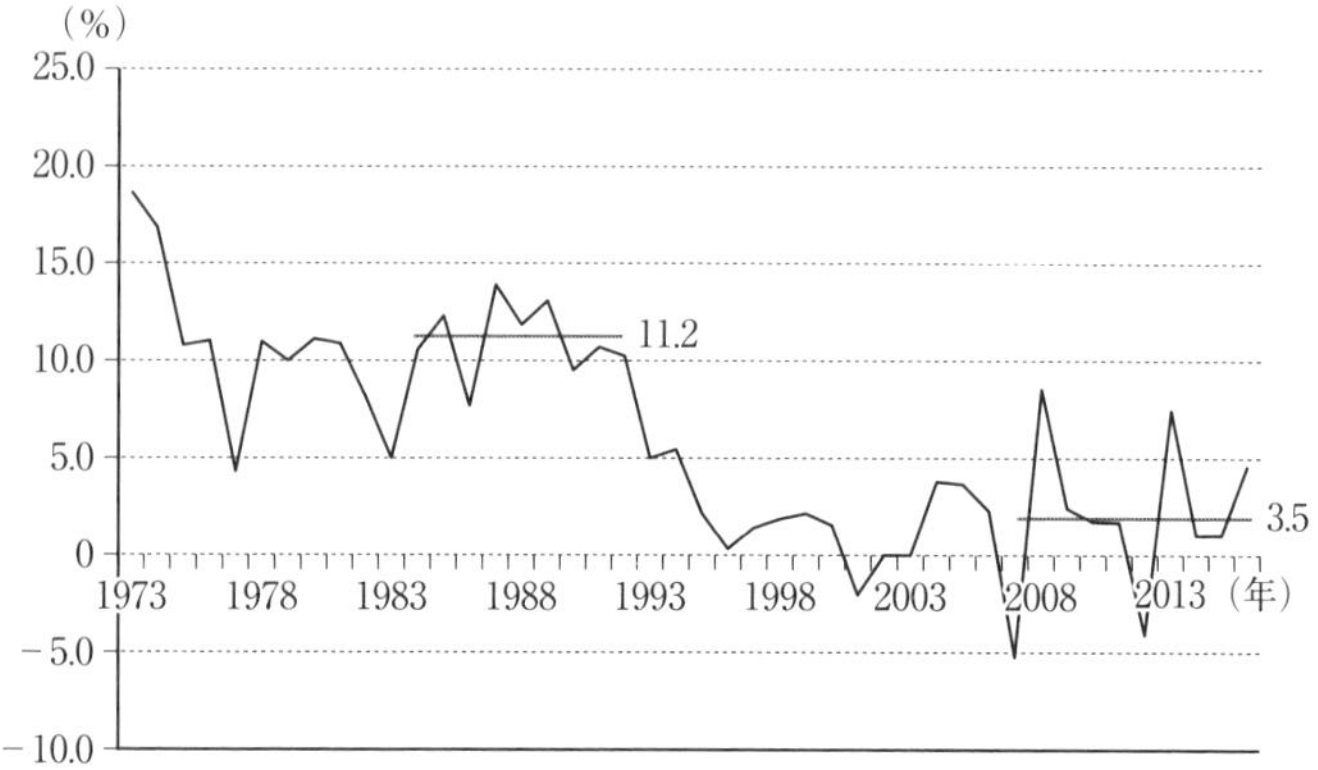

資料：財務省『法人企業統計月報』.

ル期をかなり下回っている。また1990年代後半から2010年代まで、設備投資の額が減価償却とほぼ同じか下回る、すなわち古くなった設備の更新以外に拡張投資がほとんど行われない状態が続いていたといわれる。[2] このように投資は概して低調なのである。

ところが、図6-3で利益率（総資本経常利益率、すなわち資産総額に対する経常利益の比率）の推移をみると、低調な投資がかなり特異なことがわかる。この利益率は2003年以降やリーマンショック後の回復過程でかなり伸びてきた。大企業（資本金10億円以上）の利益率がとりわけ2005年から08年にかけて、また13年以降にもバブル期を超えるほどに高くなっている。後者の点はアベノミクスの下で、史上最高益を更新する企業が相次いでいたことによっても裏書きされている。

図 6-3　経常利益率

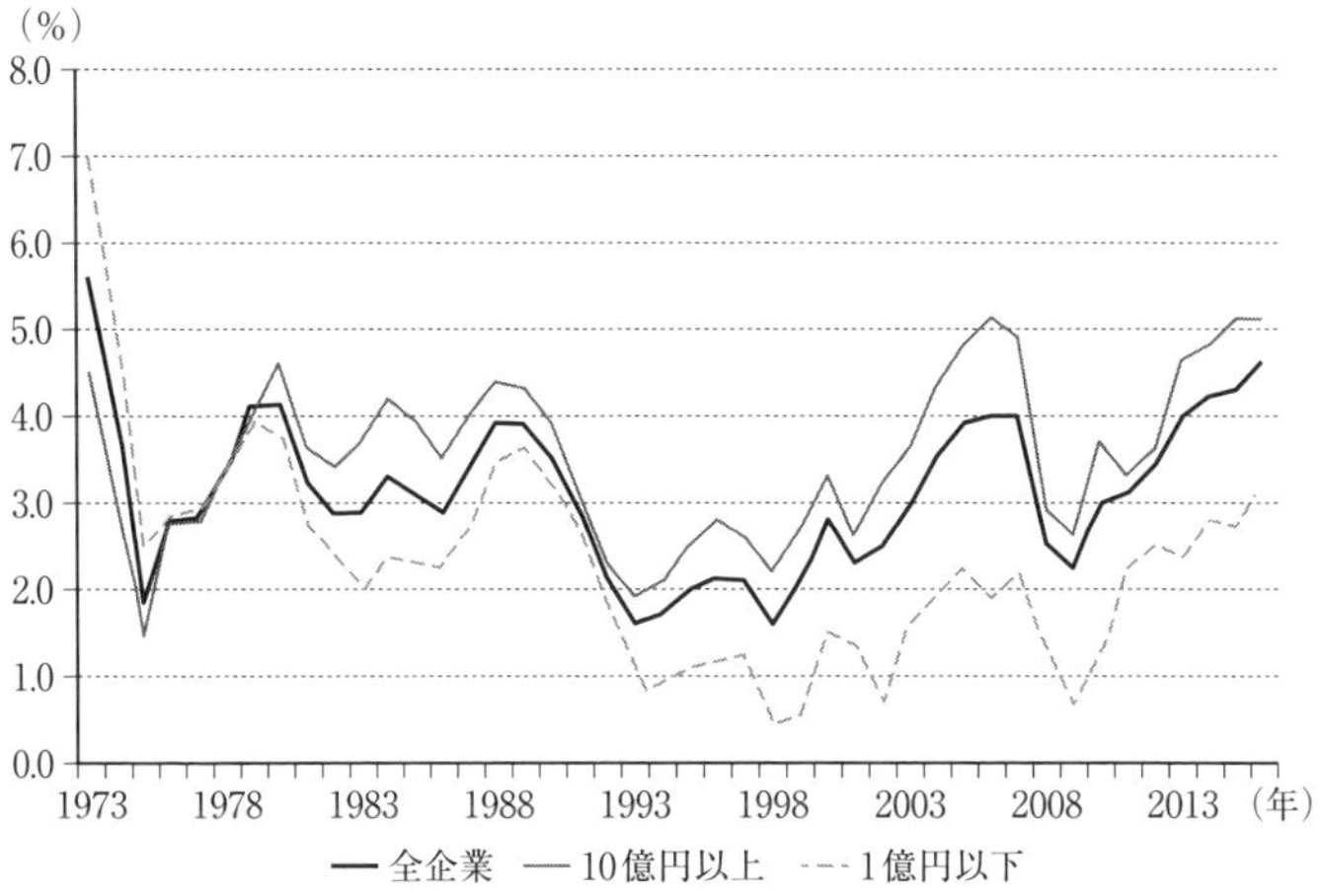

資料：財務省『法人企業統計月報』.
註：資本金の額によって区分した.

ただ詳しくみると、総資本1億円以下の中小企業の利益率は、同じくリーマンショック後に伸びてはいるが、バブル期に比べるとかなり低い水準にある。その結果、大企業の利益率との格差がかなり広がっている。

利益率が高いことは、通常は投資を増加させる条件を満たすことになる。利益が増えるのは経済の好調を意味するので、それだけ投資を増やす動機が強くなる。利益が増えると投資に向ける資金が潤沢になり、外部からの資金も調達しやすくなる。しかるに、好調な企業、なかでも大企業の業績からみるかぎり、固定資産の伸びはかなり低調なのである。それでは、なぜ投資が低迷しているのか、そこが問題である。[3]

鶴ほか（2019）では、設備投資の低迷をもたらした要因として、期待成長率の低下や、更新投資、海外投資、M&Aなどの比重が増加したことを上げている。[4] 期待成長率の低下という点にさしあたり異論はないが、利益率は上昇しているのである。そうすると、なぜ期待成長率が低下するのかという根本的な問題にゆきつく。更新投資、海外投資、M&Aなどの比重が増加したことを指摘しても、国内においてなぜ拡張投資が行われないのかという疑問に十分に答えたことにはならない。それはまた期待成長率がなぜ低下したのか、という前述の疑問に帰着する。

第4章でみたように、企業が海外に生産拠点を移す一つの動機は、労働賃金などの費用が高すぎることにあるといわれた。しかし、高い生産費は生産効率（生産性）を上げる刺激にもなるはずなので、なぜ生産性を向上させる投資が伸びないのか、という疑問はいまだ十分に解消されない。

企業の利益が増えているのに、賃金はさほど上がらないことはすでに指摘した。また利益率が高いのに投資がさほど伸びないのは、国内市場の伸びが期待できないからで、ますます海外への進出が重要になるともいわれる。しかし賃金の据え置きないし引き下げは、結果的に、日本経済が外需に依存する体質をますます強化することになる。実際は、海外に生産拠点を移した企業ほど生産性（TFP表示）の伸びが大きい、という結果が出ている。もう少し正確にいうと、生産性の伸びは中小企業よりも大企業の方が大きく、1990年代以降の直接投資は、その大企業を中心に行われてきた。[5] その反面で、残された企業、とりわけ中小企業などで生産性の低迷が目立つのである。しかも後にみるように、中小企業では大企業に比べて賃金も低い。ということは、賃金が相対的に低いので、生産性を上げる動機も小さいという解釈もできる。

日本全体としてみても同じように、賃金が上がりにくいので、生産性を上げる動機が小さくなり、投資活動は鈍くなる。利益率が高いのは、生産性向上よりも、労働などの生産費用を下押しすることで実現してきた、と考えると理解しやすいだろう。

一国単位ではなく対外市場も視野に入れると、賃金を切り下げ、価格を安くすると、たしかに輸出はしやすくなる。外国企業との競争には、為替相場も関係してくるが、さしあたり為替相場がさほど変わらないとすると、輸出はたしかに伸びる。しかし、その反面で国内の消費需要は低迷することになる。

このような現実に対して、逆の発想をしてみよう。賃金が高く利潤率が低いと、投資が停滞することはあるだろう。しかしだからこそ、革新的な投資を行い、他の企業を出し抜くという積極的な経営方針もありうる。人件費の上昇を受け入れ、生産性向上を目指した投資に踏み切るという戦略である。実際のところ、ITやその他の先端技術を活用した職種では一般に賃金水準が高い。そして技術や知識を多く利用する産業部門では、日本はアメリカのみならず中国などの新興諸国に対しても負けているのである。

2 福田（2015）、p. 154。
3 深尾（2020）も、2000年代に入って利潤率がやや回復したにもかかわらず、資本蓄積の低迷が続いていることには「残されている謎が多い」としている（p. 244）。
4 鶴ほか（2019）、p. 140 以下。
5 深尾（2012）、とくに第3章。

「企業家精神」の衰退

日本が目標にすべきは、すでにふれたように、低賃金・低収益ではなく高賃金・高付加価値型の産業に特化していくことである。それができないのは、経営者の資質に問題がある。

技術集約的で、賃金も高い部門に転換する戦略で日本が見劣りするのは、「企業家精神」の衰退ということもできる。かつて日本にも「企業家精神」が横溢していたことは、戦後から高度成長期にかけて活躍したソニー、ホンダや松下電器などが有力な証拠になる。

それでは最近の日本でなぜ「企業家精神」が衰えてきたのだろうか。「企業家精神」は、投資活動と同じように、将来への見通しに関係することはまちがいないだろう。大恐慌期、1930年代のアメリカで投資が低迷したのは、「安心」感の喪失によるといわれる。当時は市場経済や資本主義の根幹がゆらぐかもしれないという不安が広がっていた[6]。その一方で、知識人の一部に社会主義への親近感すら生まれていた。これとは対照的に、現在の日本では経営者が労働者に対してははるかに有利な立場にある。経営者は「少子高齢化」のせいで縮む国内市場を語るが、人口の縮小だけが国内消費を委縮させているのではない。

「企業家」の資質にはたしかに個人的な要因も関係するだろうが、社会全体として「企業家」が生まれやすい環境とそうでない環境とがあるだろう。そこに高齢化が影響しているというのが本書の立場である。経営者が高齢化すると、新しい分野に踏み出したり、挑戦したりする意欲がどうしても弱くなるのではないかということである。

「企業家精神」とか「イノベーション」とかいうことになると、まず参照されるべきは、シュンペーターである。シュンペーターは「創造的破壊」という概念でも知られるが、「新結合」（イノベーション）が与件の急激な変化を起こし、経済発展の動力となることを強調した。「新結合」とは具体的にいうと、新しい財、生産方法や販路の開発、原料、半製品の新たな入手先、そして新しい組織の実現などである。そこでは企業家の役割が決定的に重要であり、常識を破る特別の才能が求められる、と述べている。[7] それはケインズの「アニマルスピリット」にも通じる資質である。シュンペーターは、新規事業に資金を供給する上で「銀行家」の重要な役割もあわせて指摘しているが、この点はまさに日本の高度成長期によく当てはまる。

以上のような「非連続的」な変化は資本主義に固有な性格とみられているが、高齢化し人口が減少していく社会がイノベーションを生み出すのに不利であることは、すでに第4章で述べた。

シュンペーターは資本主義がやがて消滅すると予言したことでも有名である。彼の消滅論は、急激な体制の崩壊を想定しているわけではなく、資本主義企業や企業家の機能がしだいに衰えたり、資本主義に敵対的な知識人やマスメディアが増えたりすることで、基盤が崩れていくとみている。この点に関連して注目すべきは、衰退の理由の一つに「ブルジョア家庭の崩壊」をあげていることである。その端的な表れが少子化であり、「合理化が私生活の領域にまで拡大し」、「子供がもはや経済的資産ではなくなった」ことによるとし

6 アカロフ・シラー（2009）、pp. 103–107。
7 シュムペーター（1977）、p. 178 以下。シュムペーター（1962）、pp. 150–151 など。

ている。[8] 子供をもたないという選択は「合理的」な計算によるが、それは社会の基礎をなす家庭を崩壊させる。少子化が進むと、社会の平均年齢が上がり高齢化するので、この側面からも資本主義の将来を危うくするということもできるだろう。

日本経済の凋落は、シュンペーターが想定していたよりも、はるかに急速なものであった。彼が指摘する少子化にしても、より長期的なブルジョア社会の趨勢を考えているとみるべきだろう。とはいえ、少子化や高齢化が経済を衰退させる傾向にふれたことは十分な注目に値する。

ところで、「創造的破壊」は旧来の多くの企業を淘汰するので、失業を増やし社会を混乱に陥れる可能性がある。[9] このような「イノベーション」の破壊的側面は、資本主義の自己矛盾といってもよいが、それで直ちに資本主義が崩壊することはなかった。これまで破壊的な作用が極端な結果を生まなかったのは、イノベーションが新しい産業や企業群を生み出し、新しく雇用の場ができたからである。またもう一つの要因として、政府も失業者を救済し、職業訓練や有効需要の機会を提供してきたことがある。

このようにイノベーションと安全網の整備とが同時並行的に進んだからこそ、資本主義は延命してきたといえるだろう。とりわけＡＩのような画期的な新技術が普及する社会が訪れる場合には、この点に十分に配慮しなければならない。

「サービス経済化」

生産性の停滞には「サービス経済化」が深く関係しているという議論がある。[10]「サービス経済化」というのは、要するにサービス取引の比重が一国経済の中で大きくなることである。用語法としては、「金融化」と同じである。「ペティ・クラークの法則」は、所得水準が上がるにつれて、人々の需要が「モノ」よりもサービスに重点を移すことを指摘している。それは、家計の食料支出について「エンゲルの法則」があるように、所得水準が高くなると、かなりの必然性を持つ傾向である、とされる。サービス部門は一般に、他の業種に比べて生産性が低いので、「サービス経済化」が進むと一国全体として生産性が低下するというわけである。

まず「サービス経済化」がどのていど進んでいるかをみるために、表6-1は付加価値（GDP）の産業別構成比を示している。広義のサービス業（第3次産業）[11]は先進諸国で全般に比重を高め、現在では約7割から8割に迫っている。これとは対照的に、鉱工業や製造業は比重を減らし、製造業だけをとり出すと、今や日本でも約2割、EUやアメリカでは2割以下となっている。

このGDP構成比と対比する意味で同じ2016年の雇用構成比をみると、日本やEUで製造業は15-16%にすぎず、他方でサービス産業は70%を超えている。アメリカとなると「脱工業化」がいっそう進み、製

8 シュムペーター（1962）、pp. 286-287。これは既述の開発経済学の知見とも一致する。

9 この点で、清水（2019）、第4章、「イノベーションのジレンマ」という議論が参考になる。

10 森川（2016）、pp. 67-68。

11 日本の産業分類表大分類には、情報産業、運輸業、金融・保険業、医療福祉などと並んで「サービス業（ほかに分類されないもの）」という項目がある。本文でサービス業、あるいはサービス産業というのは、以上すべての業種を含み、第3次産業という概念とほぼ同じである。

表 6-1　産業別の付加価値構成比

（単位%）

	1970	1980	1990	2000	2016	雇用構成比	付加価値/雇用
日本						2016	2016
農業	5.9	3.7	2.4	1.3	1.2	3.0	0.40
鉱工業	43.8	41.9	38	30.6	24.0	23.3	1.03
製造業	33.5	29.2	25.8	20.8	21.2	15.5	1.37
サービス	49.7	54.4	59.6	68.1	69.3	73.7	0.94
アメリカ	1970	1980	1990	1999	2016	2016	2016
農業	3.4	2.6	2.1	1.6	1.0	1.6	0.62
鉱工業	34.0	33.6	28.1	24.7	15.1	17.5	0.86
製造業	25.8	21.8	19.6	17.4	12.0	10.2	1.18
サービス	62.7	63.8	69.8	73.7	79.5	80.9	0.98
EU15	1970	1980	1990	2000	2016**	2016**	2016**
農業	6.7	3.8	3.4	2.2	1.5	4.3	0.35
鉱工業	41.2	37.6	32.5	28.1	19.6	23.9	0.82
製造業	29.3	26.6	22.9	19.6*	16.3	15.4	1.06
サービス	52.2	58.6	64.1	69.7	73.7	71.8	1.03

資料： OECD, *Historical Statistics, Main Economic Indicators Database.*
註：* = 1999 年，** = EU28.

造業がかろうじて10%を維持しているのに対し、サービス業は80%を超えている。

「サービス化」の傾向は、日本ではGDP構成比よりも雇用の構成比により強く現れているといってよい。アメリカでもサービス業の雇用構成比がGDP構成比を上回ってはいるが、その差は日本よりもかなり小さい。EUに至っては、雇用構成比よりもGDP構成比の方が大きく出ている。

日本のサービス業のように、雇用の構成比が付加価値（GDP）の構成比を上回っていることは、この部門の労働生産性（付加価値／雇用）が相対的に低いことを意味している。より多くの雇用を抱えながら、その割に付加価値のシェアが小さいからである。製造業については、いずれの国、地域でも付加価値のシェアが雇用を上回っている。すなわち労働生産性がより高い。製造業の生産性がサービス業の生産性を上回る度合いは、製造業の比較優位といい換えることができる。日本は製造業の比較優位が高いが、サービス業の比較劣位が最も目立っている。[12]

ここで注意してほしいのは、労働生産性は付加価値、すなわち実現した（売れた）価値を価格表示で計っていることである。それは物理的な生産性とは違う。この違いを三ツ星の高級レストランと街の洋食屋を例にして説明してみよう。

肉を焼いたり、野菜を切ったりするという意味での物的生産性は、両者の間にあまり大きな差はないだろう。それでも高級レストランは、名声があるからこそ高い値段をつけてもお客が集まってくる。その結果、売上高が大きくなり、付加価値生産性も上がるのである。このように需要さえあれば、物理的に生産性の上がらない分野であっても、価格を引き上げ付加価値の生産性を上昇させることができる。逆に需要がなければ、価格を上げられず（生産性が低く）衰退するしかない。

ただし、レストラン価格の違いにはもう一つの側面があるかもしれない。街の洋食屋に対する市場の評価が低く、付加価値生産性も低いのは、その仕事が高級レストランに比べて比較的単純で、調理師やウエイ

12　本文で述べたように、付加価値シェア／雇用シェアで労働生産性を表し、２０１６年のサービス業の労働生産性／製造業の労働生産性を計算すると、ＥＵは０・97、アメリカが０・83に対し、日本は０・69であった。

ターの入れ替えが行われやすいことも関係するだろう。すなわち、労働の「質」が付加価値を決めている面があることは否めないのである。

このように、サービス業の生産性を計ることにはそれ特有の難しさがある。第1に、サービスの「質」をどのように捉えるかである。日本では「おもてなし」という言葉があるように、接客が丁寧で、感覚的には「質」が高いように思われる。しかしその割に価格が低いように、付加価値が過小評価されやすいといえるだろう。こうした場合は、マーケティング技術などを使って価格を引き上げる工夫が必要になる。ただし、「過剰包装」のような無用のサービスがあると、価格に反映されないのは当然ということもある。

第2に、サービス産業は多種多様であり、その中には付加価値生産性の高い分野もある。たとえば、医療、情報、総合商社などは生産性が高く、他方で生産性が低いのは、総合商社を除く卸売・小売業、運輸、飲食業などである。ここには多数の自営業も含まれる。[13]「サービス産業」として一括すると、このような違いがみえてこない。とりわけ生産性の低い業種でいかにして付加価値を増やしていくかが問われている。なお第3次産業には、行政サービスのような非市場経済も含まれているが、これらを除いた市場経済部門だけをとり出しても、やはり生産性（TFP）の伸びは小さいとされる。

またもう一つ考慮すべきは、「製造業のサービス産業化」という事態である。[14]今や製造工程それ自体が国境を越えたサプライチェーンで結ばれているが、それ以外に製品デザインやマーケティング、販売などの業務も増大している。後者の分野は、本来であればサービス産業に分類されるのが自然である。ところが、それが「外注」されずに、製造業の企業で「内部化」されていれば、統計上は製造業に含められる。

サービス業の生産性が低い一つの原因は、流通業などで情報通信技術（ＩＣＴ）を十分に取り込んでいないことに原因があるとよくいわれる。[15] この側面に注目すると、ＩＣＴを中心にした物的投資や、それに関連した無形資産への投資（ソフトウエア、労働者の再教育や組織の改編）が低迷していることに大きな問題がある。逆にいうと、ＩＣＴを利用するならば、産業としての潜在力は大きいといえる。だから、なぜ生産性が伸びないかという問いは、なぜ新規投資が伸びないかという形に置き換えることができる。

もう一つの要因として考慮すべきは、労働サービスが不当に低く評価されていないかということである。生産性が低いのは、付加価値が小さいことによる。付加価値の一つの重要な構成要素である労働側の取り分（賃金や報酬）が伸び悩むと、付加価値の成長率も低くなる。サービス労働が高く評価されないのは、デフレ傾向が定着してサービス価格を引き上げられないことが背景にある。

サービス産業は、製造業などに比べて外国からの競争が少ない。たとえば、飲食業、医療・介護などの国内価格が高いからといって、わざわざ高い交通費をかけてまで外国で消費することはない。したがってサービス価格を抑える圧力になるのは、国内同業者との競争である。だが低価格・低賃金で安売り競争ばかりしていると、全体としての消費も伸びず、ゼロサムゲームにしかならない。このようなデフレを克服するには、

---

13 森川（２０１６）、pp. 74–75, 79。この点に限らず、サービス産業の特性については、同書から多くのことを教えられた。
14 ボールドウィン（２０１８）、p. 198。
15 深尾（２０１２）、とくに第2章、鶴ほか（２０１９）、p. 40。

ないか、それが大きな問題なのである。賃金が上がると消費も増え、経済も成長する。このような好循環がなぜ生まれないか、それが大きな問題なのである。

雇用者の7割以上が働いているサービス産業には、金融・保険業や電気・ガスなど公益事業、情報通信などの高給職種を含んでいるが[16]、そうした一部の業種を除くと、一般に製造業よりも賃金は低いのが現実である。サービス産業の賃金が低いのは、生産性が低いからであるという見方もあるが、賃金が低く抑えられると、IT技術の導入など新規投資が進みにくいという因果関係もあることはすでにふれた。非正規雇用が増えると、OJTなどの職業訓練が不足することも生産性の低迷に関係している[17]。

低賃金は第1に、零細な自営業者が多いこと、雇用者の場合でも女性や高齢者が多く、パートタイマーなど非正規の占める割合の高いことが一因である。この点は、サービス業に限らず一般に妥当する。第2に、介護、保育の分野など福祉サービスでは、公的資金が投入され、利用する料金が規制されている。その結果、労働者の賃金も低く抑えられやすい。サービス内容にも公的規制がかかるので、潜在的な需要に対応しきれていないことはすでにふれた。第3に、製造業などの賃金抑制がサービスへの需要を縮小させ、その経路を通じてサービス産業の賃金を圧迫するという関係もある。その結果、全体としての消費が冷え込むという負のスパイラル現象が生じることも深刻な問題である。

最後にごく最近の事情を付け加えておくと、IT化、デジタル化の立ち遅れは、コロナ禍であらためて立証された。行政側では、マイナンバー制度が住民票、課税データと連結され、社会保険、医療保険制度ともつながれば、生活支援金の給付がより速く効率的に行われたはずである。これは個人情報を保護する態勢が十分にできていないこと、政府への信頼が低いことに原因がある。もう一つは、デジタル化に不慣れな高齢者が増えたこともあるだろう。このような政府への不信、高齢化という二つの要因は、他のさまざまな問題にも共通している。

中小企業問題

日本の産業構造で目立つのは、サービス産業の比重が大きいことと並んで、中小企業の存在がきわめて大きいこともある。2016年のデータによると企業数では実に99・7％が中小企業である。一企業当たりの雇用者数はむろん大企業の方が多くなるが、それでも全体の69％は中小企業に雇用されている。[18] したがって、中小企業が変わらないと日本経済は活性化されないといえる。しかも、前述の低生産性、低賃金のサービス企業は多くが中小零細企業に分類される。生産性を引き上げるという課題にしても、その解決の鍵を握るのは中小企業ということになる。

しかし、中小企業は定義するのが難しい。通常は資本額や雇用者数で大企業と分けるが、中小企業の中にも格差があり、中小企業基本法では別に「小規模企業」というのを分けている。これが零細自営業に当たた

16 国税庁「民間給与実態統計調査結果」平成30年による。
17 深尾（2020）、p. 270 以下。
18 第1次産業を除く。『中小企業白書』2020年版、付属統計資料。

り、「伝統的セクター」としてまとめることもある。[19]

石油危機後やバブル崩壊後のように、不景気で大企業が新規採用を控えた時に、取り残された人材を求めるのが中小企業である。ここには「ロスジェネ」も関係してくるが、中小企業は雇用の安全弁として機能していることになる。周知のように、大企業と中小企業の間には超えがたい格差がある。その点は付加価値額、賃金や、利益率（図6-3）、投資、生産性の伸び率などに明らかであるが、それは大企業の「搾取」や「収奪」によるのだろうか、それとも中小企業経営の側に問題はないかを検討する余地があるだろう。

世界有数の技術を備えた中小企業が誇らしげに紹介されることがある。[20] そのような成功例が、中小企業の中でどれくらいの割合を占めるかは不明であるが、世界に誇る技術があるのなら利益率も当然、高くなるだろう。しかし全体として中小企業の利益率が低いことからすると、先端的な技術を持った企業が存在したとしても少数であることはまちがいない。なかでも小規模な個人や同族経営（とくにサービス産業）では生産性が低い。

企業規模の違いがなぜ不利になるのだろうか。「規模の経済」だけが決め手になるのであれば、小規模な企業はいずれ淘汰されるしかない。現実に多数の企業が残っているのは、「下請け」関係のように、親企業にとって費用や効率性の点で中小企業の存在が有利であり、欠かせない事情もあるだろう。すでに（第3章）ふれたように、下請け企業の数そのものは１９８０年代から減少に向かっていたが、それでも残った企業は少数精鋭で競争力を備えているのかもしれない。

しかし政策的に「生かされて」いるという側面があることも否定できない。中小企業は伝統的に自民党の政治的基盤であるが、「小規模企業」では公明党や共産党も支持層の獲得をめぐって争っている。政策による支援についてみると、プラザ合意後の円高対策のように、特別融資や事業転換への支援などがくり返し実施されてきた。税制上の優遇措置や政府系金融機関からの融資もある。

中小企業金融公庫（1953年設立、2008年に日本政策金融公庫へ統合）は財投資金が原資なので、低利の貸付が可能である。公庫は長期の設備資金を供与し、短期の運転資金は民間の信用金庫や信用組合が融資してきた。中小企業金融公庫の他に、国民金融公庫、商工組合中央金庫などもあわせて、財投資金のかなりの部分が中小企業対策に運用されてきた。ただし財政一般会計からの直接支出となると意外に規模は小さかったとされる。[21]

かつて宿命とみられていた「二重構造」は、高度成長期の労働力不足によって、少なくとも賃金の面では解消に向かったといわれる。この格差は1960年代から70年代の初頭にかけてたしかに縮小したが、その後の「安定成長期」にまた拡大した。ところが2005年以降に再び縮小する兆しがみえるのは、大企業で非正規の雇用が増えたことによるといわれる。[22]大企業で賃金が抑えられたので、相対的に中小企業の賃金

---

19 野村（1998）、小熊（2019）。
20 たとえば中沢（2006）。
21 横倉（1984）、後藤（2014）、第7、8章などによる。
22 後藤（2014）、p. 234以下。

が上がったというわけである。賃金の底上げではなく、下方への同調化である。

給与を企業規模別に比較すると、たとえば2018年に社員全体の給与でみると、資本金2,000万円未満では平均382万円に対し、10億円以上では616万円であった。役員報酬についてみると、資本金2,000万円未満では平均年収が605万円であるのに対し、資本金10億円以上では1,561万円である[23]。

一見すると、経営者と一般社員との給与格差は大企業の方が大きいようである。経営者の報酬が社員全体の何倍になるかで比べてみると、資本金2,000万円未満では1・6倍に対して、10億円以上では2・6倍になる。しかし、中小企業はオーナー経営で非公開企業が多いので、経営者としての報酬に加えて自己資本に帰属する利益も合わせて受け取ることを考慮に入れるべきだろう。非公開企業で経営者の所得がどれくらいになるかは不明であるが、中小企業経営者の派手な生活ぶりが伝えられることもある。

橘木・森（2005）は、国税庁の資料から年間納税額3,000万円以上（年収約1億円以上）の「金持ち」を調べている[24]。それによると、「金持ち」の代表的な職業は開業医とオーナー経営者である。「金持ち」オーナーの中には、大企業も中小企業の経営者も含まれるだろうが、企業数からみて、またオーナー経営の数の多さからみても、中小企業の割合がかなり高いと推測される。

一般社員の賃金で大企業と中小企業の間で格差が生じるのは、とくに中高年になってからである。中小企業では年齢が上がっても、賃金の上昇カーブはほとんど平坦なので、中高年から大企業との格差が大きくなる。したがって、中高年で大企業の職を失い、中小企業へ転職すると大きな不利を背負うことになる。

中小企業の賃金が相対的に低い一つの理由は、労働者の転職が多いことにあるといわれる。勤続年数が短くなるので、結果的に賃金水準が押し下げられるというのである。しかしなぜ転職が多くなるか、そこが問われねばならない。そこには中小企業の経営が大企業よりも安定していないこと、また労働条件がより厳しいことなどが関係しているだろう。

しかし労働条件が厳しいと優秀な人材が集まりにくい。大卒者が就職活動で大企業を選好するのはその端的な表れである。そうなるとデジタル化などの新技術への対応や人的資本の蓄積に不利になり、生産性が低いからこそ賃金も低いという悪循環に陥る。この隘路を打開するには、労働環境を良くし賃金を上げられる経営を目指すことである。

中小企業の生産性が低いもう一つの理由は投資が低調だからである。そこには、金融機関からの融資が停滞していること（「貸し渋り」）も関係しているだろうが、中小企業には公的金融機関から融資を受ける可能性が開かれている。低賃金だからこそ生産性を上げる動機が小さくなるという、逆の因果関係が成り立ちうることはすでにくり返し述べてきた。

もう一つ注意すべきは、中小企業として一括される企業群の中には、零細な自営業が多く含まれていることである。そのほとんどは人を雇わず、経営者と家族の労働だけで成り立っている。経営と家計が未分化で、労働時間や家族の参加はよくいえば柔軟、悪くいうと恣意的になりがちである。[25] このような業態では、

23　データは、国税庁「民間給与実態統計調査結果」平成30年による。
24　橘木・森（2005）。データがやや古い憾みはあるが、国税庁は2006年以降、高額納税者を公表しなくなった。

生産性を向上させる動機は弱くなる。

中小企業の付加価値が少ないのは、下請け制度の下で大企業から「搾取」されているからという見方が根強くある。しかし、中小企業の中でも下請けに入らない企業が数多く存在する。またサービス産業などの自営業は下請けとはあまり関係がない。下請け制度や「搾取」よりも、企業規模の方が生産性に強く影響するとの説もある。[26]

中小企業の経営者は、年ごとに70代以上の高齢者の割合が増えている。[27] 多少は人の出入りはあるだろうが、経営者の多くが地位にとどまり、そのまま年齢を重ねてきたという印象が強い。現在、経営者にとって最大の関心事は後継者問題であるといわれるが、農業の例と同じように、転業や廃業は規模を拡大させ、経営効率を高める可能性がある。

「働き方改革」にしても、最低賃金の引き上げや、労働時間の制限などは中小企業にとって打撃が大きいとされる。それで労働時間の制限は中小企業に1年間猶予されることになった。このような優遇策は、低利の中小企業向け公的金融があるのと同様に、政治的配慮から生じている。それは一時的に、経営者の「痛み」を緩和させるかもしれないが、生産性が低く、むしろ「退出」が望ましい企業を温存することになりかねない。労働条件の引き上げに耐えられない企業が存続することに、どのような意味があるのだろうか。

中小企業、なかでも中小のサービス産業は雇用の安全弁になってきた反面で、結果的に生産性の低下を招いたことは否めない。[28] 逆にいうと、この部門で生産性を上げようとすると、雇用が縮小する可能性があることに注意しなければならない。

自営業では生産性を向上させる動機が弱いと述べたが、自営業に従事する人の全就労者に対する割合は80年代末、ないし90年代から縮小してきた。その反面で彼ら彼女たちの多くは非正規労働者として働く場を求めた。つまり、自ら経営していた店舗や事業所をたたんで、不安定な雇用の場に移動したのである。[29] それが小売業や飲食業のように、大企業が進出してきた結果だとすれば、たしかに生産性は上がるだろう。

条件の悪い企業で働いていた就業者であれば、より生産性が高く、賃金も高い職場に移動する方が本人にとっても好ましく、また経済全体としても、生産性の向上につながるという利点がある。しかし他方で、職場を移動する過程で摩擦的失業が生じることは避けられない。この摩擦を減少させるには、必要とあれば職業訓練の機会を充実させねばならない。この方策が成功するか否かは、中小企業の労働者が十分に柔軟性を備えているかによる。社会の「痛み」が大きすぎる場合は、改革の速度を調整することはありうるが、それでも改革の方向性を見失ってはならない。

25 野村（1998）、p. 84 以下。
26 アトキンソン（2020）、第3章。
27 『中小企業白書』2020年版、pp. i-132。
28 後藤（2014）、pp. 183-188 など。
29 小熊（2019）、pp. 45-46。

コラム―1
最低賃金の引き上げ

生産性がなぜ上がらないかという問題について、もう一つとり上げるべき論点がある。それは、アトキンソン（2019）が提唱しているように、生産性を向上させ、賃金を上げるために、最低賃金の引き上げを利用することである。最低賃金が上がると、企業は生産性を向上させて、労働費用の増加を相殺することが求められる。それができない企業は市場から退出するしかない。それでも残った企業は、全体としての生産性向上をもたらす、というわけである。

この説でまず思い浮かぶのは韓国の例である。文在寅（ムン・ジェイン）大統領は最低賃金の引き上げを公約して当選したことから、2017年に16・4％、さらに18年に10・9％も連続して最低賃金を引き上げた。全国一律で時間当たり835円になり、2020年には1，000円を目指すとしていた。ところが結果的に、賃金の引き上げに耐えられない企業が雇用を減らし、かえって失業が増えた、といわれる。若年層（15-29歳）の失業率は9％超にまで上がった。中小企業や自営業では賃上げに対して不満が強まっているので、政府は賃金補助（労働者一人当たり最高で月1・5万円）までしている。[30]

しかし、アトキンソン（2019）は、問題は最低賃金の引き上げそれ自体ではなく、韓国のように急激、大幅に引き上げる方法である、としている。その逆の例がイギリスである。イギリスでは1993年から99年まで最低賃金という制度がなく、99年にブレア政権の下で導入された。それ以来、2018年まで毎年、小幅に引き上げられ、この間に水準は2・2倍までになった。ところが失業率は、2018年6月に4%で1975年以来の最低という状況であったとされる。[31]

このように、韓国の失敗とイギリスの成功という対照的な事例を生み出した理由が、たんに最低賃金引き上げの幅やスピードだけかという疑問はなお残る。それぞれの国が置かれた初期条件、たとえば産業構造や転職可能性なども大いに関係してくるからである。だからこそ産業構造の転換を進めるために、「安全網」の整備が重要になってくる。

なおアトキンソンが強調するように、日本の生産性を上げるには中小企業の改革が

30　『朝日新聞』、2019年1月28日。
31　アトキンソン（2019）、p. 176 以下。

鍵を握っていること、また労働者は優秀であるのに、経営者側に問題があることなどについては同感である。「企業家精神」の衰えとか、大企業病とかいわれる弊害は、まず経営者の責任が問われるべきだからである。

雇用や労働条件については、もう一つ別の種類の問題もある。それは、かつて3K（キツイ、汚い、危険）といわれたように条件の悪い仕事を誰が担うかということである。欧米諸国ではそうした職種に外国人が多く従事している。働く人がいなくなれば、賃金を引き上げるしかないが、低賃金でも働く人がいるので、成り立っているのが現状である。最低賃金の引き上げで賃金コストが割高になれば、ロボットやAI（人工知能）の利用が広がることもあるだろう。しかし現状では、まだすべての3K労働でAIが人間を代替するところまではいっていない。

最後に、最近注目されている外国人労働力の解禁についてふれておこう。労働力の供給が増えると、その限りでは経済成長に有利に働くことはたしかである。しかし他方で、外国人の流入は少なくとも一時的に賃金を下げる要因である。職種によって違いはあるとしても、マクロ的にみると労働力の供給が増えるので、賃金を下げる圧力になることはまちがいない。賃金が抑えられると、省力化や生産性向上への動機が弱くなるので、中長期的には経済成長にとってマイナスに働く。賃金が上がらないと、過去数十年の日本の経済体質と変わらないことになる。[32]

もう一つ検討すべきは、ＡＩにいかに対処するかである。当面は労働力が不足気味なので、ＡＩか外国人労働力かに頼るしかないが、この二つは互いに相反する方向に作用する。どちらが主流になるかは、第1に、その労働が技術的にＡＩによって置き替え可能かどうかにもよる。第2に、もし技術的に可能であれば、ＡＩと外国人労働力のどちらが選ばれるかは、コストによって決まってくる。そこで、日本人労働者の雇用がどうなるかという点が潜在的には大きな問題になるが、現在は労働力が不足気味なので、さしあたり深刻な状況ではないだろう。

とはいえ、ＡＩの費用が傾向的に下がっていくと、いずれは日本人の雇用を奪うこともありうる。こうした場合には、ＡＩの導入に制限を課したり、あるいは、ＡＩで利潤を増やした企業には増税し、失業手当や転職への訓練費用に充てたりすることも必要になる。「健康で文化的な最低限度の生活」を保障するには、必ずしもベーシック・インカムでなくとも、生活保護や給付つき税額控除など、さまざまな方法がありうるだろう。

32 外国人労働者が増えると経済的にプラスかマイナスかという点は、前提条件や仮定の置き方によって変わってくるので、一概には決められないというのが現状のようである。翁（２０１９）、友原（２０２０）などを参照。

2――なぜ変われないのか

不良債権の処理はすでに終わったことであるが、労働改革については、たしかに不徹底な側面があることは否めない。年功型の賃金体系は、一部で「成果主義」をとり入れることで変化してきたといわれる。年齢を重ねるにつれて賃金が上がることは今でも変わらないが、たしかに上昇の傾きが過去30年ほどの間に緩やかになってきた[33]。

しかし、それでも若者の賃金は働きの割に低く、中高年層が優遇されているという見方が根強くある。この見方が正しいとすると、なぜそうなるのか、その原因をつきとめなければならない。その理由は、「既得権益」や「抵抗勢力」の存在によるのだろうか、それとも年功序列制に現在でも評価すべき点があるからだろうか。

一般に既存の体制の下で利益を得る階層がいることは、古今東西を問わず、どこでも共通することである。さらに、経済が停滞すれば、人々がいっそう現在の利益にしがみつくのは自然の成り行きであり、バブル崩壊後に「既得権益」の抵抗が強まったことは理解しやすい。実際、「先送り」の姿勢は官（行政側）のみならず民間企業にも強かった。なかでも銀行は、不良債権の処理が前任者の責任（失敗）を追認することになるので、避けたいという心情もあっただろう。

以上のような抵抗勢力を「ぶっ壊す[34]」べきなのか、それとも改革を進めるために、潤滑油や緩衝材を用意するのかという選択になる。後者の選択は安全網（セーフティネット）[35]を整備することであるが、より踏み込んでいうと、そこで「救う」対象は企業であるか、それとも企業で働く人であるかによって、改革の内容と実績に違いが出てくる。

教科書的にいうと、大量の不良債権を抱えたり、経営に行き詰まったりした企業は、早めに退出（破綻）させた方が経済の新陳代謝は進む。「ゾンビ企業」という見方が当てはまるような企業を「救う」ことは、経済の成果にとってマイナスに作用する。

その一方で、企業が倒産すると労働者は働く場を失うので、それに対して手当てが必要になる。一定期間、失業手当を支給することは当然であるが、そればかりでなく、新たな雇用先をみつけられるよう支援したり、教育や再訓練の機会を保障したりすることが重要である。この点は、後に紹介する西ヨーロッパ諸国の例が参考になる。従来の改革路線では、このように「人」を救う側面が軽視されてきたことは否めない。これからITやAIがいっそう普及してくると、労働者への支援がますます重要な課題になる。

また「働き方」改革に関連して述べたように、方向として望ましい政策であったとしても、労働者側から経営者への信頼が欠けていると、実現が難しくなることがある。これまでの雇用関係の実態が「サービス残

33　橋本・長谷川ほか（2011）、p. 427。
34　2001年の自民党総裁選挙で、小泉純一郎候補は「自民党をぶっ壊す」と叫び、聴衆の喝采を浴びた。
35　「セーフティネット」という概念は、金子（1999）による。

業」、長時間労働などのように望ましくなかったからである。

「高齢化の罠」

一般に高齢化社会では高い経済成長率を実現することが難しくなる。かつて西ヨーロッパ諸国は、福祉関連支出の大きさ、硬直的な労使関係などから「硬化症」に喩えられたが、いうまでもなく西ヨーロッパは高齢化の点でも先進国であった。

また高齢化した企業経営者も、技術革新を積極的に取り入れたり、新しい技術に対応して企業組織を変革したりすることに消極的になりがちである。実際、社会全体が高齢化したので、経営者の年齢も上がっている。全国規模で社長の年齢を調査した結果では、２０１７年で平均59・5歳（帝国データバンク）、あるいは別の調査では61・5歳（東京商工リサーチ）となっているが、いずれも年ごとに年齢が上がってきている。前者（帝国データバンク）のデータによると、年齢的に社長が最も多いのは60代であり、企業規模が大きいほどその割合が高くなる。たとえば、年商1億円未満では60代の社長は31・3％にすぎないが、年商1千億円以上となると57・5％となる。後者（東京商工リサーチ）の調査では、社長の年齢が高いほど、とりわけ社長が70代では企業業績で「減収」や「赤字」が表れやすい、とまで述べている。[36]

むろん一概に年齢で経営者の手腕を決めつけるべきではないが、われわれ世代の実感からしても、年齢を重ねるほど、現状を変えることに消極的になることはいえそうである。第2次大戦直後に政治家や大企業のトップが追放され「人心一新」されたことを思い起こすと、現在はまさにその逆である。

くり返しになるが、経営者の高齢化は社会全体の傾向を反映したものである。従業員にしても雇用の安定を望み、政治も保守化している。このように戦後のベビーブーマー、日本流にいうと団塊世代が社会の多数派を占める先進諸国では、全体として経済成長にふさわしい条件が少なくなっている。高齢者は先が短いので、長期的に将来を考えるのが苦手である。

投資の専門家によると、高齢者は残された時間が少ないので、一度、失敗するととり返すのが難しい。それで「ハイリスク・ハイリターン」よりも「ローリスク・ローリターン」の方が望ましいとしている。そうだとすると、高齢化した社会では「いま」の安定が続くことを優先し、社会や組織の仕組みを変える意欲が衰えてくる。所得の向上にともなう少子高齢化は、資本主義がかつて経験したことのない新しい挑戦である。

以上はサプライサイドからの議論であるが、需要面からみると高齢者が消費を伸ばすことで成長が図れるだろうか。彼ら、彼女たちの消費は医療・介護をはじめとしてサービスの占める比重が大きくなる。一般にサービス業は、財と比べて外国との競争にさらされることが少ないので、需要が国外に流出しにくく、国内の成長に貢献する度合いが大きいことはいえる。しかし潜在的な需要に十分に対応できるだけの供給態勢ができているかというと、医師、看護師や介護士の不足が指摘されている。ここでも供給サイドの改革に直面するのである。

36 帝国データバンクは、https://www.tdb.co.jp/report/watching/press/pdf/p180106.pdf、東京商工リサーチは、https://www.tsr-net.co.jp/news/analysis/20180213_02.html による。

高齢化のもう一つの側面として重要なのは、財政収支が悪化しやすいことである。「構造的」な財政赤字は、年金制度を揺るがし、とりわけ現役世代の将来に対する不安を大きくする。その一方で、増税は高齢者の意識からしても難しい。余命が短いので、どうしても「先送り」(「後は野となれ山となれ」)に傾きがちだからである。

高齢者が年金の削減に抵抗するのは、きわめて自然な反応であるが、そこに日本に特有な事情が加わる。企業や家庭による福祉が後退した一方で、福祉関連の支出が不十分であり、しかも高齢者向けに偏っていることである。それが、現役世代の消費をいっそう冷え込ませる。

高齢化は、たんに高齢者の数が増えるということではない。現在の高齢者の中で多数派を占める「団塊世代」は高度成長期の成功を体験している。どこまで意識的かは人によって違うだろうが、「団塊」、もしくはそれ以上の年配の男たちは、自分たちが日本経済の輝ける成果を生み出したと感じている。同世代の女性たちは、まだ専業主婦の割合が高く、企業戦士のいわば銃後を守ってきたので、男たちの体験を共有している。そうなると、これまでの企業や雇用のシステムを変えることに対して、「抵抗勢力」になりがちである。しかもこの世代は年金などの恩恵を手厚く受けているので、高齢者が優遇される社会福祉の改革には関心が低い。

団塊世代の心情を忖度してみると、おそらく次のようになるだろう。子供のころから教室は「すし詰め」の過密であった。受験にしても、就職した会社の中でも激しい競争に直面してきた。自分たちがひたすら働き続けた結果、日本は豊かになったのであり、今さら年金の「食い逃げ世代」と批判される筋合いはない、と。

一方で、多くの資産を保有する高齢者がいる。たしかに金融資産の所有は高齢者に偏っているが、他方で生活保護受給者の約半分が高齢者であるように、生活に困窮する高齢者も少なくない。このように世代間格差ばかりではなく、同一世代内でも格差が目立つので、社会福祉の改革は年齢に関係なく、困っている人を助けるという方向で進めなければならない。

しかし恵まれた高齢者の意識からみると、日本の経済や福祉のシステムを改革することにはあまり望みがない。高齢者、なかでも「団塊世代」が日本社会を保守化させ、経済の停滞を招く元凶といわれても仕方がないだろう。

「団塊世代」の次の世代はどうだろうか。すでに年金を受けているか、受け取る年齢に近くなった人たちには、現在のシステムの続くことが利益になるので、高齢者の意識に近いだろう。やや古い試算ではあるが、社会保障（年金、医療および介護の保険）のネット収支（年金や医療・介護費補助の受け取りと保険料支払いの差額）がマイナスになる年齢の分岐点は１９６５年生まれといわれる。[37]

受益より負担の方が多くなる若者たちは、当面は人手不足から就職には困らないので「いま」に満足してきた。人手不足は人口動態が大いに影響しているが、安倍政権の下で企業の利益が増えたので、雇用が増えたこともある。しかし、年金など将来の生活保障に思いが及ぶと、不安を感じないわけではないだろう。この点は、以下であらためてとり上げることにしよう。

37 鈴木（２０１４）、p. 63。

将来の不安を解消するには「いま」から行動するしかないが、若者にしても、中高年齢層の心理に影響されているのかもしれない。「シルバー民主主義」は若者が政治に無関心になり、投票率が低いことで強化される。そうなると、「先送り」体質は年齢層を超えて高齢化社会の全体に通じる傾向となる。

保守化している高齢者ではあるが、政党支持率などをみると、意外に若者層よりも野党支持率が高い。[38] これは憲法や安全保障といった争点が影響しているからであり、経済や社会福祉となると野党と与党の間に大きな差はみられない。だから、野党支持率が比較的高いといっても、経済社会のシステムを変える力にはならない。高齢者のみならず全世代が保守化すれば、日本は変わりようがない。改革はますます難しくなるが、改革するにしても既存の制度や慣習を「ぶっ壊す」のではなく、「安全網」を整備しながら進めるしかない。

3——人々の意識、心理の変化

「改革」がなぜ停滞したかという問題に立ち返ると、もっとも重要な手掛かりになるのは人々の意識、ないし社会心理である。その特徴を一言で表現すると、生活保守主義という言葉があるように、現状への満足度が高く、政治への関心や期待が下がっていることである。

ＮＨＫの「日本人の意識調査」（２０１８年）を参照すると、日本人は全般に生活に対して満足している。[39]「満足している」よりも、「どちらかというと満足している」とやや消極的な回答の方が多いが、両者を合わせて92％の人が「満足」と答えている。このような答えは１９７３年には78％であったので、最近は「満足」感を持つ人がかなり増えていることになる。

やや細かくみると、「満足」の中で「どちらかというと満足している」と消極的な答えは、７３年が59％、２０１８年は53％と比率はわずかに減っている。ところが、「満足している」とやや積極的な比率は、７３年の21％に対して２０１８年は39％となり、この45年間で満足の程度がかなり増えている。

同じような傾向は、内閣府「国民生活に関する世論調査」にも現れている。[40] この調査で現在の生活に関する質問に対して、「満足」という答えが２０１８年には75％であった。同じ９２年の調査では69％だったので、この26年間でやはり「満足」と感じる人の比率がやや増えている。[41]

以上、２つの調査からうかがえるのは、人々は全体として生活に対する満足度が高く、しかも過去45年（ＮＨＫ）、ないし26年（内閣府）の間に「満足」を感じる人の割合も、感じる度合いも増えていることであ

38　「世代による政党支持率の違い⑴」、http://poliele.blog.jp/archives/34935473.html。

39　ＮＨＫ（２０１９）。なお同じ調査で２０１３年には、「満足している」が34％、「どちらかというと満足している」が57％だったので、２０１３年から18年の5年間でも積極的な「満足」が増えている。

40　内閣府「国民生活に関する世論調査」平成30年度。

41　この中で「満足している」と答えた比率が９％から12％に増えたのに対し、「まあ満足している」というやや消極的な答えは60％から63％であり、増える度合いは比較的小さい。

図6-4　生活に関する意識調査（1989-2018年）

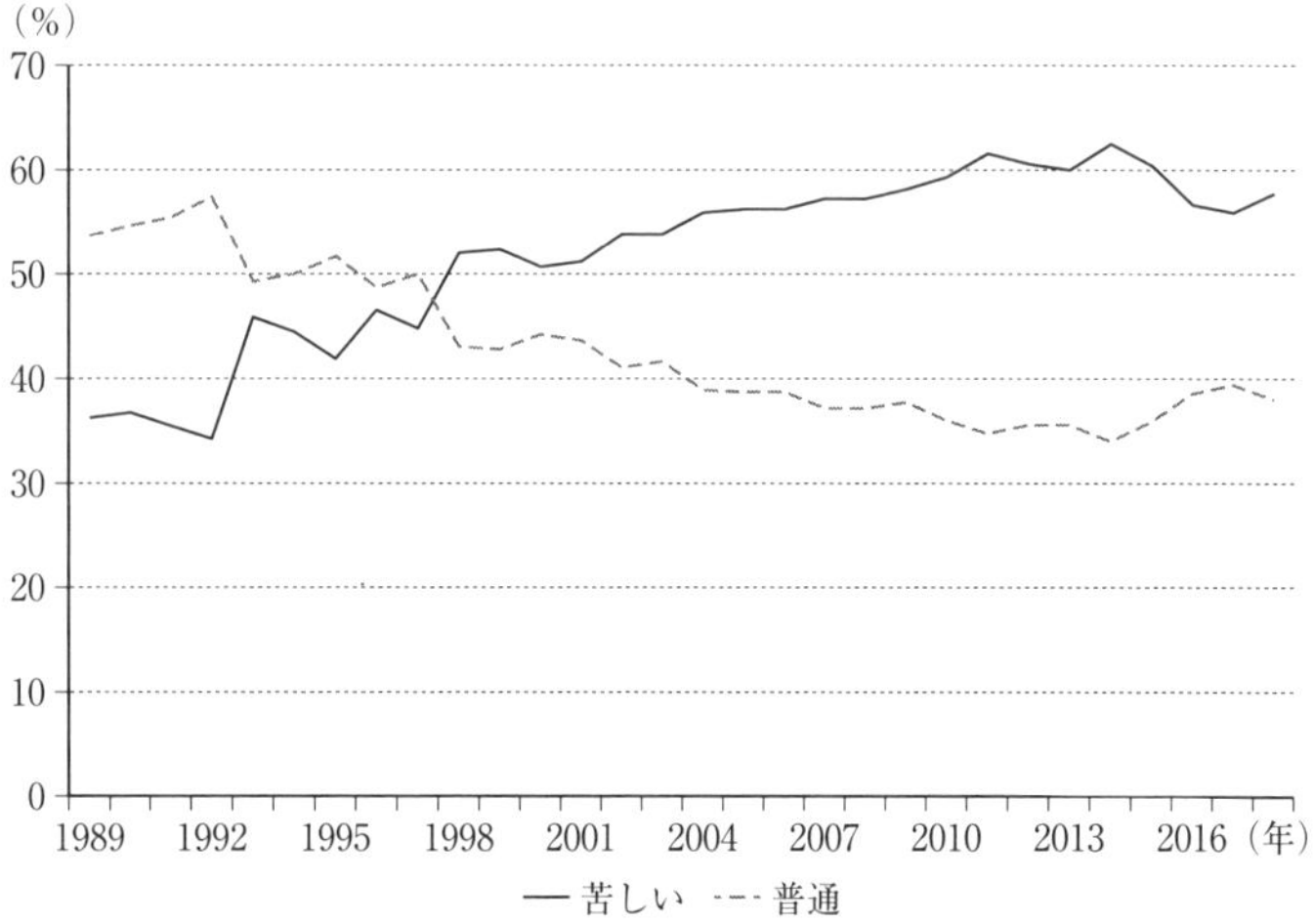

資料：厚生労働省「国民生活に関する基礎調査」各年号.

る。１９７３年は高度成長の最末期に当たり、９２年はバブルが破裂した直後とはいえ、バブルの余韻はまだそこかしこに残っていた。近年のように長い停滞期が続くとはとても予想できない時期であった。

以上の２つの時期に比べて、最近の方が生活に「満足」を感じる人の割合が増えているのは、かなり意外な結果である。それは、すでにふれたように、社会全体の高齢化や保守化と関連しているとみるべきだろう。現状に満足する人が75％とか92％とかいう数値になってくると、「改革」の機運が高まらないのはたしかである[42]。

次にもう一つ、生活や暮らし向きに関する興味深い調査があるので、その結果を紹介しておこう。それは厚生労働省の「国民生活に関する基礎調査」の中で、生活に関する意識をとり出した箇所である。図6-4によると、1998年から生活が「苦しい」（「大変苦しい」、「やや苦しい」の合計）が「普通」を上回るようになった。その後、「苦しい」の答えが増え続け2014年が62%のピークであった。17年はやや低下したとはいえ、まだ「苦しい」が「普通」を大きく超えている。このアンケートの結果をみるかぎり、人々が生活に満足しているとはとても思えないのである。

ちなみに博報堂の調査で、「今後の暮らし向き」についての質問に対して、「同じようなもの」という回答が1992年に49・7%、2012年は50・8%なので、この20年間でほとんど変わっていない。しかしやや細かくみると、「同じようなもの」という答えは92年から08年まで約10%ポイント近く下がり、08年後にまた上がるという推移があった。その結果として、1992年と2012年の回答が似通ったものになったのである。他方で「悪くなっていく」という答えをみても、92年の11・1%から08年の28・3%まで目立って増えた。その後、下がって2018年には13・6%まで戻ったのである。[43]

42 ただし、より長期のデータを時系列で比較すると、1950年代の末から2010年代の初めまでほぼ50年間にわたり、生活満足度にほとんど変化がないという結果も出ている。石見（2017）、pp. 24–25。この50年の間には、高度成長から安定成長へ、さらに長期低迷へと、日本経済は激動を経験していた。それでも生活満足度にさして変化がないとすると、このような世論調査の解釈には、なお検討の余地があるのかもしれない。

43 博報堂生活総合研究所（2019）、pp. 39–41。

この博報堂の調査によると、将来の暮らしに関する見通しは、90年代初めからリーマンショックの08年まで悪くなっていた。ところが、08年からごく最近に至るまでかなり改善したのである。この転換は、時期的にややズレはあるが、「アベノミクス」と何らかの関係があるのかもしれない。

厚労省の調査は、「将来」の見通しではなく、「現在」の生活について質問しているので、博報堂の結果とズレがあるのは当然といえば当然かもしれない。しかし、将来の予想にしても、現状認識によって大きく左右される。このように対照的な調査結果をどのように解釈すればよいのだろうか。

考えられる一つの理由は、実際に1998年ごろから生活が「苦しく」なったことである。すでに図2-2で示したように、このころから賃金が下降に転じ、この状態が現在に至るまで続いている。「アベノミクス」の下で景気回復に実感をともなわないとされるのは、賃金が実際に上がっていないからと解釈できることはすでに述べた。とはいえ厚労省の調査でも、2014年を境にして「苦しい」が減り、「普通」が増えている。生活の実感は、たんに賃金動向だけではなく、それ以外の多くの要因によって影響されるのかもしれない。

もう一つ関係していると思われるのは、それぞれの意識調査が何を明らかにしようとしているか、その目的の違いである。目的が違うと、おのずから質問項目や、その配列も違ってくるだろう。博報堂の調査は、親子や夫婦などの家族観、結婚に対する見方、より広く社会や人間関係、政治意識などについても質問している。先に紹介した内閣府の調査でも、家計の金銭状況だけではなく、衣食住や余暇、さらには「充実感」、「悩みや不安」といった心理的側面、また「家庭の役割」、「働く目的」など社会的側面にまで質問が及んでいる。この二つの調査で示されている生活の「満足」感は、以上の項目の総合的評価とみる方がよいだろう。

この点はＮＨＫ調査も似たようなところがあり、人間関係、天皇観、結婚や女性の働き方など質問が多岐にわたっている。生活全体に対する満足度にしても、経済や物質的な条件に限定されるわけではない。むしろ経済的な要素以外のところで満足度が左右されている、とみることもできる。

内閣府のアンケート調査で、たとえば「所得収入」という個別項目になると、２０１４年度で「満足」が44・7％、「不満」が54・1％、また２０１８年度で「満足」が51・5％、「不満」が46・4％となり、「満足」している人の割合が生活全般に対する回答よりも、その6割近くにまで低下するのである。この「所得収入」に関する数値は、前述の厚労省調査とそれほどかけ離れたという印象はない。

以上の結果をまとめて解釈すると、所得とか家計といった金銭的な側面では、「苦しい」とか「不満」が比較的大きく表れるが、それ以外のところで「満足」の要素を見出している、といえるだろう。それでは、生活に「満足」という答えが多数を占めるのは、具体的にどのような要因によるのだろうか。

内閣府の平成３０年度調査で、満足する人の割合が大きいのは、食生活（88・8％）、住生活（82・4％）、耐久消費財（77・3％）などである。これに対して、レジャー・余暇生活（63・6％）、自己啓発・能力向上（62・4％）などはやや低い部類になる。

同じ調査で、生活の充実をどのような時に感じるかを質問すると、多くの人があげているのは、「家族団らん」50・1％、「ゆったり休養」47・6％、次いで「趣味やスポーツ」42・6％などである。こうしてみると、生活に満足しているのは、食、住、耐久消費財など物質的な要因に大きな比重がかかっているが、精神的、心理的な側面からも恩恵を受けていることがわかる。
ＮＨＫの「意識調査」によると、１９７３年から２０１８年の間に「仕事優先」の割合が36％から19％に低下し、代わって「仕事・余暇の両立」が21％から38％へと増加している。[44]これは、「ハングリー精神」でがむしゃらに働く時代が終わったことを示唆している。多少とも所得が伸び悩んでも、生活にゆとりを持ち、家族に精神的なよりどころを求める。博報堂調査でも、「個人生活の充実」や「目の前の幸せ」に重きを置く傾向が現れている。だからこそ熱くもなく、冷たくもない「常温生活」という見立てになる。すでに衣食が足り、物質的には十分満たされているからこそ、個人生活に退却することができる。これは成熟社会の姿である。

ところで、成熟社会の今後を占う意味では、まず若い世代の意識に注目すべきだろう。別の個所でもふれたように、[45]最近では20-29歳の年齢層の方が60歳代、70歳以上よりも生活の「満足」度が高い。過去20年ほどの間で目立つのは、若い世代で満足感が上昇してきたことである。年金など社会保障の面で世代間の格差がしばしば指摘されているが、それにもかかわらず、若者の「満足」度が相対的に高いとなると、まちがいなく政治も社会も安定する。それは国民全体として、この先の世の中は「良くも悪くもならない」と感じ、政治や経済への関心が低下している傾向[46]と照応している。

ここで少し脱線するが、比較的若い世代に人気のある作家といえば村上春樹である。文芸評論家の加藤典洋によると、村上がデビュー当初、文壇から評価されなかったのは、「肯定的なものを肯定する」、「気分がよくて何が悪い？」という姿勢に原因があったらしい。[47]そうだとすると、村上の感性は明らかに現在の若者を先取りしていたといえるだろう。

もう一つ思い出されるのは、団塊世代の先生格に当たる中村隆英が「石油危機以後の社会」で「保守化志向」の強まったことを嘆いていたことである。[48] 中村が比較の対象として念頭に置いていたのは、おそらく1960年代から70年代の初頭にかけて「過激化」した若者たちだろう。この世代も社会に入り、日本経済の発展を担うようになると、現状肯定的な志向を強めていった。経済が右肩上がりで成長していた時に「保守化」するのは自然な成り行きかもしれないが、この傾向がその後の低成長期にも一向に変化していないどころか、むしろ強くなっているようにみえる。これをどう解釈するか難しいところである。

若者の間で現状肯定感が強い一つの理由が、最近までの良好な就職事情にあったことはすでにふれた。新規学卒者が就職難にあえぎ、ロスジェネとかいわれたのは、もうかなり以前のことである。労働市場の状況も人口動態に大きく影響されているとすると、少子高齢化が少なくとも短期的には、若者に有利に働いて

---

44 NHK放送文化研究所（2019）。

45 石見（2017）、pp. 26–27。このような傾向を内閣府「国民生活に関する世論調査」各年版から導き出したのは、古市（2011）であった。

46 博報堂生活総合研究所（2019）、pp. 38–39, 53。NHK放送文化研究所（2019）の2018年調査でも、選挙が国政に影響するとした人は42％、同じくデモについても21％であり、いずれも2008年よりかなり下がっている。

47 加藤（2015）。

48 中村（1993）、p. 657 以下。

いることになる。高齢者や年金世代との格差を感じているとしても、一種の「諦め」の境地なのかもしれない。もう一つありうる要因は、親の資産や所得に依存している若者の存在である。彼ら彼女たちにとって世代間格差はさほど苦にならない。

しかし、少子高齢化が日本の将来に深刻な影を落としていることは、若者たちもよく知っているはずである。その若い世代の自己認識を探ってみると、自信がなく、消極的で、将来への期待も低いなど、かなりマイナスの印象が強い。これは日本、韓国、アメリカ、イギリス、ドイツ、フランス、スウェーデンの7ヵ国で13-29歳の男女、各国1、000人にアンケート調査した結果から読みとれる特徴である。[49]

たとえば、日本では「自分自身に満足している」という項目に肯定的な答えが45%、「自分には長所がある」では62%で、いずれも7ヵ国の中で最低である。「自分自身に満足している」で最高はアメリカの87%、「自分には長所がある」でもアメリカが最高の91%であった。比較の意味で韓国をみると、74%の若者が「自分自身に満足」で、「自分には長所がある」と感じている。

また、「うまくいくかどうかわからないことにも意欲的に取り組む」ことに対して、肯定的な答えは、日本がやはり最低の52%、最高はフランスの87%、それにドイツの80%、アメリカの78%が続き、韓国は72%であった。

「将来に希望がある」との答えは、日本が61%でこれも最低、最高はアメリカの93%、次いでスウェーデンの89%、イギリスの88%が続いている。韓国でも78%が「将来に希望」を感じている。

日本人がどんなに控え目な性格であるとしても、このように7ヵ国の中で最低の答えが続くのは、やはり悲観的な見方が強いことを示しているだろう。日本の男女が感じる「悩み」や「心配」について尋ねると、やはり多いのは「お金のこと」79％、「自分の将来のこと」78％、そして「仕事のこと」71％などであった。予想通り、経済的なことや「自分の将来」、「仕事」などに不安を感じているのである。

若者について少し極端な話をすると、20年近く前に「パラサイト・シングル」という言葉が流行ったことがある。[50]当時、結婚しなくても「パラサイト」生活ができたのは、親の稼ぎや資産があればこそであった。しかし経済の低迷が長く続くと、それもいずれは限界がみえてくる。親が老化し、貯えが尽きてくると、悲惨な現実に直面するのである。高齢の親を中高年の子が介護する、しかも子の収入は乏しいという問題がすでに現れている。

藤田（２０１６）によると、困窮する若者が実際に増えている。大学に入っても、アルバイトで生活費を稼ぐしかなく、ブラック企業でこき使われる。卒業しても、奨学金の返済に追われ、長時間労働で心身を病む者が少なくない。劣悪な居住環境で暮らしたり、住居費が高すぎるので親と同居したりしている。とても結婚なんて考える余裕がない、と。実際、１９９４年から２０１２年にかけて65歳以上の世代で相対的貧困率（後にあらためて説明する）が下がる傾向にあったのに対し、24歳以下の世代では逆に上昇していた。[51]このように、現状に満足し、明るく過ごしているようにみえる若者世代にしても、現実は厳しいのである。

49　内閣府「我が国と諸外国の若者の意識に関する調査」平成30年度版。
50　山田（１９９９）。

最後に若者世代から離れた話題ではあるが、ここで指摘しておかねばならないのは、おおよそ2000年前後から人々の自国に対する思い入れ、あるいは「自信」が強くなってきたことである。たとえば、NHKの「意識調査」には「日本人は、他の国民に比べて、きわめてすぐれた素質を持っている」という項目がある。これに賛成した人の割合は、1983年の71％をピークにしてその後は低下していたが、98年、2003年の51％を底にして、2018年には65％にまで回復している。同じく「日本は一流国だ」という項目に賛成した人の比率にしても、83年の57％がピークであったが2003年には36％にまで落ちていた。ところが、2018年には52％にまで戻っているのである。[52]

1983年といえば、日本の経済が最も輝いていた80年代の入り口に当たる。この時期に日本の誇りといえば、まず何よりも好調な経済であっただろう。そうした時に愛国的な自信が強くなるのは自然な反応といってもよい。またそのころから90年代末、ないし2000年代の初めまで日本人の自信が失われていったのも、長引く経済の不振とよく対応している。博報堂の調査でも、「日本が誇れること」に「経済的繁栄」とする答えは1992年に45・4％であったが、2018年には15・7％にまで低下したのである。[53]

このようにふり返ると、近年の自国意識はいささか無理な「空威張り」という印象がぬぐえない。それは、最近のテレビで外国人観光客に「日本、あるいは日本人の何々が素晴らしい」といわせる番組がやたらに増えてきたのと軌を一にしている。これでは、現状の閉塞感を打破したり、外国の経験に学んだりすることは期待できないだろう。

その一方で、経済の衰退が「ナショナリズム」を刺激することにも注意を要する。「下り坂をそろそろと下る」（平田オリザ）としても、その過程で歪んだ「ナショナリズム」を制御できるかどうかを慎重に見きわめねばならない。惨めな敗戦を経験した日本国民の自意識を支えてきたのは、経済的な成功であった。その経済が低迷すると、人々の心理的な拠り所がおかしな方向に行ってしまいかねない。Friedman（２００６）、（原題『経済成長の道徳的帰結』）は、経済成長の低迷が人々の心理を暗くし、寛容さが失われていくことを指摘している。その最大のグロテスクな例は、１９３０年代にドイツの経済的苦境がナチスの台頭を誘発したことであった。[54]

逆に、経済的に上昇している中国や韓国の側には「日本何するものぞ」という意識が生まれる。両国との間で歴史認識の問題があらためて浮上した背景には、経済活力、言い換えると経済成長率に差が生じてきたことがある。

２０１２年8月に韓国の李明博（イ・ミョンバク）大統領（当時）が初めて竹島（独島）に上陸した際の

---

51 阿部（２０２０）。ただし、２０１２年から15年にかけて、24歳以下の貧困率がやや下がり、逆に65歳以上はわずかに上がった。

52 ＮＨＫ放送文化研究所（２０１９）。なお同じ調査の２０１３年版では、「日本人はすぐれている」とした人が68％、「日本は一流国」とした人が55％であった。いずれの項目も賛成した割合が２０１３年と18年の間でやや減っている。

53 博報堂生活総合研究所（２０１９）、p. 41。

54 コーエン（２０１３）、p. 163でも、経済成長こそ「他者に追いつき、自分の期待をかなえる」という意味で希望の源泉である。逆に成長が減速すると、社会には不満が募ると述べている。

報道によると、国際社会の中で日本はもはや以前ほどの影響力がないと述べた。戦後最悪といわれる最近の日韓関係にしても、経済的に地位が向上した韓国からみると、自国が貧しかった時代に締結された日韓基本条約は「正義」に反するということになる。

4――再び日本衰退の原因について

日本経済の衰退を食い止めるには構造改革が必要なことはすでにみてきた。ここではそのまとめを兼ねて、改革の方向性をあらためて確認しておこう。どこに問題があったかというと、「高賃金・高付加価値」の産業や企業を育てることの重要性が十分に認識されていないことである。

「高付加価値化」とは、一般に「高級化」と同じように理解されている。高い価格でも売れるモノやサービスを作り出すこと、あるいはそのためのマーケティングやビジネスモデルということになる。日本の輸出にも２０１８年以降そのような傾向が現れてきたという指摘も一部にはあるが[55]、相変わらず賃金の伸びが鈍いので、目標とする理想からは程遠い。

賃金を上げるためには、生産性の向上が不可欠であるというのが、これまでの「常識」であった。しかしすでにみたように、２０００年以降は労働生産性が伸びても賃金（名目、実質ともに）は低下してきた。そこに問題の核心がある。

企業の利益はバブル期並みの水準にあるが、賃金は上がらない。富める企業や階層から下に向かって利益が滴り落ちること、すなわち「トリックルダウン」は実際には機能していないことが今や明らかになった。いささか極端な言い方をすると、「企業栄えて民滅ぶ」ような社会は持続不可能である。あるいは、「民滅ぶ」社会では企業も滅びてしまうという方が正しいだろう。

従来のように低賃金労働を利用するだけの経営は行き詰まりをみせている。賃金が上がり、消費も伸びる方向に経済体質を変えていかないかぎり、日本の未来は開けない。少子高齢化が日本の将来を蝕む宿痾になっているからである。若い世代が結婚しない、子供も持たないのは、一面では「ライフスタイル」の変化にもよるだろうが、若者の多くが結婚を望まないというわけではない。経済的な条件が満たされないから踏み切れないというのも現実である。婚外子への心理的抵抗が強い日本では、婚姻率の低下は少子化をますます進行させることになる。

潜在成長率の引き上げには、投資の増加、技術進歩の推進が重要であり、それには経済のみならず社会の構造を改革することが必要になる。日本経済の体質改善が成功する上で鍵を握るのは、中小企業や小規模のサービス企業で生産性が向上することである。生産性効果が大企業から中小企業に滴り落ちていくとすれば、それはたしかに好ましいことであるが、それが実現していないのは、中小企業の側の交渉力が弱いこと、また生産効率を上げる投資が進んでいないことによる。このような事情からみると、高度成長期以来の「二重構造」が解消したとはとてもいえない。

55 日本総研、*Research Eye*、2020年2月。

この点に関して、デービッド・アトキンソンが提唱しているように、最低賃金を引き上げると、多数の中小企業や零細企業を抱えた日本では社会的にかなり大きな影響を及ぼすだろう。それがどれくらいのショックになるか事前に予想するのは難しいが、最低賃金すら払えない企業は存在の意義が問われる。こうした企業が「退出」すると、たしかに雇用問題が発生する。だからこそ労働者の流動化に対処するために、「安全網」の整備が重要な課題になるのである。

「高付加価値・高賃金」の産業構造に変えていくには、技能や知識を身につけた人材が豊富に備わっていなければならない。技能といっても、「包丁一本」で勝負する料理人でもいいし、料理学校に通うこともありうる。ただデジタル化の中で生きていくには、大学や大学院教育の充実が求められる。そればかりではなく、雇用する企業側にも年功序列型の賃金を見直したり、人材の流動化を可能にしたりするような工夫が必要になってくる。

このような産業構造や雇用関係の「改革」には、政府の福祉機能を高めることが不可欠になる。福祉政策については、たしかに所得再分配も重要ではあるが、日本経済の成長力を向上させ、長期低迷を克服するには、労働力の再配分を行うこと、そのために安全網の整備や、それに関連した支出もあわせて欠かせない。

しかし、このような改革がなぜ進まないのだろうか、一つの原因は「高齢化の罠」である。もう一つは、おそらく高齢化とも密接に関連するが、人々が現状に対してそれなりに「満足」していることである。とりわけ若い世代に現状肯定的な心理が強いが、この世代が抱えている悩みや不安は日本経済の低成長と深く関係している。経済や社会の仕組みを変える力は若い世代からわいてくるしかない。

column·2

コラム—2

構造改革とアメリカのソフト・パワー

リーマンショックを経て自民党の支持率が大きく下がり、民主党（当時）への政権交代の期待が高まっていたころに、多くの人から共感を呼んだのは「構造改革」路線に経済低迷の原因があるとする見方であった。当時は「小泉改革」の後遺症に関心がよせられ、格差とか新しい貧困問題の登場とかに世間の注目が集まりはじめていた。

たとえば、宇沢弘文・内橋克人の対談では、「アメリカかぶれ」の経済学者が推進した「改革」に危機の原因があるとして、彼らの責任を厳しく批判している。[56] 当時の政策に関与し、改革路線に主導的な立場をとった学者たちの責任を問うことは、それなりの意味がある。しかし彼らの言説が政府に受け入れられ、一時はマスコミや世論からも少なからず支持されていたのはなぜか、この点を解明しないと「構造改革」路線を本

[56] 「新しい経済学は可能か」、『世界』２００９年４月号-７月号、後に宇沢・内橋（２００９）として出版された。

当に総括したことにはならない。

「構造改革」とはいったい何であったのか、ただアメリカの利益にのみ奉仕するものであったのか、それ以外の必然性はなかったのか、あるいは「構造改革」に代わる路線はありえたのか、こうした点を再検討することが必要になる。

ここで、アメリカ流の経済学を使って、改革を「指導」した経済学者のことを簡単にふり返っておきたい。学問一般にアメリカの影響力が大きいことはくり返すまでもないが、経済学に限っても、アメリカで教育され、研究されている経済学の素養を身につけることは、世界の経済学者と議論するのに必要な条件である。それは経済学者の間で、好むと好まざるとにかかわらず、避けられないことである。英語が国際的に共通言語（Lingua Franca）であるのと同じような働きをする、といってもよいかもしれない。

しかし同時に注意すべきは、アメリカの経済学がいわゆる「ソフト・パワー」の一つの構成要素でもあり、その影響力を通じて、アメリカの利益実現にもつながることである。アメリカ流の経済学を学んだ人には、アメリカ政府の要求が理解しやすいこともあり、改革がアメリカの利益にのみ奉仕するものであるか、あるいは普遍性を持つものであるかを、慎重に吟味しなければならない。そこでものをいうのが学者としての見識であり、判断力であるが、経済学者も人間であり、いつも冷徹な判断ができると

column・2

はかぎらない。

まずアメリカで教育を受け、日本でも名の通った学者には、アメリカの政府(大使館)や金融機関、企業など関係者と接触する機会が少なくないだろう。それに、日本の政府や学界、マスコミなどもアメリカとの関係を重視することに変わりはない。そのような人たちには、講演や政府委員、社外取締役への依頼、マスコミへの登場など、さまざまな形で仕事が入ってくる。その報酬額が多いか少ないか、人によって差はあるだろうが、少なくとも名誉欲や「承認欲求」が満たされることはまちがいない。

アメリカとの種々のコネが意味をもっていると、アメリカとの関係を損ないかねない立場に立たされた時に、はたして学者としての良心が鈍らないのかどうか。そのような疑問が浮かんでくるが、やはり人間には弱さがある。その点は認めた上でもなお、本文で述べたように、構造改革にはそれなりの必然性があったのである。

第7章 柔軟で活力ある福祉国家

1──日本的格差の特徴

これまで日本経済がなぜ長期低迷に陥ったかを解明してきたが、このような議論は、今後どのような社会を望むかという展望につながらないかぎり、完結しない。

日本が進むべき目標は、いうまでもなく人々の生活を豊かにすることである。人格高潔で、清貧の中で暮らしている人もいるかもしれないが、大多数の人々は「武士は食わねど高楊枝」とすましてはいられない。「恒産なくして恒心なし」という言葉があるように、物質的な豊かさが心の「ゆとり」にもつながる。私たちは、まだまだ物質的な豊かさの「呪縛」から逃れられない。それが現実である。

少子高齢化が進み、経済が30年近くも停滞しているこの日本で、これから豊かな生活がはたして実現できるだろうか、このような疑問がわいてくるのは当然かもしれない。この疑問に答えるために、以下ではさまざまな角度から考えてみることにしよう。

まずとり上げるべきは貧困問題であるが、日本では生存が脅かされるような「絶対的貧困」は、あったとしてもごく少数である。主として問題になるのは、「相対的貧困」であり、この概念は次のような考え方に基づいている。日本の平均的な生活水準は、たとえばアフリカの最貧国に比べるとはるかに高い。しかし、日本の中で周囲の他人と比べて極端に所得の低い状態はやはり苦痛の種である。国際比較の基準としてよくとり上げられるのもこちらの貧困である。

「相対的貧困」は、所得の中央値（メディアン）の2分の1以下の状態と定義される。「相対的貧困」率とは、このグループに属する人数（あるいは世帯数）が全体に占める割合で示される。２０１８年の日本を例にすると、世帯所得の平均値が５５１・６万円、中央値は４２３万円であった。[1] 平均値が中央値よりもかなり高いのは、富裕層、あるいは超富裕層が平均を押し上げるからである。平均値だと所得の分布状況を正しく反映していないという考えから、中央値を基準にして「相対的貧困」を定義するのである。

かつて日本は先進諸国の中でも格差が小さい方であるといわれてきた。現在においても、自分が「中流」に属すると答える人の割合が実に9割近くになる。[2] しかし、客観的なデータからみると、こうした認識はかなりズレている。日本は先進諸国の中で「相対的貧困」がむしろ多い方なのである。もう少し正確にいうと、賃金など税引き前の所得については、格差が先進諸国の中でほぼ中間にあり、それほど大きい方ではない。しかし、税や社会保障を通じた再分配後の所得（可処分所得）では、先進諸国の中でアメリカに次いで大きくなる。[3]

税引き前の所得格差が比較的大きくないというのはたしかに実感とも合っている。他方で可処分所得の格差がより大きいのは、再分配政策による格差是正の効果が小さいことを意味する。それは、福祉政策の働く余地がまだまだ大きいことを示唆している。日本の母子家庭は過半が貧困（相対的貧困）状態であり、OECD諸国の中で貧困率がとびぬけて高い。その理由は、社会福祉の支出が現役世代よりも高齢者向けに偏っていることが関係している。[4] 豊かな生活といっても、このように大きな格差があることを無視すべきではない。

もう一つ興味深いのは、日本の格差にみられる特異性である。格差の拡大という言葉には、しばしば中間層の解体といわれる状態がイメージされる。中間層が少数の富裕層と多数の貧困層に分解していくというわけである。ところが、日本では過去20年ほどの間で中間層の占める割合は変わっていない。これは驚くべきことであるが、約9割の人が自分は「中流」に属すると感じているのと、この限りでは平仄があっている。

1 厚生労働省「国民生活基礎調査の概要」、平成30年。

2 博報堂（2019）によると、生活水準が「中くらい」と答える人は1992年に85・7%、2018年86・8%となり、この間に変わっていない、p. 33。

3 『厚生労働白書』平成24年版、pp. 104–105、みずほ総合研究所（2017）、p. 18。

4 経済産業省（2017）、pp. 27–28, 30。

図 7-1　所得階層別世帯分布（百分比）

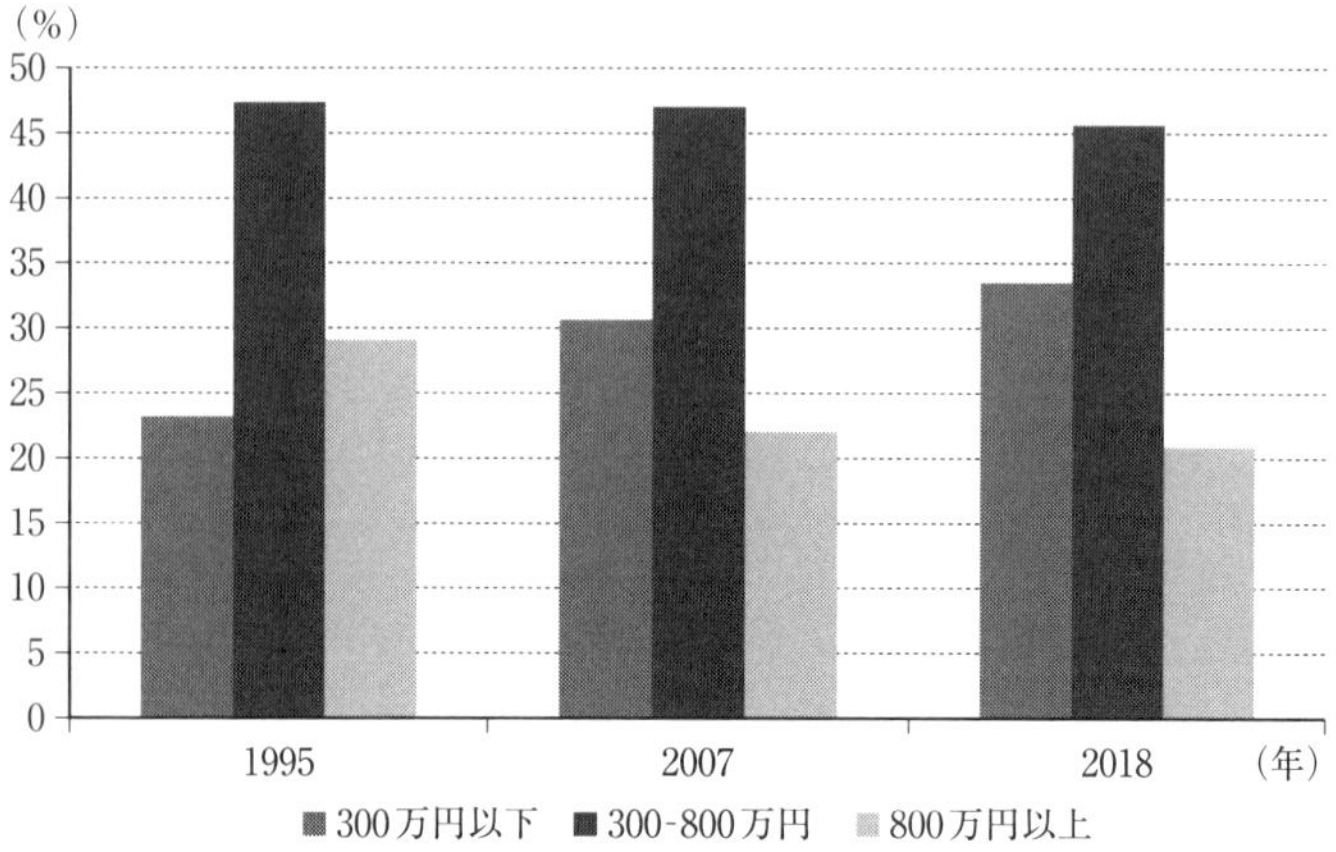

資料：厚生労働省『国民生活基礎調査の概況』各年版による.

図7‐1は、世帯所得を上位（800万円以上）、中位（300万円以上800万円以下）、下位（300万円以下）に三分し、それぞれ全体に占めるシェアを示している。一見して明らかなのは、1995年から2018年に至る約23年間で、中間層の割合が46‐47％で安定し変わらないことである。しかし他方で、上位層のシェアが減り、下位層のシェアが増えている。

この事実は何を意味するかというと、上位から中位に落ちる世帯数と、中位から下位に落ちる世帯数がほとんど同じなので、結果的に中間層のシェアが20年以上もほぼ一定しているのである。この特徴は、所得の両極分解ではなく、全体に所得水準が下がっていることに原因がある。世帯の平均所得は1995年の659・6万円から2018年の551・

6万円へと、17%も下落している。言葉を換えていうと、これも日本の経済的衰退の結果である。

ちなみに図7-1の上位層を、年収800万円ではなく1,500万円、あるいは統計区分の上限である2,000万円で線引きすると、どうなるだろうか。1,500万円以上の世帯数のシェアは、1995年5・6%、2007年3・7%、2018年3・2%となる。2,000万円以上の世帯を取り出すと、1995年2・1%、2007年1・4%、2018年1・3%となる。[5] いずれの区分も、わずかとはいえ減少していることに変わりはないのである。

このように所得の上位世帯のシェアが低下していることは、日本で富裕層が増えているという一般的な印象と、矛盾するように思われるかもしれない。たしかに富裕層の増加は、野村総合研究所の調査によっても裏付けられる。資産からみると、富裕層(純資産1億円以上5億円以下)と超富裕層(純資産5億円以上)を合わせた世帯数は2011年から増え続け、2017年には126・7万世帯にまで達した。[6]

この調査では金融資産から負債を差し引いた純資産残高(ストック)を指標にしているが、資産が増えると利子・配当、あるいは株式売買益などの金融所得(フロー)も増えるはずである。年収(フロー)の上位層がわずかに減少しているという上記の結果とくい違うのは、不自然といえば不自然である。なぜこのように矛盾した結果が表れるかというと、おそらくその一部は2011年から2017年の間に生じた変化が

---

5 図7-1と同じ資料による。
6 https://www.nri.com/jp/news/newsrelease/lst/2018/cc/1218_1。

関係しているだろう。

というのは、野村総研の調査を詳しくみると、超富裕層と富裕層の合計世帯数は２００７年から２０１１年までは減少していた。しかしその後、２０１７年まで増加に転じるという変化があったのである。つまり富裕層が増えるのは、２０１１年以降に新たに生じたことなのである。アベノミクスによる株高は１２年末から始まったので、時期的にそれほどのズレはない。

なお野村総研の調査で２０１７年の富裕層と超富裕層を合わせた世帯数（１２６・７万）は、全世帯数（5、３７２・３万）の２・４％に相当する。このシェアは上記の年収２、０００万円以上の世帯と１、５００万円以上の世帯の中間に相当する。ストック指標の２・４％という数値にはさほどの違和感がない。

富裕層といっても、たとえばアメリカと日本との間には歴然とした差があるといってよいだろう。アメリカの有名な投資家で超富裕層であるウォーレン・バフェットやジョージ・ソロスは、自分たちにもっと課税すべきと提言したことで知られている。[7] 残念ながら、日本の富裕層からそのような声を聞くことは稀である。そこには、慈善活動が活発なアメリカの社会的風土が関係しているかもしれないが、所得税の累進度強化や資産課税、相続税の引き上げなどは、世代間、および世代内の格差を是正するのに有力な手段であることはまちがいない。

なぜ福祉国家の評価が低いのか

政府の役割には、利害対立を調整し、社会を安定化させることが含まれる。この安定化機能は、高度成長期には所得の再分配を通じて実現しやすかった。ところが、成長率が落ちた現在では、いっそう必要性が大きいにもかかわらず、実現が難しいというジレンマを抱えている。社会福祉制度を含めて「構造改革」を進めるためには、それなりの激変緩和措置が必要なことはたしかである。それには相応の財政支出をともなうので、「より大きな政府」が避けられない。

エスピン＝アンデルセン（２００１）は、日本の福祉レジームが独特のタイプであるとみていたが、それで思い出されるのは、１９７０年代半ばに村上泰亮らの「政策構想フォーラム」が「日本型福祉社会」を提唱していたことである。福祉国家ではなく「福祉社会」という言葉が使われたのは、ヨーロッパ型の「大きな政府」や過度な福祉が「イギリス病」や「欧州病」を生じさせたと認識していたことによる。代わって自助や相互扶助を基本とすべきと考えたのである。[8]

しかし、日本的な福祉社会を持ち上げようとしても、もはやそこには戻れないことを確認しなければならない。日本企業モデルが信頼を失ったように、日本に固有な福祉レジームの基礎も危うくなってきたのが現実である。まず企業が雇用の保障や住宅、家族手当などさまざまなサービスを供与する余裕をもてなくなっている。また企業が生産性を高めていくには、従来の雇用関係を見直していくしかない。デジタル化や

7 「格差拡大を食い止めろ…超富裕層への増税を要請した億万長者たち」*Business Insider Japan*、https://www.businessinsider.jp/post-201997。

8 新川（２００５）、pp. 97–98。

ＡＩ化など新しい技術の挑戦に対応していくには、企業や産業部門を超えた労働力の移動が避けられないこともすでにふれた。

労働者にしても企業から与えられる福利よりも、自由な立場を選ぶ傾向が強くなっている。核家族や単身世帯の増加によって、家庭内の福祉サービスも期待できなくなりつつある。介護保険が導入されたのは、こうした家族の変容を承認するしかなかったことによる。一方で人々が自由を求める傾向が強まるのに、他方で少子高齢化が進むので、政府のはたす役割は今後ますます大きくなるしかない。

政府財政支出の中で社会保障関係費が大きなシェアを占めるのは、福祉への期待が大きいことを意味している。しかしその一方で、福祉に重点を置いた「大きな政府」には、せいぜい消極的な賛成にとどまり、さほど強い支持があるようにはみえない。それはなぜだろうか。

第1の理由は、伝統的な福祉観がとりわけ保守的な高齢層にまだ残っていることだろう。その点は家族観にも現れているが、高度成長期から安定成長期にかけて政府の支出規模が比較的小さかったこともこの点に関係している。経済成長率が高いと財政出動の必要性が小さく、福祉が雇用保障という形で企業によって担われていた。もう一つ財政支出の面でいうと、「福祉」には直ちに含まれない国土保全費、産業対策費などが雇用の受け皿を整備していたことも見逃せない。

第2に、若い世代には負担がますます大きくなることへの潜在的な不満があるだろう。不公平感、もしくは不信感が募っている。第5章でみたように、生活保護、年金や最低賃金の制度にも、不合理、ないし不整合な部分が残っている。

若い世代にかぎらず、結局のところ、政府に対する信頼が低いことに原因があるといってもよいが、この不信感はいつごろから形成されたのだろうか。少なくとも戦後復興期から高度成長期までは「お上」に対する信頼があった。それは自民党政権に対する信頼といい換えることもできる。たとえ利権政治とみられても、「弱い」産業や遅れた地域への再分配政策がそれなりに効いていた。

このような信頼が崩れたのは、バブル崩壊と金融危機がきっかけであった。長引く不況がますます政府や規制（既得権益）に対する拒否反応を強めていった。このような社会心理が小泉政権と改革路線への期待を高めていったが、他方で安全網の手当てがなおざりにされた。増税に対する拒否感は税金が自分たちのためには使われないという不満と一体になっている。その意味で、膨張する財政赤字は政府への不信を映し出す鏡であった。政府債務の累積が年金制度の持続性に疑いを抱かせるので、人々はいっそう貯蓄に励むようになり、企業は企業でひたすら「安上り」の経営に努めてきた。その結果が、内需の不振であり、デフレ基調なのである。

2——どこにモデルがあるか

日本は少子高齢化から容易に抜け出せず、経済も停滞するので、「高齢化の罠」というべき現象が生じている。しかしすべての国がこの「罠」に落ちているわけではない。この問題を克服した国は、何をどのように行ってきたのかを参考にしてもよいだろう。

高齢化への対処にもっとも成功した先進国は、図4-7の老年人口比率が示すように、おそらくアメリカだろう。しかしこの国は元来が移民国家であり、とりわけ中南米からの移民は出生率が高いので、高齢化を「克服」したとは必ずしもいえない。それともう一つ、アメリカでは「金融化」、「デジタル化」が進んだことで格差がきわめて大きくなった。社会の分断も際立っているので、日本が目指すべきモデルとはいえないだろう。アメリカが直面する逆風要因としてまずとり上げられるのは格差である。一人親家庭の増加や、麻薬による刑務所暮らしが増え、教育格差がますます大きくなっている。[9] そうなると残る候補は西欧諸国であり、なかでも北欧諸国が浮かび上がってくる。

ちなみに、アメリカでなぜヨーロッパのような福祉国家が成立しなかったのかという疑問が当然わいてくるが、Alesina *et al.*（2001）は、その根底に人種問題があるとしている。すなわち非白人の貧困は、彼ら彼女たちの「怠惰」に原因があるとする見方が強いからというのである。

北欧諸国に注目する最大の理由は、国民の幸福度が世界の中で最高水準にあることである。[10] 北欧諸国は、地理的にみると高緯度に位置し、冬が寒く夜も長い。日本人、なかでも太平洋側に住んでいる人間からすると、さほど住みやすくはないように思えるが、それでも幸福度が高いのはやはり社会的要因が大きいだろう。そこで思い浮かぶのは福祉政策である。

これら諸国は福祉水準が高いばかりではなく、労使関係を改革する上でも有益な視点を与えてくれる。北欧や西欧諸国で取り組まれている「弾力的で安全な雇用システム（フレキシキュリティー）」は、以下でみるように、雇用問題や経済の活性化に関して十分に考慮に値するモデルである。日本で労使関係を改革しようとすると、たとえ一時的であったとしても、労働者に負担が大きくなることは避けられない。第6章でみたような雇用状況からみると、その打撃が大きいのは、多くの零細サービス業や中小企業だろう。そのような事態に備えることは構造改革を進める上で必須の条件である。

もう一つ福祉国家のモデルを参考にする理由は、世代間の格差を是正するとしても、その改革がおそらく短時間に一挙には進まないからである。高齢者に偏った手厚い福祉をより若い世代向けに再編する方向はむろん維持しなければならないが、高齢者が多数を占める社会では、再配分の急激な変更は政治的に無理があり、社会的にも軋轢が大きい。そこで改革は多少とも漸進的に進めるしかないが、その移行プロセスについても、福祉国家の先進例からヒントがみつかるかもしれない。

ヨーロッパの福祉制度をみる場合にやはり注目すべきは、「北欧」諸国にしても大陸の「保守型」に属するオランダやドイツにしても、近年は市場による調節に傾斜してきたことである。その背景には「グローバル化」や「情報化」、「デジタル化」、さらにはリーマンショック後の経済不振などがある。もう一つ別の側面として、女性の社会進出や少子高齢化といった社会の変化も関係している。[11] こうした要因は、規模の違いがあ

---

9 アメリカ社会が直面する問題については、Gordon（2016）、Ch. 18を参照のこと。そのアメリカでも戦後から1970年代初頭までは格差が開かなかったことは、あらためて注目に値する。
10 石見（2017）、pp. 14-16。
11 たとえば、Taylor-Gooby *et al.*（2017）、Ch. 1など。

表7-1　日本と西ヨーロッパ諸国との比較

	日本	ドイツ	オランダ	デンマーク	スウェーデン
GDP（10億ドル）	4827.7	3642.4	816.6	266.3	454.7
同成長率（%）	1.1	1.8	1.3	1.5	2.2
一人当たりGDP（千ドル）	38.1	44.1	47.7	46.2	45.2
同成長率（%）	1.2	1.4	0.8	1.0	1.2
人口（100万）	128.0	81.7	16.9	5.7	9.8
輸出依存度（%）	17.8	47.0	82.9	54.5	45.3
税収/GDP（%）	30.6	37.5	38.8	46.0	44.0
社会保障費/GDP（%）	21.9	24.9	17.7	29.0	26.3
可処分所得ジニ係数	0.34*	0.29	0.29*	0.26	0.28

資料：OECD, *Main Economic Indicators, Income Distribution Database, UN World Population Prospects.*

註：GDPは2017年，一人当たりGDPは2017年，GDP成長率は2010-17年平均，人口は2015年，輸出依存度は財・サービス輸出の対GDP比，輸出と税収はいずれも2017年，社会保障費は2015年，ジニ係数は2017年（*は2015年）.

るとしても、日本と共通する点が多い。

「グローバル化」要因について、西ヨーロッパでは東欧の旧社会主義諸国が市場経済化したことが指摘される。この点は、中国が日本に及ぼした影響と似通ったところもあるが、西ヨーロッパ諸国では、東欧から多数の労働者が流入したように、次元が異なる問題も発生している。そこに、EU域外からの移民や難民が加わってくると、労働市場に及ぶ影響はいっそう複雑になってくる。また、EU統合の進展によって各国は福祉や雇用のシステムを同調化せざるをえないという事情もあった。

次に、日本と西ヨーロッパ諸国との違いをみるために、各国のデータをまとめた表7-1を参照しながら議論を続けよう。

まず財・サービスの輸出依存度（輸出／GDP）をみると、いずれの国も日本よりも格段に大きい。

西ヨーロッパ諸国は「サービス経済化」が進んでいるので、低賃金国からの輸入品の競争に悩まされる度合いは比較的小さいだろうが、たがいに地理的に近接している。それでサービスの分野でも競争が激しくなっていることはまちがいない。財・サービスの輸出に限らず、経済成長を促進する上でも生産性の向上が不可欠なので、市場経済を利用した改革を導入しているのである。その点での課題は日本とも共通している。

もう一つ注目すべきは、いずれの西ヨーロッパ諸国も所得水準が高く、税負担率（対GDP）も日本よりも高いことである。なかでもスウェーデンやデンマークの税負担率は40%を超えている。それにもかかわらず、経済成長率が比較的高い。スウェーデン経済の好調は「パラドックス」と称されることもあるが、この点はデンマーク、オランダやドイツにも多かれ少なかれ妥当するといってよいだろう。そもそも税負担率（もしくは、税に社会保険料を加えた国民負担率）が高いと経済成長率が低くなるという関係は、一般に立証されているわけではない。

西ヨーロッパ諸国の社会保障費（social expenditure、対GDP比）は、オランダを例外として他の3国はいずれも日本より大きい。日本が西ヨーロッパ諸国に比べて遅れているのは、たんに支出の規模だけではない。高齢者以外の現役世代や若者、母子家庭などへの給付が少ないことも日本の特徴である。社会保障の効果は可処分所得のジニ係数[12]から知ることができるが、西ヨーロッパ諸国の数値は、予想通り日本よりも低

---

12 ジニ係数は格差の程度を示す指標である。0から1の範囲で表し、0に近いほど格差が小さく、1に近づくほど格差が大きくなる。

い、すなわち格差が小さいことを示している。

格差が大きいと社会的統合に対してマイナスに作用することはわかりやすいが、経済成長にとっても不利に働く、逆に格差の縮小は経済成長にプラスに働くという見方がある。[13]

格差が小さいと社会的統合にも、経済成長にも「一石二鳥」の効果が想定されるのは、格差が「質」の高い教育や職業訓練を受けるのにマイナスに働くからである。下層、とりわけ下位40％の人々が教育や技能習得の機会に恵まれると、より恵まれた仕事に就く可能性が広がる。なかでも、女性や若い世代にこのような効果が現れやすい、とされる。

格差を縮小し、中長期的に経済の潜在成長率を高めるには、第1に男女間の格差を小さくしながら、女性の就業率を高めること、第2に雇用の増加、とりわけ高い技能の仕事を増やすことである。そのためには第3に、教育や職業訓練の機会を保障すること、第4に所得の再分配を強化することなども、あわせて必要とされる。

労働者が知識や技能を身につけると、所得が上がり消費が伸びる。それればかりではなく、人的資本が蓄積されると、中長期的に経済成長率を押し上げる利点がある。格差是正のこのような経済効果が十分に認識されなかったのは、おそらく新自由主義的なドグマが強すぎたことによるだろう。新自由主義の影響は日本やアメリカばかりではなく、西ヨーロッパ諸国の政策にもみられたことである。

しかし、日本で社会的安全網の拡充や教育・人的投資への公的支援が立ち遅れていたのは、高度成長期以来の日本的「福祉政治」へのこだわりが強すぎたこともあるだろう。とりわけ、人的投資に対する公的支援の弱さは、潜在成長率を低下させることに帰結しているのである。

西ヨーロッパの福祉改革

西ヨーロッパの福祉制度の間にも差異があることはすでにふれた。北欧諸国がすべての国民を等しく扱う普遍主義の立場をとるのに対して、大陸諸国は職種別の社会保険を基本とする制度になっている。後者は日本と共通しているが、一般に西ヨーロッパ諸国では現役、子育て世代への給付の比重が大きい点に特徴がある。

とはいえオランダ、デンマークやスウェーデンでも、1980年代以来、きびしい財政状況から社会保障費、なかでも失業手当が削減されてきた。さらにドイツも、東西統一によって1990年代の前半には「ヨーロッパの病人」といわれたほどに経済的困難を経験したことから、社会福祉や労働市場の改革に乗り出すことになった。

スウェーデンの「高福祉・高負担」はさほど古いことではなく、1955年から89年の間に高度成長を背景に実現したといわれる。この間に国民負担率（税と社会保険料の対GDP比）は26%から56%へと倍増した。福祉国家の政策を推進したのは、社会民主党長期政権であったが、1976‐82年には保守中道ブロックが政権に就いた。それでも、国民負担率は現状維持に留まり、社民党の政権復帰によって再び上昇す

13 OECD（2015）。

るという経過をたどった。ところが１９９０年代、２０００年代に金融・経済危機を経験したことから、財政赤字の削減、福祉政策の見直しが行われるようになったのである。[14]

スウェーデンでは、不振の産業や企業に対して厳しい姿勢で臨むことが知られている。１９９０年代の金融・経済危機の下で、知識集約型産業が急速に伸びたが、他方で政府は苦境に陥った自動車産業を無理に救済することはなかった。サーブ（ＳＡＡＢ）は２０００年にＧＭの子会社になり、後にオランダの企業に売却された。またスウェーデンを代表する自動車企業であるボルボ（ＶＯＬＶＯ）にしても、２０１０年に中国の浙江吉利控股集団に売却された。企業を救済しないという方針は、７０年代に造船業を保護して失敗したことを教訓にしたといわれる。衰退部門を保護するよりも、伸びる産業へ雇用を移転させることが基本原則である。

ドイツでは、シュレーダー政権（１９９８-２００５年）が２００３年から着手した「アゲンダ２０１０」による労働政策や年金の改革が有名である。この改革は、ドイツ経済の競争力を強化して失業の克服を狙ったものであり、一種のショック療法として作用した。具体的には、⑴失業保険制度の改革（給付期間の短縮、給付額の引き下げ、条件の厳格化など）、⑵医療費は自己負担割合の引き上げ、⑶年金は、給付水準を段階的に引き下げ、支給開始年齢を引き上げるという内容であった。

この改革案、なかでも失業手当に関連したハルツ第Ⅳ法が提起されると、与党の社会民主党の内部から、また支持基盤である労働組合からも激しい反発を招いた。それでシュレーダーは２００５年に政権を追われたが、その後のメルケル政権の下で改革の成果が表れたと評価されることもある。[15]

このように西ヨーロッパの福祉先進国においても、経済が困難に直面すると福祉の見直しは避けられなかった。しかし表7-1で示したように、北欧諸国のみならずドイツにしても、現在でも福祉関連の支出が日本よりも大きい。また給付は高齢者への偏りがなく、より若い現役世代が十分に配慮されていることはすでにふれた。あらためて強調しておきたいのは、もともと手厚い水準から保護を緩めるのと、低い水準からさらに削るのとは話が違うのである。

弾力的で安全な雇用システム

北欧諸国（デンマーク、スウェーデン）は福祉国家でありながら、解雇に対する規制が日本よりも少ないことに特徴がある。この側面は、北欧の福祉国家を支持する人にとって「不都合な真実」かもしれないが、日本ではあまり知られていない。北欧両国の経済が比較的好調を維持しているのは、労働者の移動（雇用の流動化）が多いこと、それと同時に、産業競争力の維持や人材教育に力を入れていることが関係している。失業給付はかなり手厚く、職業斡旋や技能教育なども充実している。その意味で「安全網」が整備されているのである。[16]

「弾力的で安全な雇用システム」（flexicurity）[17]と呼ばれる政策は、デンマーク、そしてオランダが代表的な

14 以下は、藤井（2002）、翁ほか（2012）、また Andersen *et al.*（2017）などを参照。
15 Heuer and Mau（2017）。

例であるが、ＥＵの執行機関であるヨーロッパ委員会も加盟各国に推奨している。[18] ただ「安全」なシステムといっても、経済危機に対処する必要性から、失業手当が削減され解雇条件の緩和も進んできたことは否めない。リーマンショックに踵を接してユーロ危機が発生したことから、労働市場の「安全」性を保障することはかなり難しくなったのである。それでも、技能や知識を再教育し「質」の高い仕事に復帰させるという方針は堅持されている。

北欧諸国やオランダで解雇規制が緩いもう一つの理由は雇用慣行の違いである。日本では特定の企業に就職し、そこで技能を身につけることが主流であった。「終身雇用」とか「新卒一括採用」とかいわれた慣行も、この点に深く関係している。ところが、欧米では特定の企業に就職するというよりも、ある職種に結びついた技能をあらかじめ習得し、それを生かして職を探すといわれる。[19] そうなると、労働者側に会社を移ることへの抵抗が小さくなる。

もう一つ関係しているのは、労働組合の交渉力である。労働組合への参加率でみると北欧諸国はきわめて高い。２０１８年のデータによると、スウェーデン65・6％（ただし２０１７年）、デンマーク66・5％、フィンランド60・3％となる。同じ年に、イギリスが23・4％、日本17％、ドイツ16・5％、アメリカ10・1％、フランス8・8％であった。[20] 労働組合の組織率が高い北欧諸国で解雇規制が緩いのは一見すると矛盾するようであるが、労使協調体制の下で雇用の柔軟化が合意されやすかったともいえる。たとえばスウェーデンでは、組合が整理解雇を含めた労働力移動を受け入れる一方で、企業間、部門間の賃金格差の縮小を要求し、実現してきた。

この方針は、低生産性の部門や企業の退出を促し、高生産性部門へ労働者を移動させる結果となった。この限りでは、新自由主義的な改革といってもよいが、他方で企業は離職者の再就職に対して責任を負っている。具体的には、企業が拠出して再就職の支援組織（民間）を設立したり、失業保険の給付に追加金を上乗せしたりするのである。[21] こうした側面を合わせて考えると、新自由主義を労使協調型福祉によって補完していることになる。

これと対比する意味で付言すると、日本の雇用慣行は「高賃金・高付加価値」の企業や産業が育ち難いことになっている。成果を上げた人に高賃金を払うことには消極的であり、年功序列の賃金体系がまだまだ

16 以下は、藤井（２００２）、Bredgaard and Larsen（２００７）、湯元・佐藤（２０１０）、翁ほか（２０１２）、スタインモ（２０１７）などを参照した。労働者の職場移動については勤続年数が参考になる。２０００年代の男性の平均勤続年数をみると、アメリカ4・2年、イギリス8・7年、スウェーデン9・9年、ドイツ11・5年、フランス11・6年、日本は13・1年であった。翁ほか（２０１２）、p. 25。英米が最も短く、スウェーデンはそれよりも長いが、ドイツ、フランスよりも短い。日本はやはり最長である。

17 これは〝flexibility〟柔軟性と〝security〟安全・安心の2つの言葉を合わせた合成語である。スウェーデンでは「積極的労働政策」と呼ばれる。

18 European Commission（２０１３）。

19 小熊（２０１９）、第2、3章。

20 ＯＥＣＤ、Database による。

21 翁ほか（２０１２）、pp. 25–28。

強く残っている。これでは飛びぬけた才能の持ち主を採用する上で不利になることは否めない。高度の人材を外国から呼ぶ場合にも同じ問題が生じる。

本章のタイトルをたんなる福祉国家ではなく、そこに「柔軟」性を追加したのは、「高付加価値」の方向に経済体質を変えるには、雇用関係の改革が必須だと考えるからである。実際、デジタル化やＡＩの活用は世界的な潮流であるが、この流れは職種や職場に大きな変化を促す。それと同時に、格差を広げる方向に進んでいく。技術革新が加速すると、労働者はそれに応じた技能を身につけないと生き残れない。技能の習得に必要な時間や資金を用意するのは、民間に頼るだけでは不十分であり、政府の責任も大きい。技術や知識は、特定の企業に留まらず、社会全体に及ぶ利益を生み出すので「外部経済性」がある。だからこそ政府、なかでも福祉政策の役割がいっそう大きくなる。

労働環境の面でヨーロッパが日本と大きく違うのは、長期休暇の期間が長く、その取得が広く一般化していることである。女性の就業率や非正規労働者の比率が高くなっていることは日本と同じだが、スウェーデン、デンマークやオランダでは、男女間、そして正規・非正規の間でも賃金格差が小さいことをあらためて高く評価すべきである[22]。

最後に付け加えると、北欧に限ることではないが、ヨーロッパ諸国では外国人労働力の雇用が大きな割合を占めている。日本でどんなに女性や高齢者の労働参加率を高めたとしても、それにはおのずから限界がある。これからはＡＩなど新技術の導入も進むだろうが、外国人の労働にますます依存することは避けられない。その点でも、ヨーロッパ諸国の経験に学ぶ必要性は大きい。

なぜ違いが生じるのか

北欧諸国のような福祉国家がなぜ日本では実現しないのかという疑問がしばしば提起されてきた。歴史的な経緯に違いがあることはわかりやすいが、しばしば国としての規模の違いが指摘されることもある。GDPではスウェーデン、デンマークはそれぞれ日本の10分の1以下、20分の1程度であり、人口となるとさらに格差が大きい（表7-1）。

しかし、よくよく考えてみると、規模の違いがなぜ理由になるのか、必ずしも明らかではない。たしかに経済規模が大きいと、産業間、地域間で格差が広がりやすいことはいえるかもしれない。そうなると、格差を埋めるのに必要な財政資金の額が大きくなり、政治的に賛同をえるのが難しくなる。あるいは、人口が多いと、単純にそれだけで政治的な合意形成が難しくなるのかもしれない。しかし必ずそうなるとはかぎらず、規模の違いは決定的な理由とはいえないだろう。

たとえば、ドイツは経済や人口の規模が北欧よりも日本に近いが、東西統一後、約30年経った現在でも、旧東ドイツ地域の経済的な立ち遅れが目立っている。こうした格差が福祉国家の維持にマイナスに働いたかというと、答えはむしろ逆である。ドイツはこれまで膨大な額の資金を西側から東側地域に移転させてき

22　オランダについては水島（2012）を参照。また Bredgaard and Larsen（2007）は、デンマークと日本の雇用システムを比較している点で興味深い。正規と非正規の賃金格差についての国際比較は、みずほ総研（2017）、p. 159。

たが、それは国民としての統合を何よりも重視したからである。ドイツだけでなく、北欧諸国にしても、福祉国家のありようは、歴史的な、あるいは社会や政治も含めた条件に大きく左右されるといえるだろう。

スウェーデンで「高負担」が受け入れられてきた理由について、次のような説明もある。第1に税・社会保障の制度が地方分権型なので、受益と負担の関係がみえやすいこと、第2に福祉サービスが高齢者のみならず、教育・職業訓練などの形で全世代に給付されていること、第3に政治や政府に対する信頼が高いことなどである。[23] いずれの点も、たしかに日本とは対照的であり、日本側で改善すべきところはまだまだ多い。

歴史を重視すれば、現代の福祉国家は資本主義の危機に対応して生まれたという事情がある。戦争が大きな画期になることはすでにふれたが、アメリカではニューディールの下で失業保険、年金を制度化する社会保障法が成立し、スウェーデンの福祉制度も同じく1930年代の大不況が転機になった。

それでは、福祉制度の面でも後進国であった日本の場合はどうだっただろうか。1930年代から戦時中にかけて、経済の軍事化と国家総動員体制が進行していったことはよく知られているが、厚生省の設立（1938年）や国民健康保険法（1938年）、労働者年金保険法（1941年）の導入なども総力戦体制の一環であったという見方もできる。[24] このように福祉制度の大枠はできていたが、戦後は高度成長の結果として民間企業が政府を代行する余力をもち、福祉政策の比重は相対的に低下していった。

ようやく高度成長の末期になって福祉政策があらためて拡充された（「福祉元年」）のは、太平洋ベルト地帯に革新自治体が相次いで登場し、老人医療の無料化などの政策を打ち出したことが背景にあった。こうした革新側の動きに自民党政権が危機感を抱き、経済団体（その代表は同友会）も福祉の強化に賛同したという経緯があったのである。[25]

その後、革新自治体の「放漫財政」に批判が集まったように、一時の高揚感は後退したが、「少子高齢化」、なかでも「高齢化」がきっかけになり、あらためて福祉が喫緊の課題として意識されたのである。しかしこれは大恐慌や戦争といった「危機」ではなく、平時の静かに進行する変化である。主として高齢者向けに支出はたしかに増加してきたが、福祉国家の立て直しは先送りされて現在に至っている。一方で福祉政策の重要性には反対がみられないにもかかわらず、他方で政府への不信感がやはり根強く、増税は避けられがちであったことはすでに述べた通りである。

それでも福祉国家にこだわるしかないのは、少子高齢化が容易には止められないからである。この静かに進行する脅威にうまく対処できないと、遅かれ早かれ日本は沈没するしかないだろう。それを回避するには、現役世代の賃金を上げたり、世代間の所得再分配を見直したりすることが不可欠なのである。

現役世代に手厚く分配するといっても、高齢で高所得の階層から奪うことには、相当の抵抗を覚悟しなければならない。高齢者の反発をやわらげ、政治的に可能な範囲で実現するには、年金や医療費などの削減は漸進的に行うしかない。「北風」だけではなく「太陽」も必要になるので、財政の膨張は避けられない。財政

23 翁ほか（2012）、p. 147。
24 成田（2019）、p. 21。
25 新川（2005）、第3章。

と社会保障の一体改革が何よりも重要な所以である。

くり返すまでもなく、労働生産性を上げ、少ない人口で経済成長を実現するのに、市場メカニズムだけに頼るのでは社会的な摩擦や犠牲が大きすぎる。そこで、福祉国家のシステムが必要とされるのである。日本は先進諸国の中では、社会的にも政治的にも安定しているといわれる。その点に異議はないが、この「安定」は低い生産性という代償を払って実現してきたのである。効率化で先頭を走ってきたアメリカやイギリスは、社会の分断が大きく、政治的な対立も激しい。だからといって、日本は社会的安定を優先させ、生産性の向上をあきらめるという余裕はない。社会保障を改革しつつ拡充することが望まれる。だからこそ「柔軟な福祉国家」なのであり、「柔軟」性は雇用関係の改革にとっても重要な課題なのである。

3――結語

経済活動の目的は、人々の暮らし向きをよくすることである。大多数の人が安心して生活するために、やはり経済成長が必要になる。社会福祉を充実させ、巨額の政府債務を減らしていくために、経済は成長しなければならない。

つい最近まで日本は経済規模で世界第2位、現在でも第3位の経済大国であるが、一人当たりのGDPは先進諸国の中でまだまだ低い方である。ところが、人々の「生活に対する満足度」は予想外に高い。生活に満足しているのであれば、あらためて経済成長が必要なのかという疑問が生じるかもしれない。

しかし経済成長に懐疑的な人々は、資産、所得面での世代間格差や、社会保障の持続可能性などに思いをめぐらすべきである。経済成長が止まってしまうと、高齢者が現に享受している年金や医療・介護などの恩恵は続けられなくなる。

人口の大きな部分を占める団塊世代がすでに年金生活に入って久しい。この世代が既得権益を維持しようとすると、社会は安定したとしても停滞に向かう。若い世代にしても、相対的に人口が少ないせいかもしれないが、団塊世代に反抗して変化を求める気概がみられない。その意味では、日本はすでに峠を越えた国というべきかもしれない。

現在の経済的停滞を打破するためには「改革」が必要である理由は、すでにくり返し述べてきた。将来に向けて安心できる生活を確保するためには、変わらなければならない。本書がこれまでの「構造改革」論と違うところがあるとすれば、大多数の人々の経済状況の改善に重点をおいたことである。その点を「柔軟な福祉国家」という言葉で表現した。「柔軟」というのは、労働力移動を促す方向に企業や雇用システムを変えることからきているが、もう一つは、世代間格差を是正するために、恵まれた高齢者向けの福祉を抑える必要も感じるからである。そうすることで、経済や社会に活力を取り戻すことができる。

それでは、改革に成功しないとどうなるだろうか。行きつく先が穏やかな衰退の道をたどることであれば、まだよい方である。政府債務が積もり積もった末に、インフレーションが襲来し、他方で経済の低迷が持続すると、スタグフレーションに陥るというシナリオもありえる。それがいつ、どのていどの確実さで訪れるかは明言できないが、「先送り」がいつまでも続けられるわけがない。

福祉国家といっても、伝統的な日本型がもはや無理なことはくり返し述べてきた。そこで残る大きな問題は、「グローバル化」の下で福祉国家は成り立つのかという問いである。たとえ社会福祉を拡充する必要性が認識されたとしても、それは「大きな政府」による増税につながる。企業や高額所得者はより低い税率を求めて、国外に逃げ出す可能性があり、福祉国家の基盤が揺らいでくるというわけである。

ところが実際は「グローバル化」の下でも、先進諸国で政府の規模が小さくなることはなかった。租税負担以上に歳出が増えるので、共通の傾向として財政赤字の膨張が現れてきた。この傾向を租税国家から債務国家への転換という人もいる。[26] その点で先頭を切っているのは、いうまでもなく日本である。膨大な政府債務を後の世代に「先送り」して済ませるわけにはいかない。

一部の希望的観測として、日本の法人はともかく、個人は国への帰属意識が強いので、税逃れの国外移住はさほど起こらないといわれることがある。しかし、脱税者を記録した「パナマ文書」や「パラダイス文書」が示唆するように、個人でも課税逃れは無視できないようである。こうした動きを防ぐには、租税回避地(tax haven)や秘密口座をなくしていくべきだが、それには国際的な合意が必要になる。またそのためには、それぞれの国で政治的民主化や中間層の強化が欠かせない。

戦後の歴史を遡ると1970年代から、日本だけではなく欧米先進諸国も経済成長率を低下させてきた。アメリカの1990年代の高成長(「アメリカの復活」)はやや例外的であったが、その原因は「グローバル化」や「IT化」、「金融化」であったとされる。グローバルな資本移動から恩恵を受け、人の移動(とりわけ専門的知識を備えた労働力の流入)も比較的自由なことから、規制緩和が成長をもたらすという考え方が支配的になった。

しかし、中国やインドなど新興諸国に比べると、先進諸国は多かれ少なかれ低成長に向かわざるをえない。それは成熟化による活力の衰えといってもよいが、高齢化が進み、社会の意識が「安心・安定」や「先送り」に向かうのも、その端的な表れである。長年にわたり維持されてきたレジームを「改革」しようとすると、「痛み」をともなうことは避けられない。だからこそ所得が増える中で再分配の余地を広げていくしかない。経済成長と福祉の充実が表裏一体であることは、もはやくり返すまでもないだろう。

もう一つ、グローバル経済の持続可能性についてもふれておこう。人間は経済が成長しないと満足できないところがある。他人を出し抜くとか、「承認欲求」とかいう呪縛から逃れられないが、より高い所得や他人の目を引く消費は経済成長がないと実現できない。それは仏教でいう煩悩に通じる要素かもしれないが、その飽くなき欲求が地球規模の危機につながったのは、近代以降の科学技術の発展による。先進諸国のみならず、今や新興諸国まで巻き込んだ欲望の拡大が地球を危機にさらしている。

このような脅威を回避するには、欲望を抑えること、そして経済成長を止めることしか方策はないのかもしれない。たしかに、科学技術の進む方向性や経済成長の「脱物質化」（サービス経済化）によっては、危機の到来を遅らせることはできるかもしれないが、それが根本的な解決になるかどうか、不確実なところが多い。

さらに複雑な要素は、国あるいは地域ごとの発展段階の違いである。地球環境について国連の会合など

---

26 スタインモ（2017）、pp. 239-241。

で議論する際に、しばしば発展途上国は「開発する権利」を主張してきた。この「権利」には物質的な消費水準を満たすことも含まれる。しかも途上国や新興国の「追い上げ」が加速してくると、地球規模での「脱物質化」は難しくなるだろう。また新興諸国が経済的、政治的に力を付けてくると、資源をめぐる争いが激しくなることも予想される。こうした側面にまで視野を広げると、経済成長と持続可能性の関係に一義的な回答を出すことはいっそう難しくなるのである。

やや遠い将来から足許の問題に目を移すと、コロナ禍の衝撃がある。新型コロナのような疫病が「グローバル」な人の移動によって引き起こされやすいことは、以前から指摘されてきた。だが、いざそれが現実のものになると、その被害は予想をはるかに超えていた。発展途上国の状況はまだ十分に明らかになっていないが、公衆衛生の設備やワクチンの普及度からみると、南北間の格差が再び開くのではないかと危惧される。

日本国内にかぎってみても、正規雇用者と非正規雇用者やフリーランスの間、また製造業とサービス業（とくに飲食・観光業）さらに男女間の経済状況に大きな開きがある。当面は国や地方自治体から、経済的な支援が行われているが、その規模や機動性に不十分なところがあることは各方面から指摘されている。現下の危機が終息した時には、拡張的な財政金融に支えられて、一時的に急速な回復が訪れることはあるかもしれないが、いずれ構造的な弱点が露呈してくる。働く人々の間や、企業、業種間の格差が残り、いっそう増大した政府債務は解消がますます難しくなる。日本にかぎらないが、出生数が目立って低下したことも報じられている。日本ではとりわけ、経済の活力を取り戻す課題が解決される見通しすら立っていない。それには、高賃金、高付加価値の経営を目指す企業を輩出しなければならないことはすでにふれた。「柔軟で活力ある福祉国家」の必要なことがますます明らかになってきている。

後書き

ほんの小さな、文字通り猫のひたいほどの庭にバラの苗木を植えてみた。朝夕水をやり、ながめ暮らしていると、わが女房殿が宣うた。「元マル経がずいぶんプチブルになったね」と。プチブルとは、もともと彼女の母国語ではあるけれど、あまりにも辛辣な言葉である。日ごろの行いがそうみられているのか……。マル経とはいうまでもなくマルクス経済学、もしくはその研究や教育をする人。「元」という限定付きとはいえ、この指摘には同意するしかない。

40年以上前に、私はマルクス経済学を講じるために東京大学経済学部に着任した。その後、マル経の理論を離れ、ドイツ経済史に始まり、国際金融から世界経済、環境や経済開発論へ、さらに最近では日本経済にまで手を出す羽目になった。われながらあきれるほどの迷走であるが、どれもあまりモノにはならなかった。好奇心の赴くままといえばそれまでだが、その根底には、マル経に対する大きな不満があったことはまちがいない。

何が不満かというと、あまりに現実離れしていることにつきるが、もう少し敷衍すると次のようになるだろう。マルクス経済学はもともと歴史的に革命思想と一体の関係にあった。私が親しくしていた宇野弘蔵に由来する学派では、学問と革命イデオロギーとを峻別することが大前提になってはいたが、イデオロギーを離れてさてどこに向かうのか、そこが曖昧模糊としているのである。一つの行き先は資本主義の認識論かもしれないが、認識を深めていったいどうなるというのだろうか。

現実の世界には経済問題が山積している。ごく少数の人を除いて、革命など白日夢にもならない現在の日本で、本当に望まれるのは経済の改良（「改革」）である。しかし改良するといっても、とり組むべき課題は実に多岐にわたる。そして各分野には、従来のマル経学者ではとても手に負えないような理論的、実証的な蓄積がある。その大海の中で行方も知らぬ波枕、ただ漂流してきたのが実情であった。

日本経済についてあらためて勉強する気になったのは、何度か外国で研究生活をおくった時の経験も大きかった。日本に関してさまざまに質問されても、まともに答えられない。恥ずかしい思いをしたのは一度や二度ではなかった。それともう一つのきっかけは、日本の社会や経済が近年ますます行き詰まりの様相を濃くしてきたことである。この歳になっても、経済学を志したからには、この隘路を少しでも切り開きたいという思いがあった。

この仕事をまとめる段階で林健久、橘木俊詔、奥野（藤原）正寛、根津利三郎、中島厚志、古賀茂明の各氏から貴重な助言をいただいた。黒田拓也さんは当てのない原稿を出版にまで導いて下さった。この場を借りて以上の方々に御礼申し上げたい。とはいえ、何しろ遅れてきた老書生なので、誤解や思い違いがそこかしこに残っているかもしれない。今後の参考のために、ご指摘いただければ幸いである。

よくよく考えてみると、しっかり者の妻がいたからこそ、これまで身を持ち崩すことなく、本を書き続けることができたのかもしれない。最後に彼女に感謝の言葉をささげたい。

２０２１年９月　坂下の半地下室にて

石見　徹

日本経済 衰退の構図

2021年11月29日 初 版

[検印廃止]

著 者 石見《いわみ》 徹《とおる》

発行所 一般財団法人 東京大学出版会

代表者 吉見俊哉

153-0041 東京都目黒区駒場 4-5-29

http://www.utp.or.jp/

電話 03-6407-1069 FAX 03-6407-1991

振替 00160-6-59964

印刷所 株式会社真興社

製本所 牧製本印刷株式会社

ISBN 978-4-13-043043-2 Printed in Japan

[著者略歴]

石見　徹（いわみ とおる）
東京大学名誉教授

1948年生まれ。71年東京大学経済学部経済学科卒、77年東京大学大学院経済学研究科博士課程単位取得退学、86年経済学博士（東京大学）。96年東京大学大学院経済学研究科教授、2013年東京大学大学院経済学研究科名誉教授。同年流通経済大学経済学部教授。16年同退職。

主要著書（単著）

1）『ドイツ恐慌史論』有斐閣、1985年、
2）『日本経済と国際金融』東京大学出版会、1995年
3）『国際通貨・金融システムの歴史』有斐閣、1995年
4）*Japan in the International Financial System*, Macmillan Press, 1995
5）『国際経済体制の再建から多極化へ』山川出版社、1996年
6）『世界経済史』東洋経済新報社、1999年
7）『全地球化するマネー』講談社、2001年
8）『開発と環境の政治経済学』東京大学出版会、2004年
9）『グローバル資本主義を考える』ミネルヴァ書房、2007年
10）『地球温暖化問題は解決できるか』岩波書店、2009年
11）『「幸福な日本」の経済学』講談社、2017年

索 引

［カ行］

[サ行]

[タ行]

[ナ行]

[ハ行]

[マ行]

[ヤ行]

図表一覧

参考文献

Aldcroft, D.H., and S. Morewood (2013), *The European Economy since 1914*, Routledge

Alesina, A., E. Glaser, and B. Sacerdote (2001), "Why Doesn't United States Have a European-Style Welfare State?," *Brookings Papers on Economic Activity*, #2

Andersen, J. G., M. A. Shoyen, and B. Hvinden (2017), "Changing Scandinavian Welfare States," Taylor-Gooby, P., B. Leruth, and H. Chung eds., *After Austerity*, Oxford University Press

Bloom, D., D. Canning, and G. Fink (2008), "Population Ageing and Economic Growth," World Bank Commission on Growth and Development, Working Paper No. 32

Boltho, A. ed. (1982), *The European Economy, Growth and Crisis*, Oxford University Press

Bredgaard, Th. and F. Larsen (2007), "Comparing Flexicurity in Denmark and Japan," Center for Labour Market Research at Aalborg University, Denmark

Dore, R., W. Lazonick, and M. O'Suillivan (1999), "Varieties of Capitalism in the Twentieth Century," *Oxford Review of Economic Policy*, 15-4

Eichengreen, B. (2007), *The European Economy since 1945*, Princeton University Press

European Commission (2013), "Flexicurity in Europe," Administrative Agreement Final Report, Brussels

Friedman, B. M. (2006), *The Moral Consequences of Economic Growth*, Vintage Books.『経済成長とモラル』, 佐々木豊・重富公生・地主敏樹訳, 東洋経済新報社, 2011 年

Gordon, R.J.（2004）, “Two Centuries of Economic Growth：Europe Chasing the American Frontier,” NBER Working paper #10662

Gordon, R.J.（2012）, “Is U.S. Economic Growth Over? Faltering Innovation Confronts the Six Headwinds,” NBER Working paper #18315

Gordon, R.J.（2016）, *The Rise and Fall of American Growth*, Princeton University Press.『アメリカ経済　成長の終焉　(上), (下)』, 高遠裕子・山岡由美訳, 日経 BP 社, 2018 年

Heckelman, J.C.（2007）, “Explaining the Rain：*The Rise and Decline of Nations* after 25 Years,” *Southern Economic Journal*, 74-1

Heuer, J-O., and S. Mau（2017）, “Stretching the Limits of Solidarity：The German Case,” in Taylor-Gooby, P., B. Leruth, and H. Chung eds., *After Austerity*, Oxford University Press

Landes, D. S.（1969）, *The Unbound Prometheus,* Cambridge University Press.『西ヨーロッパ工業史 1, 2』石坂昭雄・冨岡昭一訳, みすず書房, 1980, 82 年

Maddison, Angus（2001）, *The World Economy,* OECD

Obinger, H. and K. Petersen（2015）, “War and the Welfare State,” in B. Martin ed., *The Future of Welfare State in a Global Europe,* Ashgate

OECD（2007）, *Employment Outlook 2007*, Paris

OECD（2015）, *In It Together, Why Less Inequality Benefits All,* Paris

Olson, M.（1982）, *The Rise and Decline of Nations,* Yale University Press

Ray, D.（1998）, *Development Economics,* Princeton University Press

Reinhart, C.M., and K.S. Rogoff（2009）, *This Time is Different*, Princeton University Press.『国家は破綻する』, 村井章子訳, 日経 BP 社, 2011 年

Reinhart, C.M., and K.S. Rogoff（2010）, “Growth in a Time of Debt,” *American Economic Review*, 100（2）, 573-78

Rhode, P.W. and G. Toniolo eds.（2006）, *The Global Economy in the 1990s, A Long-run Perspective,* Cambridge University Press

Taylor-Gooby, P., B. Leruth, and H. Chung（2017）, *After Austerity,* Oxford University Press

van der Wee, H.（1987）, *Prosperity and Upheaval,* University of California

Press

アカロフ、ジョージ、ロバート・シラー（2009）、『アニマルスピリット』、山形浩生訳、東洋経済新報社

アトキンソン、アンソニー（2015）、『21 世紀の不平等』、山形浩生・森本正史訳、東洋経済新報社

アトキンソン、デービッド（2019）、『日本人の勝算』東洋経済新報社

アトキンソン、デービッド（2020）、『日本企業の勝算』東洋経済新報社

アルベール、ミシェル（1992）、『資本主義対資本主義』、小池はるひ訳、竹内書店新社

エスピン=アンデルセン、イエスタ（2001）、『福祉資本主義の三つの世界』、岡沢憲芙・宮本太郎監訳、ミネルヴァ書房

ガーシェンクロン、アレクサンダー（2005）、『後発工業国の経済史』、絵所秀紀・雨宮昭彦・峯陽一・鈴木義一訳、ミネルヴァ書房

キンドルバーガー、C. P.（2002）、『経済大国興亡史 1500–1990　（上）、（下）』、中島健二訳、岩波書店

ケネディ、P.（1993）、『決定版　大国の興亡　（上）、（下）』、鈴木主税訳、草思社

コーエン、タイラー（2011）、『大停滞』、池村千秋訳、NTT 出版

コーエン、ダニエル（2013）、『経済と人類の 1 万年史から、21 世紀世界を考える』、林昌宏訳、作品社

シュムペーター、ジョセフ（1977）、『経済発展の理論（上）』、塩野谷祐一・中山伊知郎・東畑精一訳、岩波文庫

シュムペーター、ジョセフ（1962）、『資本主義・社会主義・民主主義（上）』、中山伊知郎・東畑精一訳、東洋経済新報社

スタインモ、スヴェン（2017）、『政治経済の生態学』、山崎由希子訳、岩波書店

ピケティ、トマ（2014）、『21 世紀の資本』、山形浩生・守岡桜・森本正史訳、みすず書房

ボールドウィン、リチャード（2018）、『世界経済　大いなる収斂』、遠藤真美訳、日本経済新聞出版社

マッキノン、ロナルド、大野健一（1998）、『ドルと円』、日本経済新聞社

レヴィンソン、マルク（2017）、『例外時代』、松本裕訳、みすず書房
ヴォーゲル、エズラ（1980）、『ジャパン　アズ　ナンバーワン』、広中和歌子・木本彰子訳、TBSブリタニカ

青木昌彦・小池和男・中谷巌（1986）、『日本企業の経済学』TBSブリタニカ
青木昌彦・ヒュー　パトリック編著（1996）、『日本のメインバンク・システム』、東銀リサーチインターナショナル訳、東洋経済新報社
阿部　彩（2020）、「相対的貧困率の長期的動向　1985-2015」首都大学東京子ども・若者貧困研究センター
荒巻健二（2019）、『日本経済　長期低迷の構造』東京大学出版会
伊丹敬之（2019）、『平成の経営』日本経済新聞出版社
伊藤光利（2002）、「長期超低金利政策の政治経済学」、村松岐夫・奥野正寛編『平成バブルの研究（下）　崩壊編』、東洋経済新報社
伊藤周平（2020）、『消費税増税と社会保障改革』ちくま新書
猪木武徳（1989）、「成長の軌跡（I）」、安場保吉・猪木武徳編『高度成長』、岩波書店
岩崎美智子（2002）、「厚生白書にみる『少子化問題』」、『年報　筑波社会学』第14号
石見　徹（1995）、『日本経済と国際金融』東京大学出版会
石見　徹（1999）、『世界経済史』東洋経済新報社
石見　徹（2004）、『開発と環境の政治経済学』東京大学出版会
石見　徹（2009）、『地球温暖化問題は解決できるか』岩波書店
石見　徹（2017）、『「幸福な日本」の経済学』講談社
植田浩史（2004）、『現代日本の中小企業』岩波書店
植田浩史ほか（2014）、『中小企業・ベンチャー企業論　新版』有斐閣
宇沢弘文・内橋克人（2009）、『始まっている未来』岩波書店
宇野弘蔵（1953）、『恐慌論』岩波書店
NHK放送文化研究所（2019）、「第10回『日本人の意識』調査（2018）結果の概要」https://www.nhk.or.jp/bunken/research/yoron/pdf/20190107_1.pdf
大内　力（1962）、『日本経済論（上）』東京大学出版会

太田 肇（2017）、『なぜ日本企業は勝てなくなったのか』新潮選書
岡崎哲二・奥野正寛編（1993）、『現代日本経済システムの源流』日本経済新聞社
岡崎哲二・星岳雄（2002）、「1980年代の銀行経営」、村松岐夫・奥野正寛編『平成バブルの研究（上） 形成編』東洋経済新報社
翁 邦雄・白川芳明・白塚重典（2000）、「資産価格バブルと金融政策」日本銀行金融研究所ディスカッションペーパー、No. 2000-J-11
翁 邦雄（2015）、『経済の大転換と日本銀行』岩波書店
翁 邦雄（2019）、『移民とAIは日本を変えるか』慶應義塾大学出版会
翁 百合・西沢和彦・山田久・湯元健治（2012）、『北欧モデル』日本経済新聞出版社
奥野正寛（2002）、「バブル経済とその破綻処理」、村松岐夫・奥野正寛編『平成バブルの研究（上） 形成編』東洋経済新報社
小熊英二（2019）、『日本社会のしくみ』講談社現代新書
小椋正立・吉野直行（1984）、「税制と財政投融資」、小宮隆太郎ほか編『日本の産業政策』東京大学出版会
小野善康（2017）、『消費低迷と日本経済』朝日新書
加藤典洋（2015）、『村上春樹は、むずかしい』岩波新書
金子 勝（1999）、『セーフティーネットの政治経済学』ちくま新書
上川龍之進（2002）、「バブル経済と日本銀行の独立性」、村松岐夫・奥野正寛編『平成バブルの研究（上） 形成編』東洋経済新報社
経済産業省（2017）、「不安な個人、立ちすくむ国家」、meti.go.jp/committee/summary/eic0009/pdf/020-02-00.pdf
玄田有史編（2017）、『人手不足なのになぜ賃金が上がらないのか』慶應義塾大学出版会
香西 泰（1981）、『高度成長の時代』日本評論社
香西 泰（1989a）、「高度成長への出発」、中村隆英編『「計画化」と「民主化」』岩波書店
香西 泰（1989b）、「高度成長期の経済政策」、安場保吉・猪木武徳編『高度成長』岩波書店
後藤康雄（2014）、『中小企業のマクロ・パフォーマンス』日本経済新聞出版社

小林慶一郎・加藤創太（2001)、『日本経済の罠』日本経済新聞出版社
小林慶一郎（2003)、『逃避の代償』日本経済新聞出版社
小峰隆夫（2006)、『日本経済の構造変動』岩波書店
小峰隆夫（2017)、『日本経済論講義』日経 BP 社
小峰隆夫（2019)、『平成の経済』日本経済新聞出版社
小宮隆太郎・奥野正寛・鈴村興太郎編（1984)、『日本の産業政策』東京大学出版会
小宮隆太郎（1988)、『現代日本経済：マクロ的展開と国際関係』東京大学出版会
櫻井宏二郎（2018)、『日本経済論』日本評論社
佐々木実（2013)、『市場と権力』講談社
佐藤英夫（1991)、『日米経済摩擦 1945-1990 年』平凡社
佐藤文昭（2017)、『日本の電機産業 失敗の教訓』朝日新聞出版
佐道明広（2012)、『「改革」政治の混迷』吉川弘文館
清水 洋（2019)、『野生化するイノベーション』新潮選書
新川敏光（2005)、『日本型福祉レジームの発展と変容』ミネルヴァ書房
鈴木淑夫（2016)、『試練と挑戦の戦後金融経済史』岩波書店
鈴木 亘（2014)、『社会保障亡国論』講談社現代新書
須藤時仁・野村容康（2014)、『日本経済の構造変化』岩波書店
世界銀行（1994)、『東アジアの奇跡』、白鳥正喜監訳、東洋経済新報社
武田晴人（2008)、『高度成長』岩波新書
橘木俊詔・森剛志（2005)、『日本のお金持ち研究』日本経済新聞社
鶴光太郎・前田佐恵子・村田啓子（2019)、『日本経済のマクロ分析』日本経済新聞出版社
寺西重郎（1993)、「メインバンク・システム」、岡崎哲二・奥野正寛編『現代日本経済システムの源流』日本経済新聞社
東京大学社会科学研究所編（1984)、『福祉国家 I　福祉国家の形成』東京大学出版会
友原章典（2020)、『移民の経済学』中公新書
中沢孝夫（2006)、『技術立国日本の中小企業』角川学芸出版
中村隆英（1993)、『昭和史　II』東洋経済新報社
永野健二（2016)、『バブル』新潮社

成田龍一（2019)、『近現代日本史との対話　戦中・戦後―現在編』集英社新書
西村吉正（1999)、『金融行政の敗因』文春新書
西村吉正（2009)、「不良債権処理政策の経緯と論点」、池尾和人編『不良債権と金融危機』慶應義塾大学出版会
野口悠紀雄（1995)、『1940年体制』東洋経済新報社、同増補版（2010)
野口悠紀雄（2019)、『平成はなぜ失敗したのか』幻冬舎
野村正實（1994)、『終身雇用』岩波書店
野村正實（1998)、『雇用不安』岩波新書
野田知彦・阿部正裕（2010)、「労働分配率、賃金低下」、樋口美雄編『労働市場と所得分配』慶應義塾大学出版会
博報堂生活総合研究所（2019)、『生活者の平成30年史』日本経済新聞出版社
橋本寿朗（1995)、『戦後の日本経済』岩波新書
橋本寿朗（2002)、『デフレの進行をどう読むか』岩波書店
橋本寿朗・長谷川信・宮島英昭・齋藤直（2011)、『現代日本経済　第3版』有斐閣
浜田宏一・堀内昭義・内閣府経済社会総合研究所編（2004)、『論争　日本の経済危機』日本経済新聞社
林健久・今井勝人・金澤史男編（2001)、『日本財政要覧　第5版』東京大学出版会
兵藤 釗（1997)、『労働の戦後史　(上)、(下)』東京大学出版会
深尾京司（2012)、『「失われた20年」と日本経済』日本経済新聞出版社
深尾京司（2020)、『世界経済史から見た日本の成長と停滞』岩波書店
深尾京司・中村尚史・中林真幸編（2018)、『岩波講座　日本経済の歴史　第6巻　現代2』岩波書店
深尾光洋（2002)、「1980年代後半の資産価格バブルと90年代不況」、村松岐夫・奥野正寛編『平成バブルの研究（上）　形成編』東洋経済新報社
福田慎一（2015)、『「失われた20年」を超えて』NTT出版
藤井 威（2002)、『スウェーデン・スペシャルI』新評論
藤田哲雄（2013)、「わが国の電機産業の再生に向けて」『JRIレビュー』

Vol. 6-7
藤田孝典（2016)、『貧困世代』講談社現代新書
古市憲寿（2011)、『絶望の国の幸福な若者たち』、講談社
星岳雄・アニル・K・カシャップ（2013)、『何が日本の経済成長を止めたのか』日本経済新聞出版社
水島治郎（2012)、『反転する福祉国家』岩波書店
みずほ総合研究所編（2017)、『データブック　格差で読む日本経済』岩波書店
宮本太郎（2008)、『福祉政治』有斐閣
森川正之（2016)、『サービス立国論』日本経済新聞出版社
森川正之（2018)、『生産性　誤解と真実』日本経済新聞出版社
山口二郎・宮本太郎（2015)、『日本の政治を変える』岩波書店
山崎正和（1976)、『不機嫌の時代』新潮社
山田昌弘（1999)、『パラサイト・シングルの時代』ちくま新書
山田昌弘（2007)、『少子社会日本』岩波新書
湯元健治・佐藤吉宗（2010)、『スウェーデン・パラドックス』日本経済新聞出版社
横倉　尚（1984)、「中小企業」、小宮ほか編、『日本の産業政策』東京大学出版会
吉川　洋（1997)、『高度成長』読売新聞社
吉川　洋（2016)、『人口と日本経済』中公新書
若月秀和（2012)、『大国日本の政治指導』吉川弘文館